FÄHRTEN IN VERTRAUTEN REVIEREN

Für Katharina und Bernhard

HERBERT WITZEL

FÄHRTEN IN VERTRAUTEN REVIEREN

Mit Illustrationen von
Rien Poortvliet

KOSMOS

Mit 20 Schwarzweiß-Illustrationen von Rien Poortvliet

Umschlaggestaltung von F. Steinen-Broo, eStudio Calamar, unter Verwendung einer Farbillustration von Rien Poortvliet

Die Deutsche Bibliothek – CIP-Einheitsaufnahme

Ein Titelsatz für diese Publikation ist bei Der Deutschen Bibliothek erhältlich

Informationen senden wir Ihnen gerne zu

Bücher · Kalender · Spiele · Experimentierkästen · CDs · Videos · Seminare
Natur · Garten & Zimmerpflanzen · Heimtiere · Pferde & Reiten · Astronomie · Angeln & Jagd · Eisenbahn & Nutzfahrzeuge · Kinder & Jugend

KOSMOS Postfach 10 60 11
D-70049 Stuttgart
TELEFON +49 (0)711-2191-0
FAX +49 (0)711-2191-422
WEB www.kosmos.de
E-MAIL info@kosmos.de

© 2000, Franckh-Kosmos Verlags-GmbH & Co., Stuttgart
Alle Rechte vorbehalten
ISBN 3-440-08254-7
Produktion: Markus Schärtlein, Heiderose Stetter
Satz: TypoDesign, Radebeul
Printed in Czech Republic / Imprimé en République tchèque
Druck und buchbinderische Verarbeitung: Těšínská tiskárna, Český Těšín

FÄHRTEN IN VERTRAUTEN REVIEREN

Warum ich jage 6

»Neue Heimat« im Spreewald 9

Das Ende einer Pechsträhne 25

Schweinereien 39

Unverhofft kommt oft 57

Re(h)miniszenzen 73

Exoten im Doppelpack 93

Humpelfuß und Hinkebein 101

Der eiserne Gustav 111

Wenn Diana lächelt 127

Der Untergrundrammler 142

Sternstunden bei Mondschein 150

»Hohe Jagd« 164

Hochsitz-Besetzer 183

Jagdliche Sünden 195

Ein Traum wird wahr 206

Warum ich jage

Als »Ferien vom Menschsein« hat José Ortega y Gasset, der berühmte spanische Kulturphilosoph, in seinen »Meditationen über die Jagd« das Wesen der Jagd definiert. Indem der von den Problemen und Wirrnissen des 20. und 21. Jahrhunderts geplagte und ermüdete Gegenwartsmensch zur Jagdwaffe greift, seinem Hund pfeift und sich für ein paar Stunden in den Wald verabschiedet, gelingt ihm – wenigstens für gewisse Zeit – ein Ausstieg aus der ärgerlichen Gegenwart, wird er wieder zum »Steinzeitmenschen«, ohne historische Voraussetzung. Nur als Jäger lässt sich die Last einer kaum noch zu überblickenden Menschheitsgeschichte vorübergehend loswerden, kann der »moderne« Zeitgenosse wieder unmittelbaren Anschluss an die Natur finden, den Ballast jahrtausendelanger Entwicklung für eine bestimmte Zeit abschütteln und nur seinen Instinkten folgen. Und das von den ersten Anfängen des Menschwerdens an bis in die heutige Gegenwart.

Ob man die mit der Jagdausübung untrennbar verbundenen Anstrengungen und Mühen wie bei uns als »Jagdpassion« verbrämt oder sie, wie beispielsweise in den angelsächsischen Ländern üblich, als Jagdsport bezeichnet, ist im Grunde unwichtig. Bedeutung hat nur, dass wir Jäger alle mit der Jagd verbundenen Strapazen und Härten freiwillig und mit mehr oder minder großer Begeisterung auf uns nehmen, beim Jagen Glücksgefühle empfinden, oft im Gegensatz zu der Belastung der täglichen Arbeit, die letztlich vor allem unter dem Zwang, den Lebensunterhalt sicherzustellen, eine kaum zu verändernde Notwendigkeit darstellt.

Jagen bedeutet folglich eine – für den Menschen in der Regel zeitlich begrenzte – Lebensweise, die den Jagenden mit der (soweit noch möglichen) ursprünglichen Natur verschmelzen lässt. Dabei geht es nach Ortega darum, sich eines »hierarchisch untergeordneten« Tieres, sei es tot oder lebendig, zu bemächtigen.

Bislang wurde hier der Begriff Jagen wertfrei gebraucht. Nun haben sich auf der Welt im Laufe der Zeit in den verschiedenen geografischen Regionen unterschiedliche jagdliche Normen entwickelt. Während in weiten Bereichen vor allem biologische Restriktionen gelten, wie beispielsweise das Primat der nachhaltigen Nutzung der Wildtiere, welches eine Übernutzung verhindern soll, gehen in anderen Ländern die jagdlichen Vorschriften erheblich weiter. So werden etwa in unseren Breiten unter dem Begriff der Waidgerechtigkeit bis ins einzelne gehende Regelungen über die Jagdausübung verstanden, die Jagdarten, Jagdzeiten, Alter der Beute, jagdliches Brauchtum und ähnliches genauestens festlegen.

Obgleich eine gewisse Reglementierung sicherlich erforderlich ist, frage ich mich manchmal, ob nicht die in unserem Staatswesen sattsam bekannte Reglementierungswut nicht auch schon im Jagdwesen langsam Überhand zu nehmen droht. Dabei besteht meines Erachtens die latente Gefahr, dass der ohnehin oft obrigkeitshörige und in ein strenges Korsett vielfältiger Gesetze und Vorschriften eingezwängte Zeitgenosse auch bei der Jagd immer mehr die Bindung zur Natur und natürlichen Abläufen verliert und auch noch seine Jagdtätigkeit statt nach biologischen Normen vor allem nach Jagdgesetzgebung und anderen Verwaltungsvorschriften ausrichtet.

Wäre dann nicht die eigentliche Bedeutung der Jagd, nämlich dem zivilisationsgeplagten Gegenwartsmenschen noch eine Möglichkeit zu bieten, der Last des modernen Alltags wenigstens für einige Zeit zu entfliehen, ad absurdum geführt?

Ich jage, weil ich dabei Glück empfinde, nicht weil in unserer der Natur leider schon häufig weit entfernten Kulturlandschaft die früher vorhandenen Regulatoren wie Wolf, Bär oder anderes Raubwild fehlen. Natürlich bin ich gern bereit, Normen, die dem allgemeinen jagdlichen Interesse dienen, zu folgen, besonders, wenn ich sie als biologisch richtig empfinde. Wir Jäger sollten aber mit ganzer Kraft darum kämpfen, dass die staatliche Reglementierungspsychose, die bei uns in Deutschland immer neue Blüten treibt, nicht auch noch das Jagdwesen, bislang seit Menschen Gedenken noch in unmittelbarem Einklang mit der Natur, immer mehr umklammert und – wenn wir nicht aufpassen – weiter und weiter drangsaliert, beziehungsweise ganz zu ersticken droht.

Wenn es uns gelingt, unserer Umwelt das Glück, welches wir beim Jagen empfinden, begreifbar zu machen, und wenn die Allgemeinheit damit langsam erkennen lernt, dass Jagd nichts anderes als ein natürlicher Vorgang im wahrsten Sinne dieses Begriffes ist, dann ist mir um die Zukunft der Jagd auch bei uns nicht bange.

Von einer Reihe »Ausflügen in die Steinzeit«, mir im Laufe der Jahre besonders in Erinnerung gebliebenen »Ferientagen und -stunden vom Alltag«, soll im folgenden berichtet werden. Dabei sind auch einige kritische Anmerkungen meines Erachtens unerlässlich.

Erkrath, im Sommer 2000
Herbert Witzel

»NEUE HEIMAT« IM SPREEWALD

»Marlboro, Golf und Fiddeo (Video)«, so zwei bekannte Kabarettisten in einem Kölner Varieté kurz nach der sogenannten Wende, sei das, was den neuen Bundesbürgern zur unerwarteten Einigung vor allem einfiele. Diese natürlich kabarettistisch überspitzte Aussage hatte einigen Wahrheitsgehalt. Denn während die Bewohner der sogenannten »Neuen Bundesländer« die Abkehr von den »Segnungen« des Sozialismus überwiegend deshalb als reines Glück empfanden, weil die neue Situation ihnen den Zugang zu der heiß ersehnten westlichen Konsumwelt erschloss, waren die Empfindungen im Westen etwas differenzierter. Neben Freude über die kaum noch für möglich gehaltene Wiedervereinigung traten auch Befürchtungen und Ängste, die sich auf offensichtlich unvermeidbare finanzielle Opfer und unbequeme Veränderungen im beruflichen Alltagstrott bezogen.

Auch ich gehörte zu denen, die von den großen eingetretenen Veränderungen direkt betroffen waren. Über einen längeren Zeitraum hinweg leistete ich praktische Entwicklungshilfe in angewandter Marktwirtschaft im »wilden Osten«, wie der neue Teil der Bundesrepublik scherzhaft in der ersten Zeit nach der Einigung genannt wurde. Während dieser beruflich befriedigenden, aber von den Lebensbedingungen her sehr harten Zeit hatte die Jagd mehr oder weniger in den Hintergrund zu treten, da an den kurzen Wochenenden zu Hause meinem angetrauten Eheweib kaum zuzumuten war, auch dann noch allein zu bleiben. Aus diesem Grund hatte ich schweren Herzens meine Mitpacht an dem landschaftlich wunderschön oberhalb der Mosel gelegenen Hunsrückrevier aufgegeben.

Obgleich ich zu dieser Zeit wirklich nicht über Beschäftigungsmangel zu klagen hatte, und die Wochenenden regelmäßig auf dem

Flughafen begannen und endeten, spürte ich doch zunehmend jagdliche Entzugserscheinungen. Schon die Tatsache, dass nicht einmal theoretisch die Möglichkeit vorhanden war, sich – kurz entschlossen – einmal anzusetzen, störte die Lebensqualität erheblich. Lange Jahre war ich »jagdlich selbständig« gewesen. Jetzt auf die Großzügigkeit von Jagdfreunden – »Du kannst ja mal mitkommen!« – angewiesen zu sein, war ungewohnt und verletzte meinen Stolz. Natürlich lässt sich jederzeit eine Jagdreise einplanen, wenn die Jagdleidenschaft übermächtig wird. Doch Jagdreisen bieten – so finde ich jedenfalls – kaum Ersatz für die Freuden einer »festen jagdlichen Beziehung«. Jagdreisen habe ich immer als das Salz in der jagdlichen Suppe empfunden. Man lernt neue Biotope kennen, das Verhalten des Wildes ist ungewohnt, vielfach erhöhen andere, noch nicht vertraute Wildarten den Reiz der Jagd zusätzlich. Von erheblicher Bedeutung für mich ist jedoch der Umstand, dass Jagdreisen immer nur Teilaspekte der Jagd beinhalten. Als »reisender« Jäger genießt man fast ausschließlich die Freuden der Jagd, man ist in Jagdurlaub, weit weg vom – manchmal auch beschwerlichen – Jagdalltag. Zur befriedigenden, erfüllenden Jagdausübung gehören aber auch andere Aspekte. Alles, was wir Jäger gemeinhin als Hege bezeichnen, was neben Mühe und Arbeit aber auch tiefe Befriedigung bieten kann, ist bei Jagdreisen bedeutungslos, sofern man unberücksichtigt lässt, dass die Kosten der Jagdreise vielfach mit dazu beitragen, dem Jagdland Natur- und Wildschutzbemühungen zu ermöglichen.

Entscheidend ist meines Erachtens jedoch, dass bei Jagdreisen die Verantwortung für den Schuss nahezu entfällt. Jeder passionierte Jäger wird die regelmäßig auftretende Unsicherheit und oft quälende Ungewissheit kennen: Ist das Stück schussbar? Ist es alt genug? Handelt es sich vielleicht doch um ein führendes Muttertier? Dem stehen tiefe Befriedigung oder sogar regelrechte Glücksgefühle gegenüber, wenn die erlegte Beute »richtig« ist, oder tiefes Missbehagen bis hin zum schlechten Gewissen, wenn sich nach dem Schuss herausstellte, dass der Abschuss ein jagdlicher Fehler war. Kann man auf diese Seite der Jagd, die das Gefühlsleben massiv berührt, verzichten?

Für mich war daher der Anruf eines guten Freundes, der mir neue jagdliche Möglichkeiten in Aussicht stellte, fast wie ein Geschenk des Himmels. Dieter, nur wenig älter als ich, für den der Begriff Herzensbildung geschaffen sein könnte, und dem ich seit vielen Jahren in enger Freundschaft verbunden bin, ist Hochschullehrer an der Freien Universität Berlin. In einem kleinen Dorf im Spreewald aufgewachsen, hatte er die Verbindung zu Verwandten und Freunden nie abreißen lassen und – trotz aller Schwierigkeiten, die mit dem Grenzübertritt in die damalige DDR verbunden waren – regelmäßig alle Verwandten und Vertrauten in seinem Heimatdorf besucht und großzügig mit den Annehmlichkeiten der westlichen Konsumwelt verwöhnt.

Schon vor der sogenannten Wende hatte er mir oft von einem entfernten Verwandten erzählt, der dort ein leidenschaftlicher Jäger sei und Hirsche und Keilerwaffen an den Wänden habe, von denen man als »normaler« Jäger nur träumen könne. Nachdem nun nach der Wiedervereinigung die alten Jagdgesellschaften aufgelöst würden, herrsche bezüglich der Jagd große Ungewissheit, da die Reviere jetzt erstmalig zur Verpachtung anstünden. Sein Verwandter würde ja gern die Dorfjagd pachten, sei allerdings, allein aus finanziellen Gründen, kaum in der Lage dazu. Vorsichtig versuchte Dieter nun herauszufinden, ob ich nicht vielleicht Interesse hätte, als Mitpächter aufzutreten. Und ob ich Interesse hatte!

Bereits kurze Zeit später trafen wir uns in Berlin, um gemeinsam in den Spreewald zu fahren. Von Dieters Verwandtschaft wurde ich fast wie ein Familienmitglied aufgenommen. Mit Reinhard, Mitte vierzig, als wir uns kennenlernten, dem großen Jäger in der Familie, war ich sofort auf einer Linie. »Das ist der Typ«, ging es mir durch den Kopf, »den du bei einer Notlandung in der Wildnis dabei haben möchtest.« Selten hatte ich bislang eine derartige Jagdpassion erlebt, die immerhin bereits über ein Vierteljahrhundert intensiver Jagdausübung andauerte. Als Kfz-Mechanikermeister war er nach der Wende Mitinhaber eines Autohauses in der nahe gelegenen Kreisstadt geworden und lebt, eingebettet in seine harmonische Familie und weitläufige Verwandtschaft, auf seinem

ehemaligen Bauerngehöft am Ortsrand eines kleinen Spreewald-
dorfes.

Obgleich durch regelmäßigen Westbesuch für die misstrauische Obrigkeit eigentlich kaum eine Idealbesetzung, hatte er dennoch bis zur Einigung lange Jahre Waffen und Munition seiner
Jagdgesellschaft verwaltet, im ehemaligen Paradies der Arbeiter
und Bauern ein nahezu heiliger Akt. Trotz wiederholter Versuche
der über die vom Imperialismus ständig bedrohte Staatssicherheit
wachenden Organe, ihn von seiner »staatstragenden« Funktion zu
entbinden, war die Aufgabe doch immer wieder an ihm hängen
geblieben, da kein anderer willens und fähig war, die Übersicht
über die einzelnen Patronen zu bewahren und – nicht selten mitten
in der Nacht – die nur für einen streng begrenzten Zeitraum aus-
gegebenen Waffen wieder in Empfang zu nehmen und im volks-
eigenen Waffenschrank zu sichern.

Lachend erzählte er mir von der regelmäßig zelebrierten Pro-
zedur, wenn bei ihm mal wieder Westbesuch anrückte. Selbst beim
Eintreffen alter Omas aus westlichen Gefilden musste eine kom-
plette Waffenübergabe an den Stellvertreter durchgeführt werden,
mit Inventur und Übergabeprotokoll, versteht sich. Die Angst der
Obrigkeit vor den Bürgern des Paradieses der Werktätigen ging so
weit, dass immer dann, wenn ein Partei-Oberbonze die rund zwanzig Kilometer entfernte Autobahn Berlin-Dresden passieren wollte,
einen Tag vorher bis nach erfolgter Durchfahrt sämtliche Jagdwaf-
fen eingezogen werden mussten, auch wenn die Sauen noch so
sehr im Mais wüteten! Bezeichnend für Reinhards persönliche
Situation war auch, dass er trotz jahrelangen Versuchens – bis hin
zu einer Eingabe an den Ministerpräsidenten der nunmehr verblichenen DDR – nie die Erlaubnis zum Erwerb einer eigenen Waffe
erhielt, auch wenn er in guten Jahren um die dreißig Sauen und
eine beträchtliche Anzahl Rotwild erlegte. Erst kurz vor der Wiedervereinigung, als die alte Garde nichts mehr zu sagen hatte,
konnte er sich eine eigene Bockbüchsflinte anschaffen.

Reinhard und ich kamen schnell überein, gemeinsam zu versuchen, das große, von einem Nebenarm der Spree durchzogene

Gemeinderevier zu pachten. Zu meiner großen Freude gelang dies auch zu annehmbaren Bedingungen, in gutem Einvernehmen mit der neugegründeten Jagdgenossenschaft, in deren Vorstand auch Reinhard gewählt wurde. Seither habe ich eine neue, inzwischen heiß geliebte jagdliche Heimat und bin mittlerweile mit dem Umfeld, Mitjägern, der Jagdgenossenschaft und der Agrargenossenschaft, die als Nachfolgerin der ehemaligen LPG die landwirtschaftlich nutzbaren Flächen bewirtschaftet, gut vertraut.

Als wir das neu abgesteckte Revier übernahmen, dessen Flächen vormals von unterschiedlichen Jagdgesellschaften bejagt worden waren, gaben wir uns bezüglich des Wildbestands – abgesehen vom Schwarzwild – keinen Illusionen hin. Da in den letzten beiden Jahren vor der Neuverpachtung ziemlich ungeregelte Zustände geherrscht hatten – die alten Jagdgesellschaften befanden sich in der Auflösung, die neue Verwaltung war mitten im Aufbau – gingen wir davon aus, dass die Mitglieder der ehemaligen Jagdgesellschaften noch mitgenommen hatten, was zu bekommen war. In der Tat wurde damals überall der Niedergang der einstmals hoch entwickelten jagdlichen Disziplin beklagt. Die vorgefundene Situation war jedoch erfreulicherweise besser als erwartet. Neben Schwarzwild fanden wir bereits im ersten Pachtjahr einen guten Rehwildbestand vor und konnten sogar einige starke, alte Böcke erlegen. Auch das Rotwild kehrte zögernd zu den alten, bekannten Brunftplätzen zurück. Inzwischen ist es wieder zum Standwild geworden, begünstigt durch die Tatsache, dass mangels besonderer Attraktionen unser Revier von größeren Touristenströmen glücklicherweise verschont geblieben ist. Allerdings scheinen mittlerweile die Aktivitäten der Pilzsucher, besonders in der Brunftzeit, immer mehr zuzunehmen.

Die Reviereinrichtungen unserer neuen Jagdgefilde waren bei Übernahme des Reviers in einem erbärmlichen Zustand. Die wenigen offenen Kanzeln und Leitern, die wir noch vorfanden, waren in der Regel kurz vor dem Zusammenbrechen und standen meist auch noch an Stellen, die durch Heranwachsen der einst jagdlich sicherlich aussichtsreichen Schonungen mittlerweile kaum noch Aussicht auf Erfolg boten. Diese Situation war vor dem Hintergrund der Entwicklung der letzten Jahre eigentlich normal. Spätestens seit dem Zeitpunkt der Maueröffnung in Berlin war wohl nahezu allen Vertretern der jagdlichen Zunft klar geworden, dass größere Veränderungen anstanden, die sich zweifellos auch auf die zukünftigen jagdlichen Möglichkeiten auswirken würden. Dass diese Ungewissheit, die für viele sogar das Ende aller jagdlichen Betätigungen befürchten ließ, nicht dazu anregte, weiterhin Zeit und Mühen in Reviereinrichtungen zu investieren, lag auf der Hand. Dazu kam, dass in dem Nach-Wende-Gerangel, als es um die Neuverteilung des jagdlichen Kuchens ging, viele Blütenträume nicht reiften. Nicht wenige, einst einflussreiche Mitglieder der ehemaligen Jagdgesellschaften hatten sich Filetstücke ihres vormaligen Betätigungsfeldes ausgeguckt, die sie – oft mit Hilfe von bereitwilligen »Zahlwessis« – nun als Jagdpächter übernehmen wollten. Da die Neueinteilung aber auf Gemeindegrenzen basiert, die vielfach mit den Gebietsgrenzen der großräumigen einstigen Jagdgesellschaften differieren, waren nun auf einmal – als Mitglieder der neuen Jagdgenossenschaften – ganz andere Leute für die Neuausrichtung des Jagdwesens nach dem Bundesjagdgesetz, und damit für die Vergabe der zukünftigen Jagdmöglichkeiten zuständig. Alte, früher nützliche Beziehungen waren plötzlich wertlos. Die hieraus resultierenden Enttäuschungen führten vielfach ebenfalls dazu, dass noch verwendungsfähige Ansitzeinrichtungen abgebaut oder mutwillig unbrauchbar gemacht wurden.

Aber auch ganz gravierende Unterschiede in der Jagdausübung hatten in den ehemaligen Jagdgesellschaften für einen geringeren Stellenwert von Ansitzeinrichtungen gesorgt. Die Tatsache, dass bei den Jagdgesellschaften Kugelwaffen jahrzehntelang nur in eingeschränktem Maße zur Verfügung standen, hatte zur Folge, dass lange Zeit selbst starkes Schalenwild mit Flintenlaufgeschossen erlegt werden musste. Hierzu ist es aufgrund der geringen Reichweite der Bleibatzen erforderlich, sehr nahe an das Wild heranzukommen. Ansitzeinrichtungen hatten folglich lediglich einen begrenzten Wert, da das Wild nur in seltenen Fällen bis kurz unter den Sitz zieht. Pirschen war also die Devise! Während im Westen der gut ausgestattete Waidmann mit dickem Ansitzsack, weitreichender Büchse und lichtstarker Optik die gut isolierte Schlafkanzel vor der Kirrung zu beziehen gewöhnt ist, war der »Kollege« im Osten auf Schusters Rappen, wenn nicht sogar die letzten Meter auf Socken, schleichend unterwegs, um in aussichtsreiche Schussposition zu kommen.

Nun waren – und sind – natürlich auch die Reviergrößen höchst unterschiedlich. In vielen Fällen wohl auch zu Recht, gilt im Westen das Argument, dass die in der Regel recht kleinen Jagdgebiete nicht zum Pirschen geeignet sind, da dadurch viel zu viel Unruhe in die ohnehin durch die wesentlich höhere Bevölkerungsdichte überlaufenen Reviere getragen wird. So weit, so gut. Wenn ich mir hier allerdings bei Gesellschaftsjagden oder Hegeringversammlungen die versammelte Korona betrachte, habe ich nicht selten den Eindruck, dass die meisten ohnehin lieber mit dem Geländewagen bis unter den Hochsitz fahren, als stundenlang – und dann auch noch möglichst geräuschlos und umsichtig – durch die (nasse) Natur zu schleichen.

Mittlerweile scheinen sich die jagdlichen Usancen aber immer mehr anzugleichen, wie die Entwicklung der neu geschaffenen Reviere in den Neuen Bundesländern zeigt. Hier entstehen – wie im Westen gewohnt – immer neue Großkanzeln, vielfach geschlossen, mit Isolierverglasung und für den Geländewagen gut erreichbar. Vielleicht ist das häufige Argument: »Ich würde ja viel lieber pirschen, aber ...« doch nicht so ernst gemeint? Oder ist alles doch nur eine Frage des jagdlichen Könnens? Dann wäre im Osten allerdings ein bedauerlicher Niedergang der jagdlichen Fähigkeiten zu befürchten.

Reinhard und ich beurteilten die Frage der Ansitzeinrichtungen unterschiedlich. Für mich war es immer fast selbstverständlich gewesen, eine Vielzahl gut ausgebauter Hochsitze zur Verfügung zu haben. Meine Reviervorgänger hatten regelmäßig die Reviere mit einem dichten Netz stabiler Kanzeln und Leitern überzogen, so dass ich in meiner letzten Jagd bei der Abgabe des Reviers feststellen musste, dass ich auf einigen Kanzeln nicht ein einziges

Mal gesessen hatte. Der Mensch ist eben doch ein Gewohnheitstier. Reinhard dagegen war es seit Jahrzehnten gewohnt, ganz anders zu jagen. Von geschlossenen Kanzeln hält er nicht viel, da sie nach seiner Ansicht den Kontakt zur Natur weitgehend unterbinden. Er bevorzugt offene Kanzeln und vor allem Leitern, die er aber meist auch nur als kurze Zwischenstation während der Pirsch benutzt. Mit Mühe habe ich ihn davon überzeugen können, dass es doch ganz vorteilhaft ist, wenigstens an bestimmten »strategischen« Punkten des Reviers überdachte Kanzeln stehen zu haben, damit auch bei strömendem Regen oder im Winter bei zu laut knirschendem Schnee die Möglichkeit besteht, sich mit Aussicht auf Erfolg im Revier aufzuhalten. So besitzen wir nun mittlerweile einige Ansitzmöglichkeiten, die mit einem Dach versehen sind, aber trotz-

dem, offen nach allen Seiten, nicht das Gefühl aufkommen lassen, von der Natur abgekapselt zu sein.

Da ich mit handwerklichen Fähigkeiten leider nicht übermäßig gesegnet bin, bleiben Konstruktion und Herstellung unserer Leitern und Kanzeln vorwiegend an Reinhard hängen. Meine Mithilfe beschränkt sich meist auf Handlangerdienste sowie die Stärkung der Motivation durch Bereithalten des erforderlichen Biervorrats. Reinhard ist, durch seinen Beruf geprägt, der Metallverarbeitung wesentlich enger verbunden als irgendwelchen Holzarbeiten. Viele unserer Leitern, wie auch etliche Untergestelle unserer wenigen Kanzeln, sind daher aus dünnen Winkeleisen, Eisenstäben oder Stahlrohren zusammengeschweißt und dunkel überlackiert. Obgleich ich solide Holzkonstruktionen aus vorwiegend ästhetischen Gründen vorziehe, muss ich dennoch zugeben, dass Reinhards Verständnis von Ansitzvorrichtungen durchaus Vorzüge aufweist. Unsere schnell zusammengebastelten Metallkonstruktionen sind äußerst flexibel und lassen sich ohne große Mühe versetzen. Dies ist für Reinhard der maßgebliche Punkt. Da er regelmäßig alle »akuten« Wege, Schneisen und Felder abfährtet, wissen wir immer recht genau, wo jagdlich die größten Chancen zu erwarten sind. Dementsprechend befinden sich die meisten unserer leichten Leitern und Kanzeln in ständiger Rotation. Die erste Tätigkeit bei meinen Revierbesuchen besteht daher in der Regel darin, mich durch Befragen und Herumfahren über den aktuellen Stand der Ansitzmöglichkeiten zu informieren.

Schon nach kurzer Zeit des gemeinsamen Jagens mit Reinhard dämmerte mir, dass mir bislang wohl doch einige Freuden der Jagd versagt geblieben waren. In den früheren, wesentlich kleineren westlichen Jagdbezirken war es immer mein Bestreben gewesen, vom Wild möglichst unbemerkt auf den Hochsitz zu gelangen, der von den Windverhältnissen her gerade »passte«. Da ich beim Ansitz über eine bemerkenswerte Ausdauer verfüge, die mich schon ganze Winternächte lang auf dem Hochsitz gehalten hat, waren die Ergebnisse dieser Jagdweise meist recht zufriedenstellend ausgefallen. Diana hat wohl doch ein Herz für die Unermüdlichen.

Für Reinhard ist derartiges Jagen die reine Tortur: »Warum soll ich stundenlang untätig in irgendwelchen Revierecken herumsitzen, wo nichts los ist, während die Sauen woanders gerade die Wiesen umdrehen?« Er zieht es deshalb – wenn irgend möglich – vor, die Gegenden abzupirschen, die von der Feldbestellung oder dem Zustand der verfügbaren Äsung her die größte Wahrscheinlichkeit für die Anwesenheit von Wild bieten. Am Anfang musste er mich zu derartigen Aktionen regelrecht »abkommandieren«. Da in dieser Zeit – jedenfalls für meine Begriffe – brauchbare Ansitzeinrichtungen noch kaum vorhanden waren, bin ich zwar neugierig, aber vom Erfolg der Unternehmungen nicht recht überzeugt, brav mitmarschiert.

Entscheidend für meinen mittlerweile eingetretenen Sinneswandel war eigentlich schon der erste Abend. Es herrschte zunehmender Mond, und das Schusslicht hätte gut gereicht, wenn nicht dicke Wolkenpakete sich in immer dichterer Folge vor unseren blassen Erdtrabanten geschoben hätten. Außerdem wehte ein nasskalter Wind, der uns auch noch eine Mischung aus Nieselregen und Nebel ins Gesicht drückte. Für Reinhard das ideale Wetter: Sauwetter. Halblaut schwatzend pirschten wir eine unserer zahlreichen Wald-Feld-Grenzen ab. Der gewundene, sandige Weg verlief noch im Bestand. Zur Wiese hin wurde er durch mächtige, ausgewachsene Eichen begrenzt, während auf der anderen Wegseite der schmale Eichenbestand in einen lichten Kiefernwald überging. Reinhard legte ein wahnsinniges Tempo vor. Obgleich ich glaube, ein recht guter Marschierer zu sein, hatte ich Schwierigkeiten, ihm zu folgen. Während ich neben ihm her hastete und an den Begriff des »Pirschstehens« dachte, den man mir einst in der Jägerausbildung eingetrichtert hatte, marschierte Reinhard mit langen Schritten, dabei immer halblaut auf mich einredend, in bester Stimmung durch die Dunkelheit. »Der pirscht ja nicht, der trabt ja schon«, kam es mir in den Sinn. Ab und an wurde abrupt gestoppt, und wir versuchten, die neben dem Sandweg liegenden Wiesen mit unseren Gläsern abzuleuchten. »Wenigstens der Wind stimmt«, dachte ich, bevor wir weiter trabten. Plötzlich parierte Reinhard durch, riss das Glas an die Augen und raunte seelenruhig: »Da sind sie ja!«

Nachdem er mich eingewiesen hatte, konnte auch ich die dunklen Punkte auf der Wiese sehen, die sich nur schwach in etwa hundertfünfzig Meter Entfernung von dem dunklen Wiesenuntergrund abhoben. Ich stellte fest, dass zwischen uns und den Sauen nicht die geringste Deckungsmöglichkeit zu erkennen war. Für einen waidgerechten Schuss war es bei den vorherrschenden Lichtverhältnissen ohne Zweifel viel zu weit. Während ich noch sinnierte, was wohl jetzt am besten zu tun sei, meinte mein Begleiter nur: »Na, dann lass uns mal!« und stapfte seelenruhig auf die Rotte los. Ich schlich reichlich verunsichert hinter ihm her. Schritt für Schritt näherten wir uns der wuseligen Rotte, die unbekümmert den nassen Wiesenboden durchpflügte. Wir erkannten zwei stärkere Sauen und ein gutes halbes Dutzend stramme Frischlinge. Reinhard ging immer weiter auf die Rotte zu, jetzt allerdings etwas langsamer und vorsichtiger. Als wir uns den noch immer arglosen Schweinen bis auf etwa vierzig Schritt genähert hatten, verhielt mein Partner und raunte mir ins Ohr: »Du suchst dir soweit wie möglich links einen Frischling aus, ich versuche an der rechten Seite einen zu kriegen. Du zählst bis drei, dann wird geschossen!«

Doch ich merkte, dass bei mir das mittlerweile einsetzende Jagdfieber einen freihändigen Schuss nahezu ausschloss, da der Zielstachel viel zu unruhig auf dem ausgesuchten Frischling herumtanzte. Deshalb ließ ich mich langsam auf den Hosenboden nieder. Links und rechts auf den Knien aufgestützt mochte es gehen, obgleich das Licht, gerade mal wieder durch eine Wolke verdunkelt, nur noch die Konturen der Sauen erkennen ließ. Während ich amüsiert feststellte, dass die Feuchtigkeit der Wiese bereits Lodenhose und die jagdlichen Dessous durchdrungen hatte, zählte ich halblaut eins – zwei – und dann knallte es auch schon. Noch halb betäubt von dem Doppelknall – Reinhard hatte zudem noch etwas hinter mir gestanden – sahen wir, durch das Schussfeuer geblendet, fast nichts, hörten aber etwas schlegeln. Nachdem die Augen sich wieder an die Dunkelheit gewöhnt hatten, waren durch das Fernglas rechts ein mausetoter und weiter links ein noch leicht schlegelnder Frischling erkennbar. Mein Kompagnon grinste mich an und hieb mir freundschaftlich auf die Schulter. Das war so ganz nach seinem Geschmack gewesen. Ich war perplex. So hatte ich Saujagd bislang noch nicht erlebt.

Während jeder von uns einen gut genährten Frischling zum Weg hinzog, um dort gemeinsam aufzubrechen, war mir klar, dass diese Art zu jagen einen außergewöhnlichen Reiz auf mich ausgeübt hatte, weit mehr als ein Erlegen nach stundenlangem Warten vom Hochsitz aus. Mir war vorher auch gar nicht klar gewesen, was Sauen bei gutem Wind alles aushalten, wenn sie im Gebräch stehen. Von diesem Tag an empfinde ich es als jagdlichen Hochgenuss, bei genügender Sicht und passendem Wind nachts auf Sauen zu pirschen und bin mittlerweile fast schon enttäuscht, wenn etwa gefrorenes, raschelndes Laub oder lauter, verharschter Schnee das Pirschen unmöglich machen und die Nachtjagd auf den Ansitz beschränken.

Obwohl unser weitläufiges Revier durch die vielen vorhandenen Wald-Feld-Grenzen und auch aufgrund großer, lichter und durch ein verästeltes Wegenetz hinreichend erschlossener Kiefernaltholzbestände in weiten Bereichen gut zum Pirschen geeignet ist, gibt es dennoch zahlreiche Flächen, wo die Pirsch nahezu sinnlos erscheint. Hoher Farnbewuchs, verfilzte Dornenhecken und – besonders an den Rändern der zahlreichen Gräben und sonstigen Wasserläufe – dichte Schilfpartien verhindern dort unbemerktes Angehen des Wildes. Hier kommt – nach vorsichtiger Annäherung – der gute, alte Sitzstock wieder zu Bedeutung. Diese Art der Bejagung hat mir allerdings in der ersten Zeit, besonders in den Sommermonaten, etliches an Leidensfähigkeit abverlangt. Der Spreewald ist berühmt für seine Mücken, die in den zahlreichen Wasserläufen, Gräben, Tümpeln und schilfumsäumten Seen natürlich wunderbare Lebensbedingungen vorfinden. Mein Freund Dieter, der seine Kindheit größtenteils im Spreewald verbracht hat, erzählt hin und wieder von den Mutproben und Härtebeweisen, die er mit den anderen Kindern durchstehen musste, und die darin bestanden, mit nackten Beinen und unbeweglich möglichst lange den gierigen Stechattacken der blutrünstigen Schnaken zu trotzen. Wer das am längsten aushielt, genoss das größte Ansehen.

Wenngleich ich auf nackte Beine und stoische Unbeweglichkeit gerne verzichtete, trieben mich anfangs die zeitweilig fast unerträglichen Angriffe der Mücken trotz reichlichen Einsatzes von Insektenabwehrsprays und ähnlichem beinahe zur Verzweiflung, zumal beim Ansitz wildes Armschlagen zur Mückenabwehr dem Jagderfolg nicht gerade förderlich ist. Mittlerweile habe ich nach langem Experimentieren mit allen möglichen Einreibmitteln und Sprays, die eigentlich alle – zumindest bei mir im angeschwitzten Zustand – höchstens eine Stunde statt der in der Regel vom Hersteller verheißenen sechs bis acht Stunden spürbaren Schutz bieten, auf traditionelle, mechanische Methoden zurückgegriffen. Ich stülpe mir unter dem Hut ein feinmaschiges Mückennetz über den Kopf, das nur den Augenbereich freilässt. So ähnele ich zwar mehr einem Imker als einem wackeren Waidmann, dafür ist es aber ein schönes Gefühl, die wild um den Kopf herumschwirrenden Schnaken und Bremsen weitgehend ausgetrickst zu haben.

Reinhard wird durch stechendes Ungeziefer weit weniger belästigt als ich. Wenn es ihm wirklich einmal zu bunt wird, zieht er eben weiter. Da er ohnehin lieber auf dem Stock als auf Leitern oder Kanzeln sitzt, fällt ihm der Stellungswechsel dementsprechend leicht. Während ich mir seit vielen Jahren angewöhnt habe, den Platz, für den ich mich auf Grund der Windverhältnisse und anderer für die Jagd relevanter Umstände entschieden habe, während des Ansitzes nicht zu wechseln, geht mein Partner mehr nach seinen Instinkten vor. Wenn wir gemeinsam jagen, sprechen wir ab, wo ich sitze, er kann seine Aktivitäten dann danach ausrichten. Das klappt oft erstaunlich gut. In einer Sommermondnacht saß ich auf einer transportablen Kanzel in den Wiesen vor einem weitläufigen Maisschlag. Als ich nach mehrstündigem Warten endlich einen Überläufer, der in die Wiesen wechseln wollte, erlegen konnte, hatte es im weiten Umkreis um mich herum bereits schon dreimal geknallt. Reinhard war es gelungen, beim Abpirschen der in den Mais gemähten Bejagungsschneisen zwei Frischlinge und in einem weiter entfernten Revierteil noch einen Überläufer in den Schweinehimmel zu befördern!

Für mich ist immer wieder erstaunlich, wie wenig Fehlschüsse meinem Kompagnon unterlaufen, zumal er in der Regel frei vom Knie schießt. Dabei setzt sich Reinhard großzügig über alle schießtechnischen Weisheiten hinweg und behauptet steif und fest, Patrone sei Patrone. Das ganze Brimborium um ballistische Fragen – wie Einschießen nach Geschosswechsel und ähnliche Rituale – ist nach seiner Überzeugung höchst überflüssig. Mühsam habe ich ihn überzeugen können, wenigstens bei einer Patronenart zu bleiben. Die neuen, unbegrenzten Möglichkeiten nach der Wende brachten ihn immer wieder in Versuchung, beim Munitionseinkauf am liebsten von jeder Sorte fünf Stück zu kaufen, um alles einmal auszuprobieren. Obgleich er manchmal drei bis vier verschiedene Patronen in der Jackentasche hat, trifft er in der Regel trotzdem. Ich habe ihm inzwischen zu erklären versucht, dass das wahrscheinlich daraus resultiert, dass seine Schützenstreuung noch unter der Streuung der verschiedenen Fabrikate liegt, und die vitale Trefferzone beim Wild meist wesentlich größer ist. Meine Belehrungsversuche enden jedoch regelmäßig mit seiner grinsenden Entgegnung: »Da hängt doch die Sau!«

Überhaupt konnte ich recht schnell feststellen, dass mein neues jagdliches »Umfeld« die mehr theoretischen Aspekte der Jagd zugunsten der Jagdpraxis ziemlich in den Hintergrund treten lässt. Eine – besonders bei den Jagdjüngern ohne viel Jagdgelegenheit – häufig zu betrachtende übertriebene Anwendung der Jägersprache kann man im Kreise meiner neuen Jagdkameraden und Mitjäger nun wirklich nicht feststellen. So ist auch für Reinhard mit seiner jahrzehntelangen, reichen Jagderfahrung jedes Jagdgewehr eine Flinte, auch wenn es sich um Repetierer oder Doppelbüchsen handelt. Handfeuerwaffen werden grundsätzlich Pistolen genannt. Dies resultiert wahrscheinlich daraus, dass es früher im »sozialistischen Jagdbetrieb« fast nur Flinten oder kombinierte Kipplaufwaffen gab, da Repetiergewehre im jagdlichen Alltag der ängstlichen Obrigkeit vermutlich als viel zu gefährlich erschienen und höchstens Spitzenfunktionären anvertraut werden durften. Der Revolver war ohnehin in Ostgefilden sehr wenig verbreitet.

Auch das sogenannte »jagdliche Brauchtum« wird eher sparsam gepflegt. In meiner neuen jagdlichen Heimat ist es mir beispielsweise noch nie passiert, dass ein vom waidmännischen Chorgeist Beseelter, eine Spezies, der man im Westen häufig begegnen kann, darauf gedrungen hat, das Schnaps- oder Bierglas ausschließlich mit der linken Hand zu halten. Ebenso ist es meinen neuen Jagdgefährten ziemlich egal, ob der Schützenbruch links oder rechts am Hut getragen wird, sofern sie überhaupt eine Kopfbedeckung beim Jagen aufsetzen. Dafür sprechen sie aber fast alle das heimische Wild sachkundig an, schießen sauber und brechen innerhalb weniger Minuten ein größeres Stück Schalenwild fachgerecht auf. Als erfahrene Waidmänner können sie oft darüber hinaus an Hand des Fährtenbildes mit erstaunlicher Sicherheit erkennen, zu welcher Uhrzeit Sau oder Hirsch über die Schneise gewechselt sind.

Nun liegt – wie eigentlich immer – die Wahrheit auch hier wahrscheinlich irgendwo in der Mitte. Auch ich halte gewisse Formen des traditionellen jagdlichen Brauchtums für wichtig und erhaltenswert. Deshalb achte ich – besonders bei unseren Drückjagden – schon darauf, dass neben anständigem, waidgerechten Jagen auch die traditionellen Formen und Gebräuche nicht zu kurz kommen. Mir waren aber schon immer die – leider nicht seltenen – »Brauchtumshansel« zuwider, die Jägersprache und jagdliches Erscheinungsbild vor allem dazu benutzen, um zu renommieren und sich interessant erscheinen zu lassen. Ein früherer entfernter Bekannter lief beispielsweise nicht nur ständig in Loden und mit plakettengeschmücktem Jagdhut (wahrscheinlich auch in grüner Unterwäsche) umher, sondern »schliefte« bei körperlichen Gebrechen wie Grippe oder Bauchweh auch ganz waidmännisch »ins Wundbett«. Seine Jahresstrecke war allerdings meistens kümmerlich. Diese Erfahrung ist, wie ich herausgefunden habe, erstaunlich oft zu machen. So sind mir bei Gesellschaftsjagden die »Rambo-Typen« mit verwegenem Hut, breitem Patronengürtel, teurer

Bewaffnung und gewaltigem, grün-metallic glitzernden Geländewagen, die häufig den »jagdlichen Anhang« in den Revieren ihrer Jagdfreunde verkörpern, mittlerweile von vorne herein verdächtig, besonders, wenn sie auch noch ein feststehendes Messer im Stiefel tragen. Dieser »Spezialtypus deutscher Jäger« stellt sich dann häufig bei näherer Betrachtung gerade mal als Schrecken von Tauben, Kaninchen und vielleicht noch Schmalrehen heraus.

Da lobe ich mir die in der Regel ländliche Jägerschaft in und um meinen neuen jagdlichen Wirkungsbereich herum. Im Gegensatz zu den vielen jagdlichen »Eunuchen«, die wissen, wie es geht, es aber nicht können, handelt es sich hier in den meisten Fällen um Praktiker mit großer Jagdpassion. Sie gleichen zwar selten den bunten Abbildungen aus dem Jagdversandhauskatalog, sind dafür aber fast alle in der Lage, einen Fuchs fachgerecht abzubalgen, einen Überläuferkeiler von einer jungen Bache zu unterscheiden und jederzeit bereit, tatkräftig mit anzufassen, wenn es gilt, die erlegte Sau aus den Dornen zu ziehen.

Die ländliche Bevölkerung betrachtet die Jagdausübung und die damit verbundenen Umstände aus langer Tradition gelassen und verständnisvoll. Die aus dem Westen stammende Weisheit, wonach der erste Sohn des Bauern den Hof erbt und der zweite den Wildschaden, ist glücklicherweise noch nicht in die östlichen Gefilde vorgedrungen, zumindest nicht als allgemein geschätzte Maxime. Auch Treiber bei Gesellschaftsjagden habe ich hier noch nicht bar entlohnen müssen. Dafür dauern die Schüsseltreiben aber in der Regel etwas länger ...

Das Ende einer Pechsträhne

Der starke, außergewöhnlich hohe Sechser, auf den ich nun bereits seit beinahe zwei Wochen angesessen hatte, tat endlich den Schritt, der ihn aus der Abdeckung der mächtigen Eichenäste heraus brachte und einen Schuss vertretbar erscheinen ließ. Nach einem Fehlschuss auf den kapital erscheinenden Bock einige Tage nach Aufgang der Bockjagd Anfang Mai hatten Reinhard und ich eine Leiter in eine hohe Birke an das Ende des mit mittelalten Eichen und vereinzelten Birken bestockten Begrenzungswalls gestellt, der den riesigen Roggenschlag von der üppigen, mit Weißklee und halbmeterhohen, saftigen Gräsern bewachsenen Wiese trennte. Leider war, da man auf der hohen Leiter direkt am Stamm der Birke hockte, die Sicht auf den Wall selbst und die anschließende Wiesenkante durch die Äste einer etwa zwanzig Schritt entfernten Eiche ziemlich beeinträchtigt. So hatte ich mit Ungeduld auf den Augenblick gewartet, wenn meine heißbegehrte Jagdbeute endlich etwas weiter in die Wiese hineinziehen würde. Nach zahlreichen vergeblichen Ansitzen hatte ich am heutigen Abend endlich den Bock bereits gegen 20 Uhr in über zweihundert Schritt Entfernung, wo sich der Wall in einer weiten Kurve in die Wiese schiebt, aus dem Roggen auf den Wall unter die Eichen heraustreten sehen. Aber anstatt der Ricke in die Wiese zu folgen, war der Bock auf dem Wall geblieben und – ab und zu am Birkenjungwuchs zupfend – langsam in meine Richtung gebummelt, bis ich ihn durch die Abdeckung der Eichenäste nicht mehr in Sicht hatte.

Als ich schon glaubte, er sei wieder in den Roggen zurückgewechselt, schimmerte es – jetzt eine gute Stunde später – gelblichrot durch das Geäst vor dem Wall. Der Ersehnte zog endlich, für meine Ungeduld viel zu langsam, in weniger als hundert Schritt

Entfernung langsam in die Wiese heraus. Als er schließlich die Abdeckung hinter sich gelassen hatte, sah ich ihn jedoch nur spitz von hinten. Da der »polnische Blattschuss« höchstens im Falle des Nachschießens bei krankgeschossenem Wild Berechtigung haben mag, hieß es also warten. Der Bock ließ sich Zeit. Der Klee schien ihm zu behagen. Dann warf er auf und war nach zwei Schritten wieder im Bereich der Astabdeckung. Ich fluchte heftig, aber lautlos, und verspürte deutlich erstes Jagdfieber. Gleichzeitig bemerkte ich, wie der Wind, der bislang in das Roggenfeld hinter mir geblasen hatte, ungünstiger wurde, da er jetzt etwas in Richtung Bock gedreht hatte. Nun war nicht nur wegen des langsam schwindenden Lichts, sondern auch wegen der Windentwicklung Eile geboten.

Durch das Fernglas war zwischen zwei Ästen eine deutliche Lücke zu erkennen. Wenn der Bock dort auftauchen würde, schien ein Schuss machbar zu sein. Während ich diese Möglichkeit auch durch das Zielfernrohr der Büchse überprüfte, glitt der Bock langsam gerade in diese Lücke hinein. Ich erkannte durch das Zielfernrohr deutlich die fast weiße Brille um die Lichter, ein graues Haupt und einen starken Träger. Mit beiden Ellenbogen gut abgestützt brachte ich den Zielstachel relativ ruhig auf das Blatt und zog langsam den Abzug durch. Im Schuss sah ich jedoch statt des erwarteten Zeichnens beziehungsweise erhofften Zusammenbrechens einen guten Schritt rechts neben dem Bock Wasser aufspritzen und meine schon sicher geglaubte Beute hochflüchtig in den Wall hinein abspringen. Dann hörte ich tiefes und heftiges Schrecken.

»Das kann doch nicht wahr sein, hört denn diese Pechsträhne überhaupt nicht mehr auf?« hätte ich am liebsten laut herausgeschrien, als ich knapp zwanzig Meter weiter in der Wiese den Eichenzweig entdeckte, den ich gerade abgeschossen hatte. Frustriert krabbelte ich wieder auf die Leiter und konnte durch das Zielfernrohr die weiß schimmernde Abschussstelle an einem Eichenast direkt unterhalb der Lücke erkennen. Am vermeintlichen Anschuss stellte ich dann fest, dass Wasser in der Wiese stand, deshalb also die Spritzer. Eine sorgfältige Überprüfung am nächsten Morgen blieb ergebnislos. Auch Reinhards Teckel zeigte sich völlig uninteressiert.

Die nächsten Tage waren unerfreulich. Das erneute Missgeschick begann, mein Selbstbewusstsein zu beeinträchtigen. Wie wohl die meisten anderen Jäger auch, hatte ich in meiner jägerischen »Laufbahn« schon oft Pleiten und Pannen erlebt. Dies jetzt war aber etwas anderes. Seit Monaten befand ich mich in einer regelrechten Pechsträhne. Langsam wurde die Sache peinlich. Ich hatte das Gefühl, dass mein Partner Reinhard wie auch unsere Mitjäger langsam nicht mehr über meine ständigen Missgeschicke lachen konnten und begannen, an meinen Schießkünsten zu zweifeln. Das traf mich denn doch, da ich mich immer für einen guten Kugelschützen gehalten und das auch bei zahlreichen Jagdreisen eigentlich stets unter Beweis gestellt hatte.

Angefangen hatte es schon im Sommer des vorhergegangenen Jagdjahres. Erst im vierten Anlauf war es mir gelungen, den »Eisernen Gustav«, wie meine Freunde den augenscheinlich schussfesten Keiler getauft hatten, zu strecken. Dann begann im neuen

Jagdjahr die Misere mit den Böcken. Zwar konnte ich am Morgen des 1. Mai, dem Beginn der Bockjagd in Brandenburg, einen reifen, alten Bock erlegen, die Kugel hatte jedoch auf relativ kurze Entfernung das Rückgrat durchschlagen und damit einen Teil des Rückens unbrauchbar gemacht, obwohl ich meinte, gut hinter dem Blatt abgekommen zu sein. Für mich war das ziemlich unerklärlich.

Einige Tage später schoss ich in weiter Feldflur auf – wie ich später beim Abschreiten mit Schrecken feststellte – weit über zweihundert Meter Entfernung einen Knopfbock im Bast. Dieser hatte trotz des weiten Schusses einen Hochblattschuss und sprang noch einige lange Sekunden in hohen Bocksprüngen im Kreis herum, bevor er verendete. Vier Wochen danach fehlte ich von einer Leiter aus einen mittelalten Bock auf nicht einmal vierzig Meter. Glücklicherweise konnte ich ihn allerdings eine halbe Stunde später, als ich mit dem Wagen nochmals die Feldkante abfuhr, in der Wiese mit Trägerschuss von vorn erlegen. Dabei stellte ich fest, dass die erste Kugel auf dem Rücken eine tiefe Schramme hinterlassen hatte, die bei der warmen Witterung bestimmt zu Madenbefall und qualvollem Verenden geführt hätte.

Als ich dann aus einem Ansitzwagen beim Abendansitz noch bei gutem Licht auf achtzig Schritt einen aus dem Hochwald in ein nur spärlich hochgekommenes Roggenfeld auswechselnden alten Bock glatt überschoss, wurde mir bewusst, dass grundsätzlich irgend etwas nicht stimmen konnte. Sollte ich auf einmal angefangen haben zu mucken? Das war eigentlich nicht möglich, da ich immer – wie ich meinte – gut abgekommen war. Dann wurde mir klar, dass ich alle Böcke entweder überschossen oder sehr hoch getroffen hatte. Auch den Kapitalen vom Eichenwall hatte ich vor Wochen, allerdings vom Sitzstock aus und am Pirschstock angestrichen, überschossen. Damals hatte ich das jedoch als »normalen«, hin und wieder unvermeidlichen Fehlschuss angesehen.

Der schon seit Wochen schwelende Verdacht, dass meine neuerdings ziemlich jämmerlichen Schießleistungen an der Büchse liegen könnten, wurde immer stärker. Jetzt musste ein Probeschuss Gewissheit bringen. Damit begann jedoch das Problem. Im näheren Umkreis unseres Reviers ist leider kein Schießstand vorhanden. So begnügten Reinhard und ich uns seit Jahren damit, ab und zu im Revier vor einer Sanddüne, auf dem Dach des Geländewagens aufgelegt, einen Probeschuss abzugeben. Mein sehr exakt schießender Repetierer von Steyr-Mannlicher hatte dabei nie Grund zur Beanstandung gegeben. Jetzt fiel mir allerdings siedend heiß ein, dass ich kurz nach dem letzten Bestätigungsschuss die Munition gewechselt hatte. Da ich zu Hause im Ladengeschäft des großen Jagdversenders nicht drei Packungen der bewährten schwedischen Munition aus derselben Serie bekommen konnte, musste ich, um überhaupt mehrere seriengleiche Packungen zu erhalten, die preiswerte Teilmantelmunition kaufen, die ein renommierter deutscher Konzern als Zweitmarke auf den Markt gebracht hat. Obwohl ich immer einen Probeschuss vornehmen wollte, war es dann doch leider bei dem Vorhaben geblieben.

Das Ergebnis des jetzt schleunigst nachgeholten Versäumnisses war verheerend. Ich wollte meinen Augen nicht trauen, als der erste Schuss genau siebzehn Zentimeter zu hoch lag. Auch der zweite Schuss brachte nahezu das gleiche Ergebnis, die beiden Einschüsse lagen nur knapp zwei Zentimeter nebeneinander. Nun wurde mir vieles klar, das ständige Überschießen in letzter Zeit und im vergangenen Sommer war auf die Waffe zurückzuführen. Zuerst habe ich geglaubt, dass durch Stoß oder Fall des Gewehrs vielleicht das Zielfernrohr verstellt gewesen sein könnte. Diese Vermutung wurde einige Tage später jedoch widerlegt, als ich – auch mit der Wirkung der neuen Munition unzufrieden – mir wieder meine altbewährte Norma-Vulkan-Munition besorgte und daraufhin das Zielfernrohr genau die gleiche Anzahl von »Klicks« wieder hinaufdrehen musste, die es heruntergedreht war, um die gewünschte Schusslage bei der deutschen Billigmunition zu erreichen. Da ich im Winter fast ausschließlich den Drilling geführt hatte, waren die vorangegangenen Fehlschüsse mittlerweile in Vergessenheit geraten.

Jeder Jäger kann wohl nachvollziehen, wie mich das erneute Missgeschick traf, nachdem ich geglaubt hatte, dass die Quelle des monatelangen Ärgers, leider auch noch durch eigene Nachlässigkeit verursacht, nun endgültig durch das Einschießen der Waffe behoben sei. Mir war klar, dass der alte, erfahrene Bock den erneuten Fehlschuss übel nehmen und sich für geraume Zeit »verdünnisieren« würde. Diese Ahnung trog nicht, denn als ich einige Tage später, die Blattzeit hatte endlich so richtig begonnen, mich bei gutem Wind nochmals auf der Leiter am Eichenwall ansetzte, trieb in der Wiese vor dem Wall ein gut veranlagter Zweijähriger völlig unbekümmert ein Schmalreh. Ich kannte diesen Bock, der sich bei Anwesenheit des alten Platzbocks stets in der Nähe eines nahegelegenen Maisschlags herumgedrückt hatte und sicherlich nicht gewagt hätte, so provokant in den Gefilden des Alten zu wildern, wenn dieser noch in seinem Revier gewesen wäre. Hier war also für die nächste Zeit jedes Bemühen sinnlos.

Den sicherlich jagdlich interessantesten Teil unseres relativ großen Reviers bildet eine zusammenhängende Waldfläche, die aus Kiefernaltholz, Fichtenkulturen, Mischwald mit starkem Eichenanteil, größeren Birkenflächen und mehreren bürstendicken Kieferndickungen zusammengesetzt ist. Da fast überall reichlich Jungwuchs hochkommt, und unter den schlagreifen Kiefern üppiger, meterhoher Adlerfarn wuchert, ist die Bejagung dieses Waldes, der teilweise schon wie Urwald wirkt, nicht einfach, da das Wild nahezu überall hervorragende Deckung – und natürlich auch Äsung – zur Verfügung hat. Ein am Waldrand vorbeifließender Spreearm und diverse Suhlen sorgen durch dichten Schilfbewuchs sowie Dornenverhaue aller Art für einen idealen Lebensraum, auch für Stechmücken und ähnliche Quälgeister, so dass mein Verbrauch an Insektenschutz schon fast in Litern zu messen ist.

In diesem dichten Wald liegt zwischen zwei Gestellen eine ziemlich große Eichenschonung, mit hohem Maschendraht umgattert. Der Jungwuchs ist teilweise schon mannshoch, größere Teile der Schonung sind aber noch ganz gut einsehbar, wenngleich auch hier fast überall Brombeere und Adlerfarn sowie Birkenanflug in allen Größenordnungen die Beobachtungsmöglichkeiten stark einschränken. Der Zaun ist nach über zehn Jahren Standdauer an vielen Stellen undicht, so dass sich im Laufe der Zeit im Gatter ein wahres Rehwildparadies entwickelt hat. Auch Rotwild springt in der Feistzeit gern in das Gatter ein. An eine Ecke des Gatters haben wir eine offene Kanzel gestellt, die guten Einblick in die lichteren Randzonen der Schonung und auch in den umliegenden Eichen- und Buchenmischwald bietet.

Von der Kanzel aus hatte Reinhard vor der Blattzeit im Gatter einen uralten, guten Bock gesehen, der aber vor der Schussabgabe unauffindbar wieder in die dichte grüne Wildnis abgetaucht war. In der Blattzeit, so meinten wir, müsste doch auch dieser alte Kämpe in Bewegung kommen, zumal wir in letzter Zeit wiederholt »attraktive« Ricken und Schmalrehe im Gatter bewundern konnten. Diesem Bock wollte ich mich nun bevorzugt »widmen«.

Schon der erste Versuch ließ sich gut an. Ich kam morgens nach Ansitz am Wildacker und Abfährten gegen neun Uhr bei günstigem Wind unbemerkt zur offenen Kanzel und hatte mich kaum auf dem schmalen Sitzbrett niedergelassen, als es vor mir auch schon gehörig prasselte. Ungefähr dreißig Schritt rechts von mir hüpfte eine Ricke aus dem dichten Jungwuchs. Ihr folgte ein Bock mit schneeweißem Haupt. Das musste der Alte sein, von dem Reinhard mir berichtet hatte. Beide drehten in meine Richtung, wobei ich sie eigentlich immer nur im Sprung sehen konnte, so hoch waren Farn und Brombeeren. Ich hatte sofort zur Büchse gegriffen, und der Zielstachel stand ruhig auf dem Blatt des Bocks, als dieser – keine zehn Meter von mir entfernt – einen Augenblick bei der Verfolgung seiner Auserwählten einhielt. Aber anstatt abzudrücken ging mir plötzlich durch den Kopf: »Hast du überhaupt entsichert?« Während ich die Büchse etwas absetzte, um die Sicherung zu überprüfen – natürlich war entsichert! – ging die Jagd vor mir weiter, und ich konnte nur noch einige Sekunden den Spiegel des Bocks bewundern, bevor dieser wieder in das dichte Gewirr des Jungwuchses eindrang. Die nächsten Stunden war ab und zu ein Keuchen aus dem Unterholz zu hören, der Bock aber blieb verschwunden, obgleich mehrfach weibliches Rehwild vorsichtig aus dem dichten Buschwerk herauswechselte.

Gegen vier Uhr nachmittags zog ich mich enttäuscht zurück und haderte wieder einmal mit meinem Schicksal. Auch die nächsten Tage brachten keinerlei Erfolg. Manchmal hörte ich den Bock in der Dickung keuchen, wenn jedoch ein Rehhaar zu sehen war, gehörte es Ricken, Schmalrehen oder Kitzen.

Zwei weitere Ereignisse in diesen Tagen brachten mich vollends zur Überzeugung, von allen – jagdlichen – guten Geistern verlassen zu sein. Jagdfreunde erzählten mir, dass in einem kleinen Jagdgeschäft in der Nähe exklusive Waffen der abgehalfterten SED-Prominenz angeboten würden. Da ich sowieso Munition kaufen wollte, fuhr ich mit einem Freund einige Tage später zu der kleinen Waffenhandlung. Der freundliche Betreiber zeigte mir als letztes Angebot eine Kipplauf-Kombination, die aus dem Nachlass eines früheren DDR-Verteidigungsministers stammte. Obgleich ich Schaftverschneidungen und Holzeinlegearbeiten bei Waffen eigentlich nicht besonders schätze, zog mich der Schaft der Waffe sofort in seinen Bann. In die Schaftbacke war – wahrscheinlich in Elfenbein – ein kapitaler Hirsch eingearbeitet. Vor der Schaftkappe war ein dezenter Streifen mit hervorragend gearbeiteter Schaftverschneidung angebracht, die zu gleicher Verschneidung in den drei Vorderschäften von Doppelbüchslauf, Büchsflintenlauf und Doppelflintenlauf korrespondierte. Obgleich das Schaftholz nicht aufregend wirkte, und die Zieloptik nicht mehr modernen Ansprüchen genügte, war unzweifelhaft, dass es sich hier um eine außergewöhnliche Waffenkombination handelte, deren Preis zudem recht günstig erschien.

Als ich die hervorragend gearbeitete Waffe aus der Hand gab, war mir klar, dass eine derartige Chance wohl kaum wieder kommen würde. Ich überlegte bereits, meinen wunderschönen, alten handgearbeiteten Seitenschlossdrilling dafür zu verkaufen. Allerdings bestand ich darauf, ein Anschusszertifikat einzusehen. Der Waffenhändler versprach, am folgenden Tag die Waffe anzuschießen, und wir verabredeten, dass ich drei Tage später wiederkommen würde, um meine Entscheidung mitzuteilen. Da die Waffe bereits seit fast vier Monaten zum Verkauf stand, zweifelte ich nicht daran, das Gewehr dann mitnehmen zu können, sofern die Schussleistung stimmte. Alle Läufe schossen auch phantastisch, wie ich später erkennen konnte, nur das Gewehr war nicht mehr zu haben, am Vortage hatte es völlig überraschend einen anderen Liebhaber gefunden.

Mittlerweile sehe ich das, was ich damals als weiteren Beweis einer einmaligen jagdlichen Pechsträne empfand, etwas anders. Im Gegensatz zu Freunden, denen die prominente Herkunft der Waffe wichtig war, gaben bei mir andere Gründe den Ausschlag für den Wunsch, diese einzigartige Waffenkombination zu besitzen. Mir war klar, dass im damaligen politischen System für einen derartig exponierten Besteller nur das Beste gut genug war. Hier handelte es sich mit Sicherheit um eine technische Spitzenleistung der renommierten Waffenschmiede Suhl, gefertigt und kontrolliert von den besten Fachleuten, ohne Rücksicht auf Kosten oder Wirtschaftlichkeit und wahrscheinlich schon aus diesen Gründen kaum wieder für einen ähnlichen Preis zu erwerben. Das Wissen, dass einer der privilegierten Vertreter des zusammengebrochenen Unrechtsregimes die Waffe als Vorbesitzer geführt und damit Spitzenhirsche in der Anzahl wie beim Normaljäger Hasen bei der Treibjagd geschossen hat, hätte mich längerfristig jedoch sicherlich gestört. Auch meine Jagdfreunde hätten wohl begonnen, an mir zu zweifeln, wenn ich mit dem hirschgeschmückten Exklusivgerät bei unseren eher ländlichen Drückjagden erschienen wäre.

Als Duplizität der Ereignisse erlebte ich dann zwei Tage später ein ähnliches Missgeschick. Seit Wochen schon hatte mir ein Jagdfreund sein gut erhaltenes Geländefahrzeug wirklich preiswert angeboten. Da ich mit meinem alten Militär-Kübel viele Jahre lang nicht die geringsten Probleme gehabt hatte, lehnte ich die gut gemeinte Offerte immer wieder ab. Bei einem Reifenwechsel musterte Reinhard als Fachmann nach längerer Zeit das Fahrzeug mal wieder von unten und stellte überraschend stärkeren Rostbefall an tragenden Teilen fest. Daraufhin entschloss ich mich spontan, das uralte Fahrzeug nun doch auszuwechseln, rief besagten Freund an, um enttäuscht zu erfahren, dass der angebotene Geländewagen nach wochenlangem Inserieren in jagdlichen Fachzeitschriften nun endlich am Tage zuvor einen Käufer gefunden hatte. Mich wunderte schon gar nichts mehr, und ich nahm es mit Galgenhumor.

In der Gewissheit, dass auch die längste Pechsträhne einmal zu Ende geht, marschierte ich unverdrossen Tag für Tag weiterhin zum großen Gatter. Irgendwann musste doch Bewegung in die Sache kommen. Nach der alten Erfahrung, dass die Böcke in der Blattzeit auch in der Mittagszeit häufig auf den Läufen sind, kletterte ich bereits um halb zwölf bei strahlendem Sonnenschein und passendem Wind wieder auf die offene Halbkanzel. Im Gatter war nach langem Spekulieren wiederum weibliches Rehwild in guter Deckung des hohen Farns auszumachen, und aus dem dicksten Busch tönte – wie inzwischen gewohnt – ab und an ein müdes Keuchen. Als die Wärme der Mittagssonne mich schon etwas einschläferte, bemerkte ich plötzlich geradeaus, an der anderen Ecke der Schmalseite des Gatters, zwei rote Wischer außerhalb des Zauns. Im Fernglas erkannte ich ein weibliches Reh, dicht gefolgt von einem gelblich wirkenden Bock. Beide waren aus einem verwachsenen Birkenwald über die breite Schneise zur Kopfseite des Gatters gezogen und wollten wahrscheinlich den Mischwald links neben der Kanzel annehmen. Nachdem mir nach wenigen Sekunden klar war, dass der Bock hoch aufhatte, das gesamte Haupt weißlich grau schimmerte, und auch die Statur sehr kräftig wirkte, ließ ich das Glas sinken und griff eilig zur Büchse.

Das Auflegen des Gewehrs auf dem Kanzelrand und das Ziel-Erfassen muss wohl etwas hektisch vor sich gegangen sein, denn unvermittelt landeten meine vier Buchstaben krachend auf dem engen Kanzelboden, während das schmale Sitzbrett hinter mir die Leiter hinunterschepperte. Ich hatte es wohl beim Hinunterbeugen mit dem Allerwertesten von den seitlichen schmalen Auflagen heruntergeschoben. Die gesamte leichte Kanzel schwankte und bebte. Auch das noch! Während ich mich aufrappelte und vorsichtig erst einmal das entsicherte Gewehr über die Kanzelbrüstung schob, wusste ich nicht, ob ich lachen oder weinen sollte. Aber – o Wunder

– als ich vorsichtig über die Kante lugte, war der Bock noch da, und er war auch noch parallel zum Gatterzaun um gute zwanzig Meter weiter herangezogen, während die Ricke im Hintergrund verharrte. Außerdem bemerkte ich, dass ihr aufgeregter Liebhaber jetzt nicht mehr durch den Drahtzaun abgedeckt war und mit erhobenem Haupt halb spitz angestrengt zu mir her sicherte. Jetzt musste es blitzschnell gehen. Hinter der Kanzelwand kniend legte ich den Lauf auf die mit dicker Dachpappe »gepolsterte« Brüstung, brachte den Zielstachel auf den jetzt etwa einhundertzwanzig Schritt entfernten Bock und schoss sofort.

Während der laute Schussknall schlagartig die friedliche Mittagsstimmung zerstörte, sah ich, wie der Bock fast senkrecht emporstieg, dann war nur noch die hochflüchtig abgehende Ricke zu erkennen. Zitternd hockte ich mich erst einmal auf die Kanzelwand. Sollte sich das Blatt nun doch gewendet haben? Mit dem Glas war am Anschuss nichts zu erkennen. Das mochte aber am spärlichen Bewuchs liegen. So packte ich nach einigen Minuten meine Sachen zusammen, um die vermeintlich sichere Beute in Besitz zu nehmen.

Je mehr ich mich jedoch dem Anschuss näherte, den ich mir genau eingeprägt hatte, desto länger wurde wahrscheinlich mein Gesicht. Weder Schweiß, geschweige denn ein Rehbock waren dort zu finden. Ich sah nur rotbraunen Waldboden, hier und da mit spärlichen Grasbüscheln garniert. Während ich immer größere Kreise um die Buche drehte, unter der der Bock so deutlich gezeichnet hatte, war mir zum Heulen zu Mute. Wieder und wieder rekapitulierte ich die Situation vor und nach dem Schuss. Deutlicher hatte ich noch nie Schusszeichen wahrgenommen, außerdem meinte ich, den Kugelschlag gehört zu haben. Schließlich versuchte ich es mit der Logik. Wohin würde angeschweißtes Wild ziehen, bei dieser Mittagshitze und im strahlenden Sonnenschein? Doch wohl nur in dunkle, kühle und – wenn möglich – feuchte Deckung. So marschierte ich über das Gestell, hinein in das dichte Birkendickicht, in Richtung Suhle. Ein letzter Versuch, bevor ich Reinhards Teckel holen würde.

Kurz vor der Suhle, etwa fünfzig Schritt vom Anschuss entfernt, schimmerte es dann durch die Büsche und mir fiel ein Stein vom Herzen, als ich an den Bock herantrat. Voller Freude konnte ich feststellen, dass er wirklich alt und reif schien. Das hohe, gut geperlte Gehörn war dunkel gefärbt und wies als Besonderheit an der dicken linken Stange eine stark geperlte, lange Sprosse nach vorn auf, die direkt aus dem Rosenstock herausgewachsen war. Der Bock hatte den Schuss halbspitz von vorn auf das Blatt erhalten, wodurch der linke Vorderlauf nur noch durch ein paar Sehnen mit dem Körper verbunden war. Außerdem war auf der Ausschussseite durch die erhebliche Knochenzerstörung die Bauchdecke aufgerissen, so dass nahezu das gesamte Gescheide herausgetreten war. Mit diesen Verletzungen war der Bock noch so weit gegangen. Wie groß muss der Adrenalinstoß auf Grund meines Gepolters auf dem Hochsitz gewesen sein! Die Wildbretzerstörung war trotz des nicht sehr ästhetischen Anblicks jedoch glücklicherweise minimal.

Nach diesem sehnsüchtig erwarteten Erfolgserlebnis – der Schuss fiel übrigens genau um zwölf – spürte ich, dass die lange Pechsträhne nun wohl überwunden war, Diana hatte mir erstmals wieder zugeblinzelt. So nahm ich es mit Gleichmut, als uns liebe Freunde in unserem Jagddomizil besuchen wollten. Mir war klar, dass ich während dieser Zeit kaum ins Revier kommen würde, da Freund Helmut und seine Frau mit Jagd nicht viel zu tun haben wollen. Wir zeigten unseren Besuchern die Schönheiten des Spreewalds, unternahmen Kahnfahrten und genossen die Fertigkeiten der inzwischen häufig schon hochentwickelten Gastronomie. Als wir am dritten Abend gegen halb zehn in der beginnenden Dämmerung bei einem Glas Wein vor unserer Jagdbehausung saßen, schlug ich Helmut vor, doch schnell mit mir im Kübel die Wald-Feld-Grenze abzufahren, da ich sehen wollte, ob ein junger Hirsch, den ich schon mehrfach um diese Zeit auf der Wiese vor dem Maisfeld in Anblick hatte, auch heute herauswechseln würde. Schon mit einem Bein im Fahrzeug, rannte ich noch mal zurück und drückte – für alle Fälle – meinem Freund Büchse und Glas zum Halten in die Hand.

Der Hirschjüngling war noch nicht ausgetreten, so holperten wir eine Ecke weiter. Ich ließ das offene Auto zwischen einigen mächtigen Eichen ausrollen und suchte mit dem Glas die vor uns liegende, etwas tiefer gelegene Wiese ab. Da ich in der Eile vergessen hatte, die automatisch verdunkelnde Tagesbrille zu wechseln, spürte ich die einsetzende Dämmerung besonders deutlich. Nachdem ich die riesige, nur von einigen einzelnen Eichen aufgelockerte Wiesenfläche sorgfältig abgesucht hatte, wollte ich das Glas bereits wieder absetzen, als ich direkt vor uns, nicht mehr als vielleicht fünfzig Schritt entfernt, zwei Rehe in dem hohen Gras bemerkte. Bock und Ricke. Und was für ein Brummer!

Hastig gab ich meinem Begleiter daher das Glas in die Hand, zeigte auf die beiden Rehe und versuchte so leise wie möglich auszusteigen, während ich ihm das Gewehr wegzog. Noch beim Aussteigen repetierte ich eine Patrone in das Patronenlager, was leider nicht so lautlos vonstatten ging, wie ich es mir gewünscht hätte. Bock und Ricke sprangen daraufhin auch einige Fluchten nach hinten ab. In der Zwischenzeit hatte ich aber eine der uralten Eichen erreicht, so dass ich anstreichen konnte. Als die Ricke bereits absprang, war der Bock endlich im Zielfernrohr und ich zog sofort den Abzug durch. Durch das Mündungsfeuer geblendet, sah ich nur noch die Ricke in wippenden Fluchten abgehen. Auch mein über die unerwartete Entwicklung unseres so harmlos begonnenen Abendausflugs etwas überraschter Freund Helmut hatte den Bock nach dem Schuss aus den Augen verloren. Ich wusste, jetzt würde es schwierig werden, das Reh in der Dämmerung im kniehohen Gras der Wiese zu finden.

Ich bat Helmut, mich so gut wie möglich einzuweisen und machte mich in hellen Jeans und rotem Polohemd, barfuß in Sandalen, in die inzwischen durch den Abendtau recht feuchte Wiese auf. Hierzu musste ich erst einmal runde zweihundert Schritt marschieren, um einen Übergang über den etwa drei Meter breiten Graben zu finden, der zwischen Weg und Wiese liegt. Stechlustige Insekten umschwirrten mich in reicher Anzahl. Ich beschloss, sie einfach zu ignorieren. Während Helmut mir durch Zurufe die Richtung wies, watete ich durch das hohe, nasse Gras zum vermeintlichen Anschuss. Dort zog ich dann größer werdende Bögen, da es sinnlos war, bei letztem Licht im hohen Gras nach Schusszeichen zu suchen. Dann dachte ich mir, auch der Bock wird versucht haben, über den breiten Übergang den tiefen Graben zu überqueren, um in den Waldeinstand zurückzukommen. So suchte ich zielstrebig genau in Richtung Übergang und trat nach wenigen Schritten fast auf den inzwischen längst verendeten Freier. Was für eine Freude! Ein hoher Sechserbock mit starken, gut geperlten Stangen lag vor mir auf den niedergedrückten feuchten Wiesengräsern. Nach einem Griff in den Äser war auch zu vermuten, dass er alt und reif war.

Wir feierten an diesem Abend noch lange den unerwarteten Erfolg, obwohl ich erst einige Mühe hatte, Barbara, der lieben Frau meines Freundes, zu erklären, wie man es über das Herz bringen kann, so anmutige Tiere einfach totzuschießen. Mein Hinweis, dass ihre Vorliebe für – möglichst weißes – Kalbfleisch, das sie als vorzügliche Köchin vollendet zubereitet auf den Tisch zu bringen versteht, auch nicht gerade dem Tierschutzgedanken entspricht, besonders wenn man die spezielle Art der Kälbermast kennt, machte sie dann nachdenklicher.

Für mich gab es an diesem Abend nicht nur den Jagderfolg zu feiern, auch eine Zeit der Pannen und Misserfolge war nun wohl endgültig vorüber, das Jagdglück, das mich lange Zeit verlassen hatte, war augenscheinlich zurückgekehrt. Gleichzeitig wurde mir bewusst, dass auch weniger glückliche Phasen eigentlich unverzichtbar sind. Wie öde wäre die Jägerei, wenn immer alles nach Wunsch liefe, wenn es immer nur aufwärts ginge. Sind nicht Pleiten, Pech und Pannen in der Erinnerung viel schöner zu »verwerten« als ausschließlich jagdliche Heldentaten? Außerdem habe ich stets aus Fehlern und Missgeschicken viel mehr gelernt als von jagdlichen Erlebnissen, bei denen alles wunschgemäß und »glatt« verlief. Aber schön ist es doch, wenn es dann auch wieder »mag«, »wenn der Schmerz nachlässt«, wie die alte Volksweisheit es so treffend ausdrückt.

SCHWEINEREIEN

Wie so viele Waidgenossen zieht mich besonders das Schwarzwild immer wieder in seinen Bann. Obwohl ich auch die Bockjagd außerordentlich schätze, zumal gerade bei Aufgang der Bockjagd nach langen, eher jagdruhigen Wochen das Wiedererwachen der Natur wohl auf alle, die den Aufenthalt in der Natur dem Stubenhocken vorziehen, einen intensiven Reiz ausübt, kann mich nach wie vor die Aussicht jagdlicher Betätigung auf Sauen geradezu elektrisieren.

Oft schon habe ich mich gefragt, warum ausgerechnet Sauen so hoch in der Gunst vieler Jäger stehen. Ich glaube nicht, dass die viel zitierte Wehrhaftigkeit unseres Schwarzwilds dabei eine besondere Rolle spielt, sind doch die wahren Ereignisse annehmender Keiler oder ihre Kinderschar verteidigender Bachen viel zu selten, um als wirklicher Risikofaktor zu gelten, sofern man sich einigermaßen situationsgerecht verhält. Ich meine vielmehr, dass vor allem das unstete Wesen der Schwarzkittel, verbunden mit außergewöhnlicher Intelligenz, die Jägerschaft in den Bann zieht. Sauen sind eben nicht so einfach zu berechnen, wie etwa der bestätigte Bock oder auch das Rotwild, wenn man seine bevorzugten Wechsel kennt. Außerdem ist Schwarzwild fast ständig in Bewegung, so dass auch der Schuss – oft genug bei schlechtem Licht – erhöhte Anforderungen stellt. Schon die Möglichkeit, dass in Schwarzwildrevieren eigentlich immer Sauen in Anblick kommen können, gibt der Jagdausübung eine besondere Würze. Dabei ist die Chance, zu einer vorzeigbaren Trophäe zu kommen, eher mäßig. So gehört es sicherlich zu den Höhepunkten eines Jägerlebens, einen wirklich jagdbaren Keiler in Anblick zu bekommen, geschweige denn erlegen zu können. Aber es könnte ja passieren, und nicht nur zu den »Regelansitzzeiten« am Morgen oder am Abend!

Es war im Hunsrück, im August, und die Blattzeit war fast zu Ende gegangen. Wie so oft am Freitag-Nachmittag hatten meine Frau und ich uns riesig beeilt, um noch vor den abendlichen Autobahnstaus in das idyllisch oberhalb der Mosel gelegene Revier zu kommen, das ich mit einem Freund zusammen gepachtet hatte. Da unsere kleine, urgemütliche Jagdunterkunft direkt über der winzigen Dorfkneipe gelegen war, kamen wir – wie immer – nicht umhin, erst einmal den gewohnten Begrüßungsschoppen bei Gisela, der immerhin schon über siebzigjährigen Wirtin zu trinken. Der Schoppen trockener Riesling kostete zwei Mark, das waren noch gesegnete Gefilde!

Außerdem konnte ich um diese Zeit damit rechnen, unseren Jagdaufseher Toni ebenfalls in der Wirtschaft anzutreffen, so war recht schnell zu erfahren, was in der Jagd in letzter Zeit passiert war. Da immer noch zwei Böcke auf dem Abschussplan frei waren, zog es mich allerdings beschleunigt in das an das Dörfchen angrenzende Revier.

Nach langem Überlegen hatte ich mich für den Abendansitz auf einer kleinen, offenen Kanzel niedergelassen, die eigentlich schon seit Jahren kaum mehr genutzt wurde. Da sie im Schnittpunkt zweier, im rechten Winkel aufeinandertreffenden Waldsäume mit vorgelagerten Randbüschen, hinter denen das Gelände jeweils steil abfiel, nicht allzu hoch aufgebaut war, passte hier oft der Wind nicht, da das von unten heraufziehende Wild leicht an einer der Kanten Witterung bekommen konnte. Außerdem erhob sich – wie eine sanfte Halbkugel – vor der Kanzel ein größeres, noch nicht abgeerntetes Weizenfeld, so dass die Sicht vom tieferen Ansitz auf lediglich knapp hundertfünfzig Schritt in Richtung Feld und die beiden schmalen Schneisen vor dem jeweiligen Waldsaum beschränkt war. Da jedoch fast kein Wind wehte, und die warme Nachmittagssonne die abgelegene Ecke malerisch ausleuchtete, war ich froh, diesen ruhigen Winkel gewählt zu haben, der mir wegen des unmittelbaren Wald-Feld-Übergangs sehr erfolgversprechend erschien, zumal ich in der Blattzeit mehrmals einen guten Abschussbock in dem vor mir liegenden Weizenfeld treiben gesehen hatte.

Weil die Sonne noch hoch am Himmel stand, rechnete ich vorerst nicht mit Wildanblick und genoss dösend die wärmenden Sonnenstrahlen. Während ich gerade versuchte, die letzten Problemchen der Firma aus dem Kopf zu vertreiben, schließlich hatte das Wochenende angefangen, hörte ich plötzlich das vertraute Gequieke von Frischlingen. Noch bevor ich an der Richtigkeit meiner Wahrnehmung zweifeln konnte, sah ich bereits die ganze Gesellschaft: drei stärkere Bachen trippelten zusammen mit etwa einem Dutzend Frischlingen auf der Schneise rechts vor mir direkt auf mich zu. Reflexartig griff ich zum Drilling, der über Eck vor mir auf der Brüstung lag. Gleichzeitig wunderte ich mich, dass der Schweineverband mich augenscheinlich immer noch nicht wahrgenommen hatte, obwohl die Sauen mittlerweile bis auf rund vierzig Meter heran waren und sich – wegen der Steigung der Schneise – über mir befanden. Nachdem ich mich blitzschnell noch einmal überzeugt hatte, dass der Spannschieber auf »Große Kugel« stand, und die Waffe entsichert war, schoss ich, ohne erst einzustechen, auf einen der vielleicht zwölf Kilogramm wiegenden Frischlinge. Die übrige Rotte stob förmlich nach rechts in den Wald hinein, wo ich sie den Abhang hinunterbrechen hörte. Der beschossene Frischling jedoch schlegelte heftig und schrie in den höchsten Tönen, obgleich ich den Einschuss des 7x65-R-Geschosses auf dem Blatt deutlich erkennen konnte. Dann, ich wollte meinen Augen kaum trauen, arbeitete sich von rechts eine der starken Bachen wieder aus dem Gebüsch heraus, lief laut blasend auf den schlegelnden Frischling zu und betrachtete unschlüssig das getroffene Stück. Mittlerweile war der Frischling jedoch verendet. Die Bache zog jetzt direkt auf die Kanzel zu, immer noch wütend blasend, und fixierte mich – wie mir schien – in höchster Wut. Dann wendete sie sich langsam nach rechts und verschwand im Abhang.

Ich muss zugeben, dass mich dieses Erlebnis stark berührt hat. Bis auf die völlig abgebrühten Zeitgenossen empfindet wohl jeder Jäger nach dem Schuss, der einer Kreatur das Leben genommen hat, eine Art Beklemmung. Die lässt sich – so meine Erfahrung – überwinden, wenn man »richtig« gejagt hat, wenn das Stück »passt«, wenn weder Fehler in der (biologischen) Auswahl noch beim Schuss selbst vorgekommen sind, wenn die Beute, ohne unnötig zu leiden, zur Strecke gekommen ist. Dann überwiegt die Freude an der legitimen Beute. In diesem Fall wurde mir jedoch wieder einmal vor Augen geführt, wie fragwürdig wohl doch die Zuordnung der Tiere zum Sachenrecht war. Sind Gefühle und Emotionen wirklich nur Angelegenheiten des Menschen?

Nachdem wieder Ruhe eingekehrt war, gelang es mir schnell, auf andere Gedanken zu kommen, und ich begann, mich beim Anblick des wohlgenährten Frischlings auf den delikaten Spanferkelbraten zu freuen, den der Frischling abgeben würde. Da immer noch die Sonne vom Himmel strahlte, beschloss ich, noch ein Weilchen dranzugeben, vielleicht würde sich der Bock ja doch noch zeigen. Nur wenig später sah ich es auf der selben Schneise auch schon rot schimmern. Es war jedoch kein Reh sondern ein Jungfuchs, der gemächlich auf mich zuschnürte. Wahrscheinlich hatte er bereits den erlegten Frischling in der Nase. Vorsichtig griff ich wiederum zum Drilling und stellte die große Kugel auf den Hornet-Einstecklauf um. Das Einstechen des Hornetlaufs schien er jedoch mitbekommen zu haben, denn mit einem riesigen Satz war Reinecke plötzlich im Weizen verschwunden. Nun gut, Glück gehabt! Ich entstach die Waffe und lehnte mich gemütlich zurück. Doch nur wenige Minuten später wurde ich auf einen dunklen Fleck im Weizen aufmerksam, der sich zielstrebig dem Feldsaum näherte. Bei näherem Hinsehen erkannte ich plötzlich eine einzelne Sau. Zum dritten Mal wanderte der Drilling an die Schulter, und als sich der schwache Überläuferkeiler vorsichtig in etwa siebzig Schritt Entfernung aus dem Weizen schob, um über die Schneise in den Wald zu wechseln, berührte ich leicht den gestochenen Abzug. Doch statt des erwarteten scharfen Knalls der 7x65-R-TIG-Patrone ertönte nur ein ziemlich bescheidenes »Pätsch«. »Das war das Hornet-Patrönchen«, ging es mir siedend heiß durch den Kopf, »du hast vergessen umzustellen!« Ich sah, wie der Keiler kaum merklich seine Fahrt beschleunigte, dann war er auch schon hinter dem

Gebüschrand verschwunden. Obwohl ich die Ohren spitzte, war nicht das geringste Geräusch zu hören.

Das Wort, welches ich jetzt am liebsten laut herausgeschrieen hätte, ist nicht druckreif. Vor kurzer Zeit noch, nach der Erlegung des Frischlings, war die Welt in Ordnung und ich von der – auch moralischen – Legitimation meines jägerischen Handelns noch voll überzeugt gewesen. Und nun das! Mir war klar, dass der Überläufer das Kügelchen haben musste, im Zielfernrohr war die Sau schließlich übergroß erschienen. Was würde nun das leichte Jagdmatch-Geschoss, das sich bei Füchsen bislang immer hervorragend bewährt hatte, bei einem Stück Schalenwild dieser Stärke bewirken? Ein waidgerechtes, schnelles Verenden bestimmt nicht.

Nach einer angemessenen Zeitspanne, die ich in ziemlich trüber Stimmung hinter mich brachte, versuchte ich am Anschuss, den ich mir genau eingeprägt hatte, irgendwelche Schusszeichen zu finden, natürlich vergeblich. So brach ich erst einmal den Frischling auf, packte dann meine Sachen zusammen und stapfte mit dem Schweinchen über der Schulter zu meinem Fahrzeug. Den recht steilen Weg, der mich gehörig ins Schwitzen brachte, empfand ich als verdiente Strafe für das angerichtete Ärgernis. Jetzt konnte nur noch Toni mit seinem ausgezeichnet abgeführten Deutsch-Kurzhaar-Rüden Olk helfen. Wenn überhaupt etwas zu finden war, würde Olk uns an die beschossene Sau bringen. Seine besonderen Qualitäten auf der Schweißfährte hatte er schon oft genug bewiesen.

Toni war glücklicherweise zu Hause, und wenig später standen wir bereits gemeinsam wieder am Anschuss. Auch Olk konnte keinen Schweiß verweisen, zog aber deutlich in die Fluchtrichtung. Toni, ungestüm und voller Passion wie immer, hätte wohl am liebsten sofort mit der Nachsuche begonnen, doch wir waren uns schnell einig, dass gerade in diesem Fall dem angeschweißten Wild Zeit gegeben werden musste, ungestört ins Wundbett zu gehen. Außerdem war es mittlerweile dämmerig geworden, und der verwachsene Hang hinter dem Waldsaum wirkte schon fast stockdunkel. Obgleich Toni schon im Morgengrauen mit der Nachsuche anfangen wollte, konnte ich ihn schließlich doch auf 7 Uhr am nächsten Morgen »herunterhandeln«, da ich in der vergangenen Woche ziemlich wenig ins Bett gekommen war und deshalb jetzt, am Wochenende, etwas länger schlafen wollte. Den anschließenden Schlummertrunk genoss ich weniger als sonst, auch die Nachtruhe war – wahrscheinlich durch das schlechte Gewissen bedingt – sehr unruhig.

Als ich am nächsten Morgen kurz vor sieben gerade in die Jagdhose stieg, hörte ich Toni unter unserem Schlafzimmerfenster nach mir rufen. Durch das angelehnte Fenster gab ich ihm leise zu verstehen, dass ich sofort käme, doch Toni unterbrach mich barsch. Er deutete nur auf sein Auto und meinte lässig, aber doch sehr stolz: »Lass dir Zeit, die Sau liegt im Kofferraum!« Erst jetzt sah ich, dass der gute Kerl völlig durchgeschwitzt war, und auch Olk einen etwas ungepflegten Eindruck machte. Kletten und Fichtennadeln verunzierten seine sonst so schön glatte Kurzhaardecke. Ich war völlig von den Socken und jagte mit wehenden Hemdschößen unsere steile Treppe hinunter, um Herrn und Hund voller Freude zu umarmen.

Die Sache hatte dem guten Toni keine Ruhe gelassen, und so war er doch schon bei erstem Dämmerlicht mit Olk auf der Fährte gewesen. Ruhig und ohne zu zögern hatte der erfahrene Hund seinen Herrn den steilen Hang hinabgeführt, und beide mussten sich dann mühsam durch Brombeerbewuchs und Birkenanflug etwa zweihundert Meter den Fichtenhang hinunter arbeiten, bis Olk vor dem Wurzelteller einer umgestürzten Fichte stehen blieb, unter dem –längst verendet – der Überläuferkeiler lag. Aber anstatt mich wenigstens jetzt zum Bergen des Stückes zu holen, hatte Toni die immerhin aufgebrochen fast vierzig Kilo wiegende Sau noch weitere hundert Meter nach unten zu einem Holzabfuhrweg gezogen und mit seinem Auto von dort abtransportiert.

Es lässt sich denken, dass dieses Schwein in allen Ehren totgetrunken wurde. Wir hatten bis zu diesem Zeitpunkt nicht für möglich gehalten, dass ein derart leichtes und langsames Kügelchen sogar eine Wildsau in die ewigen Jagdgründe befördern kann, und das mit relativ kurzer Fluchtstrecke. Wahrscheinlich wäre der Keiler jedoch noch kilometerweit gegangen, wenn er aufgemüdet worden wäre. Die alte Erfahrung, angeschweißtes Wild in Ruhe krank werden lassen, hatte sich hier deutlich wieder einmal bestätigt.

Mir selbst war durch Tonis Bravourstück natürlich ein Stein vom Herzen gefallen. Wenn der Keiler nicht gefunden worden wäre, hätte mir die Befürchtung, das Stück könne verludern, sicherlich erheblich zugesetzt. Als eine Art Versuch, derartige Fahrlässigkeiten zukünftig bereits im Keim zu unterdrücken, wurde die denkwürdige Keilererlegung zur ständigen Erinnerung dokumentiert, indem wir die Kanzel »Hornet-Kanzel« tauften. Nachzutragen bleibt nur noch, dass ich an diesem Abend erstmals einem Hund in einem Lokal eine dicke Bockwurst bestellt habe, die sich Olk unter den Augen seines stolzen Führers auch ohne Senf hörbar schmecken ließ.

Einige Jahre später, bereits im Spreewald, erlebte ich endlich wieder einmal einen Winter, der seinem Namen alle Ehre machte und nicht nur aus dem Kalender ersichtlich war. Lange Zeit herrschte eine derart grimmige Kälte, dass an Pirschen gar nicht zu denken war, da der laute, verharschte Schnee den Jäger schon von weitem verriet. Auch unsere offenen Leitern und die wenigen offenen Kanzeln verlockten bei dem eiskalten, schneidenden Wind nicht gerade zum Ansitz. Mein Partner Reinhard und ich waren daher sehr froh, als die außergewöhnliche Kälte nachließ, und reichlich weicher Neuschnee die Wege wieder in einen »pirschfähigen« Zustand versetzt hatte.

So machten wir uns bei zunehmendem Mond unverzüglich auf, um an unseren weitläufigen Wald-Feld-Grenzen nach den Sauen zu sehen, die, wie aus dem Fährtenbild zuvor im verharschten Schnee zu erkennen war, ihre Aktivitäten während der ganz harten Zeit erheblich eingeschränkt hatten. Bei günstigem Wind trennten wir uns wie üblich, um den von alten Eichen gesäumten Waldweg, der zwischen Hochwald und Spreewiesen liegt, von beiden Seiten anzugehen. Die noch nicht allzu runde Mondsichel war durch eine ziemlich dichte Wolkendecke meist verdeckt, der weiße

Boden bot jedoch ausreichend Schusslicht, auch wenn es zeitweise recht düster wurde. Ganz langsam und fast lautlos setzte ich Fuß vor Fuß und verharrte mehrfach regungslos, um in den stillen Wald hineinzuhorchen. Noch war jedoch kein verräterisches Geräusch zu hören und auch auf den dick verschneiten Wiesen war keine Borste zu erkennen.

Nach einer knappen halben Stunde erreichte ich die Stelle, an der sich von den Wiesen her ein vielleicht fußballplatzgroßes Erlenwäldchen vor den Weg schiebt, welcher hier, vor den Erlen, nach rechts abbiegt. Zwischen Hochwald und Erlenbruch ist dadurch Platz für ein mittelgroßes Feld. Wir wissen, dass in dem Erlenwäldchen, das beinahe bis zum Schilfgürtel der Spree reicht und häufig auch völlig unter Wasser steht, die Sauen mit Vorliebe stecken. Sogar bei Eiseskälte haben wir sie dort bereits mit Wohlbehagen – wie es schien – herumplanschen hören. So verhielt ich mich nun besonders vorsichtig und versuchte immer wieder, die Dunkelheit in dem dicht bewachsenen Bruch mit dem Nachtglas zu durchdringen, was jedoch aufgrund des spärlichen Mondlichts fast unmöglich war.

Ich hatte bereits zwei Drittel des Erlenwäldchens langsam passiert, als ich direkt hinter mir Schwarzwild blasen hörte. Der Wind, der kaum merklich in Richtung Spree wehte, musste mich verraten haben. Während ich stocksteif stehen blieb, steigerte sich das Blasen immer mehr. Ich meinte jetzt eine Vielzahl von erregten Sauen zu hören, die nicht mehr als zwanzig Schritt von mir entfernt sein konnten. Bei heftig einsetzendem Jagdfieber und mit einer Gänsehaut auf dem Rücken zwang ich mich, ganz langsam und ruhig die Büchse von der Schulter zu nehmen und zu entsichern. Und dann kamen sie. Die erste Welle von sechs oder sieben Schwarzkitteln schoss wie die Kanonenkugeln aus dem dunklen Erlenbruch, kaum zehn Meter neben mir. Ich versuchte mit rasendem Puls ein Stück ins Zielfernrohr zu bekommen, aber die hochflüchtige Rotte, die auf den hier etwa einhundertfünfzig Meter entfernten Hochwald zuflog, war einfach zu schnell.

Bevor ich zur Besinnung kommen konnte, donnerte schon

die nächste Welle aus dem Bruch. Wiederum gelang es mir nicht, einen Schuss abzugeben, und auch diese Rotte schluckte der nahe Hochwald. Mir wurde klar, dass meine Schussposition sehr schlecht war. Die Situation war mit dem Trap-Schießen vergleichbar, ich musste spitz von hinten hinter dem Ziel herschießen. Den nächsten Sauen gelang es ebenfalls, ungeschoren den sicheren Wald zu erreichen. Nun nahm ich mir vor, beim nächsten Mal mit dem Schuss etwas zu warten und nicht gleich zu versuchen, das Ziel schon beim Verlassen des Erlenbruchs zu erfassen. Aus dem immer noch anhaltenden Blasen konnte ich entnehmen, dass noch genügend »Nachschub« vorhanden war. Gesagt, getan: bei der nächsten Welle wartete ich, bis die Sauen etwa die Hälfte der Distanz zurückgelegt hatten, bekam eine auch ins Visier und drückte entschlossen ab, als der Zielstachel knapp vor der Sau stand. Durch den Feuerball vor der Mündung war es natürlich unmöglich zu sehen, ob das Stück die Kugel hatte, ich bekam nur noch mit, dass noch eine Welle sich neben mir auf den Weg machte. Dann war Ruhe. Allerdings meinte ich, dass mein hämmernder Herzschlag meilenweit zu hören sein musste.

Nachdem ich mich etwas beruhigt hatte, machte ich mich auf die Suche. Bei der herrlichen Schneedecke kein Problem, dachte ich! Doch alles Suchen schien vergeblich, es war nicht der kleinste Tropfen Schweiß zu finden, so oft ich auch mit der Taschenlampe am Waldrand hin und her wanderte. Dann sah ich Reinhard von der anderen Seite kommen. Er wünschte mir Waidmannsheil, da er den Schuss und auch angeblich Kugelschlag gehört hatte. Ich grinste – wohl säuerlich – und war mittlerweile eigentlich sicher, vorbeigeschossen zu haben. Gemeinsam suchten wir noch einmal ohne Erfolg die Waldkante ab. Dann holte er Atze, seinen Jagdterrier, aus dem nicht allzu weit entfernten Wagen. Während ich etwas planlos weiterhin am Waldrand nach Schweißspuren stöberte, verschwand Reinhard in einem Stichweg, da er den Hochwald umgehen wollte.

Nach einigen für mich eher trübsinnigen Minuten hörte ich dann überraschend Reinhards nochmaliges Waidmannsheil, mitten aus dem Hochwald, etwa fünfzig Meter vom Rand des Waldes entfernt. Atze hatte ihn vom Parallelweg weggezogen und querbeet zu der mittlerweile verendeten Überläuferbache geführt. Der Schuss war schräg von hinten in die Kammer eingedrungen, und wir stellten überrascht fest, dass der erste Schweiß erst weit hinter dem Waldrand zu finden war. Ohne den pfiffigen Terrier hätten wir lange suchen können. Reinhard wollte mir kaum glauben, dass in meiner unmittelbaren Nähe um die dreißig Sauen den Erlenbruch verlassen hatten. Als ich ihm jedoch die Vielzahl der Fährten zeigte – es schien, als ob eine Schafherde den Acker überquert hätte –, staunte er nur noch.

Wir haben diesen Riesenverband übrigens später nie wieder bestätigen können. Ob sich die ungewöhnlich umfangreiche Rotte danach in einzelne Familiengruppen aufgeteilt hat, ob die Zusammenballung nur auf Grund des bitterkalten Wetters erfolgt war, oder ob es sich lediglich um ein zufälliges Zusammentreffen verschiedener Rotten in einem bekanntermaßen sehr beliebten Schwarzwildeinstand gehandelt hatte, lässt sich wohl kaum mit Sicherheit beantworten.

Wenn von jagdlichen Heldentaten berichtet wird, spielen sogenannte Dubletten eine große Rolle. Sofern ich das richtig sehe, spricht man von Dubletten, wenn zwei Stück Wild in unmittelbarer zeitlicher Folge erlegt werden, sozusagen »in einem Rutsch«, ohne Absetzen des Gewehrs. Keine Dublette ist jedoch der (hoffentlich) meist unerwünschte Doppeltreffer, bei dem zwei Stück Wild mit nur einem Schuss fallen. Dieser gilt in der Regel als unwaidmännisch.

Ich selber kann mich nur an wenig richtige Dubletten erinnern. Einige Male gelang es mir, bei großen Fasanenjagden in Dänemark und Irland, zu denen ich eingeladen war, jeweils zwei Hähne mit zwei Schrotschüssen aus der Luft zu holen, und einmal konnte ich vom Hochsitz aus zwei Jungfüchse, die gemeinsam plötzlich aufgetaucht waren, hintereinander mit dem Schrotlauf und dem Einstecklauf des Drillings in den Schnee strecken. Auch die aufeinander folgende Erlegung von Kitz und Ricke glückte mehrfach. Hier würde ich aber ungern von »echten« Dubletten sprechen, da die enge Mutter-Kind-Bindung die Ricken wahrscheinlich daran hindern, ihr Kitz im Stich zu lassen.

Auch eine Dublette auf Frischlinge ist mir aus meiner Jungjägerzeit in Erinnerung geblieben. Im Heiderevier meines Schwiegervaters stand, einen guten Büchsenschuss vom Feld entfernt, eine hohe, offene Leiter mitten im lichten Hochwald. Über einen Waldweg konnte man am Morgen diese Leiter ziemlich unbemerkt erreichen und dort das morgendliche Einwechseln des Wildes vom Feld her abwarten. An einem Julimorgen – bereits lange nach Sonnenaufgang – wechselten dort in aller Ruhe, hin und wieder im weichen Waldboden genüsslich brechend, drei starke Bachen mit einer Vielzahl von gestreiften Frischlingen direkt vor meiner Leiter vorbei in Richtung der weiter hinten liegenden Dickungen. Mit der Repetierbüchse konnte ich innerhalb von vielleicht drei Sekunden zwei bunte »Marzipanschweinchen« zur Strecke bringen. Während zwei Bachen und der gesamte übriggebliebene Nachwuchs nach dem ersten Schuss blitzartig das Weite suchten, kam eine starke Bache wütend blasend, da der eine Frischling noch schlegelte und in den höchsten Tönen klagte, wieder zurück, wobei sie offensichtlich meine Spur in die Nase bekam. Wie ein Schweißhund arbeitete sie diese bis zur Leiter aus und stand dann, immer noch blasend, unter der Leiter und schnüffelte an den unteren Sprossen. »Jetzt kommt sie hoch«, dachte ich, mittlerweile doch etwas verunsichert. Erst auf mein lautes: »Hau endlich ab!« folgte sie zögernd ihren Artgenossen.

Dubletten auf Hochwild sind nicht allzu häufig. Zwar kann einem dieses Waidmannsheil auch auf der Pirsch zuteil werden – ich erlebte beispielsweise (zumindest akustisch) mit, wie Reinhard am Maisrand innerhalb weniger Sekunden sogar drei Frischlinge mit drei Schüssen auf die Schwarte legte –, viel günstiger ist die Erfolgschance jedoch bei Drückjagden.

In unserem Spreewaldrevier halten wir jährlich ein bis zwei Drückjagden ab. Dabei jagten wir mehrfach »in Zusammenarbeit« mit einem über zweitausend Hektar großen Nachbarrevier, das von einer Pächtergemeinschaft angepachtet ist, in der sich eine Vielzahl von einheimischen und westdeutschen Jägern »drängeln«. Von der gemeinsamen Unternehmung profitierten beide Seiten. Wir waren in der Lage, eine Reihe aussichtsreicher Schützenstände zur Verfügung zu stellen und steigerten gleichzeitig unsere Erfolgschancen. Außerdem stärkten das gemeinsame Jagen und Feiern auch den Zusammenhalt und das gutnachbarliche Einvernehmen.

Bei einer dieser Drückjagden hatte ich eine Reihe von Gästen auf aussichtsreichen Ständen verteilt und mich dann ganz an den Rand unseres Reviers zurückgezogen. Dort steht, vielleicht hundert Meter vor der Reviergrenze, die durch einen Graben mitten auf einer größeren Wiese gebildet wird, eine kleinere alte, aber überdachte und nach hinten, zum »Feindlichen« hin, geschlossene Kanzel. Man blickt hier auf einen idyllischen Wildacker, der von einer dichten Kiefernschonung und hohem Mischwald eingerahmt ist. Ich hoffte, da der Abschussplan noch nicht erfüllt war, vor allem auf weibliches Rehwild.

Es war ein wunderschöner Novembermorgen. Der Reif auf Gräsern und Zweigen glitzerte noch im strahlenden Sonnenlicht, und die schottischen Galloways, die hinter der Reviergrenze auf der Weide standen, wirkten fast wie Wisente. Bei mir tat sich in den ersten zwei Stunden nichts. Nur ein rot bemützter Schwarzspecht, der in der Nähe mit großer Ausdauer eine stattliche Kiefer bearbeitete, vertrieb mir mit seinem Gepoche etwas die Zeit. In unregelmäßigen Abständen fielen Schüsse, manchmal scheinbar ganze Serien. Hinterher habe ich dann erfahren, dass manche Treiber ärgerlicherweise eine Menge von Knallkörpern in die Dickungen geworfen hatten. Einige »echte« Schüsse jedoch schienen erfreulicherweise auch in unserem Revier abgegeben worden zu sein, sogar mit Erfolg, wie mir ein vorbeikommender Treiber zurief.

Mittlerweile ging es schon auf Mittag hin, und in einer knappen Stunde würde »Hahn in Ruh« sein. Erste Vorfreude auf das deftige Essen, in Form einer reichhaltigen Schlachtplatte von unseren Jagdnachbarn ausgerichtet, stellte sich nach dem mehrstündigen Aufenthalt in der frischen Luft langsam ein. Während ich wieder einmal auf die Uhr schaute, hörte ich es plötzlich rechts hinter mir gewaltig rauschen. Ich musste mich rechts seitwärts aus der Kanzel herausbeugen, um hinter mir, direkt an der Reviergrenze, den Waldrand einsehen zu können. Einen Augenblick verebbte das Rauschen, doch dann sah ich eine stärkere Rotte Schwarzwild aus dem Gehölz hervorbrechen, die – im wahrsten Sinne des Wortes – im Schweinsgalopp versuchte, über die zu uns gehörende Wiese hinter mir, direkt an der Grenze zu unseren anderen Nachbarn, die Deckung eines Birkenwalds links hinter mir zu erreichen, der wieder zu unserem Revier gehört. Ich angelte sofort nach meiner Büchse und schoss, rechts herausgelehnt, freihändig auf einen der Überläufer. Voller Freude konnte ich durch das Zielfernrohr erkennen, dass dieser wie ein Hase rollierte. Noch beim Repetieren sah ich dann den Rest der Rotte hinter der Rückwand meiner Kanzel verschwinden. Mit der Büchse im Anschlag musste ich mich nun links herum einmal um die eigene Achse drehen, um neben der anderen Rückwandseite die hochflüchtige Rotte wieder anvisieren zu können. Mitziehen, Davorhalten und den Flintenabzug Durchziehen geschahen fast gleichzeitig, und auch diese Sau brach vorne deutlich ein. Während die herausrepetierte leere Hülse in hohem Bogen von der Kanzel flog, hatte ich schon die nächste Sau im Zielfernrohr, die letzte der Rotte, kurz vor dem Erreichen des Birkenwäldchens. Vor dem Auslösen des Schusses bekam ich jedoch schemenhaft mit, wie die zuletzt beschossene Sau versuchte, wieder hochzukommen. Ich nahm deshalb diese aufs Korn und gab ihr den Fangschuss.

So schnell, wie er aufgetaucht war, ging der Spuk vorüber, und ich fragte mich ernsthaft, ob das überhaupt wahr gewesen war, was ich in den letzten Sekunden erlebt hatte. Die leeren Hülsen, wie auch die beiden Sauen, die ich durch das Pirschglas in immerhin siebzig bis achtzig Meter Entfernung liegen sah, waren jedoch Zeugnis genug, dass mir eine echte Dublette auf Hochwild gelungen war. Beinahe hätte ich sogar noch eine dritte Sau erlegen können. Wäre das nun eine Triplette gewesen? Oder eine Triole? (Oder ist dies wiederum etwas Unanständiges?) Glücklicherweise kamen bald zwei Treiber vorbei, die mir gegen einen Schluck aus dem Flachmann die beiden Sauen bis an einen nahegelegenen Weg zogen, so dass ich sie dort nach dem Abblasen in Ruhe versorgen konnte. Es bedeutete jedoch noch eine ziemliche Schinderei, die beiden Überläuferbachen, die später aufgebrochen vierundvierzig und achtundvierzig Kilogramm auf die Waage brachten, allein auf die Motorhaube meines Kübelwagens zu wuchten, und sie dort für den Transport zum Sammelplatz bei unseren Nachbarn festzuzurren.

Hier wurde ich mit großem Hallo empfangen, und einem einheimischen Jäger, der gleichfalls einen Überläufer erlegt hatte, fiel ein Stein vom Herzen, war er doch bis zu meinem Eintreffen als Kandidat für die kostenintensive Jagdkönigwürde gehandelt worden. Jetzt war klar, dass es mich ereilt hatte. Es stellte sich heraus, dass außer den drei Sauen und einigen Stück Rehwild nur noch wenige Füchse auf der Strecke lagen. Ansonsten war reichlich daneben gezielt worden. Meine Sauen fanden schnell Abnehmer. Von dem Erlös hatte ich jedoch nichts, da es der Zeremonienmeister unserer Nachbarn mit unnachahmlicher Hartnäckigkeit fertig brachte, dass auch noch die letzte Mark davon in Schnaps und Bier umgesetzt wurde. Da ich mich als Weintrinker bei der feuchtfröhlichen Feier eher zurückhielt, konnte ich ziemlich ungetrübt erleben, wie meine Dublette es schaffte, nahezu fünfzig Schützen und Treiber gewaltig in Stimmung zu versetzen.

Auch in Polen, anlässlich einer Jagdreise, die eigentlich Rehböcken in der Blattzeit galt, gelang mir ebenfalls eine Dublette auf Sauen. Diese Jagdreise, der sich später noch einige Urlaubstage in landschaftlich zauberhaften Gegenden der Sächsischen Schweiz und Thüringens anschlossen, stand überhaupt unter einem besonders günstigen Stern. Meine Frau und ich waren in einem idyllischen Forsthaus im Eulengebirge, in der Nähe von Breslau, gemütlich untergekommen, und das herrliche Sommerwetter wie auch die äußerst reizvolle, weil »altmodische« kulinarische Betreuung der sympathischen jungen Förstersfrau wären allein schon die Reise wert gewesen. Aber auch jagdlich hätte ich mir nicht mehr wünschen können. Von Richard, dem sehr passionierten Förster, hervorragend geführt, gelang es mir in dieser Woche, mit sieben Schüssen vier gute, zum Teil uralte Böcke und drei Sauen zu strecken. Daneben hatten wir mehrfach Rotwild und hochkapitale Muffelwidder in Anblick.

Besonders gefallen hat mir bei diesem Jagdaufenthalt, dass Ansitze eigentlich nur als kurze Rast-Unterbrechungen der täglichen mehrstündigen Pirschen eingeschoben wurden, ansonsten waren wir fast ständig in dem großen Waldrevier, das gelegentlich durch Felder aufgelockert war, auf denen meist schütteres Getreide stand, per pedes unterwegs. Wer unsere in der Regel doch ziemlich engen heimischen Reviere kennt, in denen auf die Pirschausübung weitgehend verzichtet werden muss, um nicht das Wild dauerhaft zu vertreten, kann die Freude an derartigen weiten Pirschen sicherlich nachvollziehen.

Am letzten Morgen waren Richard und ich noch in der Dunkelheit bereits auf der Pirsch, um an einem riesigen Weizenschlag, hinter dem sich im ersten fahlen Morgenlicht düsterer Mischwald abzeichnete, nach Schwarzwild zu sehen. Als der Weg, der auf beiden Seiten von Kirschbäumen gesäumt war, das Feld erreicht hatte, blieben wir stehen und leuchteten mit unseren Gläsern sorgfältig die vor uns liegende weite Fläche nach Wild ab. Der braun-gelbe Weizen stand – wahrscheinlich wegen unzureichender Düngung – nur sehr dünn und lediglich kniehoch, so dass selbst Rehwild sichtbar sein musste. Als wir uns nach mehreren Minuten bereits enttäuscht abwenden wollten, um unsere Pirsch durch den rechts an das Feld angrenzenden Hochwald fortzusetzen, sahen wir plötzlich aus einem verwilderten Graben, links neben dem Weizenschlag, mehrere dicke schwarze Klumpen in den Weizen einwechseln. Eine Rotte Schwarzwild strebte in Richtung Wald, wahrscheinlich ihrem Tageseinstand entgegen. Während mir noch Zweifel durch den Kopf gingen, ob es sich bei den gut hundert Schritt entfernten »dunklen Brocken« vielleicht um führende Bachen handeln könne, rammte Richard entschlossen seinen Zielstock in die Erde und zischte: »Schieß!«

Ich strich also folgsam die Büchse an dem von Richard gehaltenen Stock an, wobei ich wegen meiner Länge die Beine stark grätschen musste, um den Zielstachel auf die letzte der ziehenden Sauen zu bringen, und zog den Abzug entschlossen durch, als ich in dem immer noch schwachen Licht glaubte, mit dem Absehen kurz vor dem Blatt zu sein. Durch den starken Feuerball vor der Mündung war ich einen Augenblick regelrecht geblendet. Richard zuckte die Schultern und flüsterte, dass der Schuss wohl fehlgegangen sei, er habe es deutlich aufspritzen sehen. »Schieß noch mal«, meinte er dann. Zu meinem Erstaunen sah ich beim erneuten Anvisieren, dass die Rotte nach dem Schuss wohl gestoppt hatte und nun gerade dabei war, sich wieder in Bewegung zu setzen. So schoss ich wiederum auf die letzte der gemächlich nach rechts ziehenden Sauen. Jetzt endlich legte der restliche Verein einen Zahn zu und verschwand hochflüchtig im nahen Hochwald.

»Eine liegt ziemlich sicher«, ließ sich nun Richard vernehmen, »bevor wir nachsehen, sollten wir aber warten, bis es etwas heller wird, jetzt ist Schweiß noch kaum zu erkennen.« Zweifellos hatte er recht. Während wir in der angenehmen Frische des heraufziehenden Morgens auf genügend Licht zur Nachsuche warteten, wurde mir klar, dass es gar nicht so einfach werden würde, den oder hoffentlich sogar die Anschüsse zu finden. Je heller es wurde, desto größer erschien mir das ausgedehnte Weizenfeld. Auch im Hintergrund, wo der Weizenschlag nach vielen hundert Metern in ein Wiesengelände überging, waren kaum besondere Merkmale vorhanden, die man sich für die Schussrichtung hätte einprägen können. Richard war sich seiner Sache jedoch ziemlich sicher und stapfte zielstrebig in das vom Morgentau noch völlig nasse Feld. Nach kaum zwanzig Schritten waren wir beide bis zum Schritt durchnässt, obgleich wir Gummistiefel trugen. Es kam, wie ich es befürchtet hatte. Wir wanderten immer weiter in das feuchte Getreide hinein, ohne etwas zu finden. Dann gingen wir die Sache systematisch an. Im Abstand von vielleicht zehn Metern suchten wir Streifen für Streifen sorgfältig ab. Nach einer knappen Viertelstunde kam dann das Erfolgserlebnis: Richard entdeckte Schweiß an den Halmen, und keine fünfzig Meter dahinter fanden wir einen gut gemästeten Überläuferkeiler. Als wir die, wie sich später herausstellte, zweiundsechzig Kilo schwere Sau reichliche hundertfünfzig Meter an den Feldrand gezogen und aufgebrochen hatten, waren nicht nur unsere Beine nass, auch die Hemden hätten wir nun auswringen können.

Obgleich Richard nicht an einen zweiten Treffer glaubte, marschierten wir nochmals in den inzwischen sonnenbeschienenen Weizen hinein. Kurz vor der Schleifspur, die wir gerade gezogen hatten, leuchtete uns wieder hellroter, schaumiger Lungenschweiß entgegen, und dicht vor dem fast zugewachsenen Graben, aus dem die Rotte aufgetaucht war, lag ein zweiter Überläuferkeiler verendet im Getreide, ebenfalls aufgebrochen mehr als einen Zentner schwer. Richard hieb mir begeistert auf die Schulter, und fröhlich ächzend zogen wir Sau zwei quer durch den Weizen zu ihrem Rottengenossen.

Da es erst kurz nach sechs Uhr war, beschlossen wir, sofort nach Hause zu fahren, und noch eine Runde zu schlafen. Während ich wenig später leise in mein Bett kletterte, wurde mein liebes Weib wach und fragte verwundert, ob ich gar nicht jagen wolle, es sei doch schon hell. Als ich daraufhin etwas von zwei Keilern brummelte, die ich schon erlegt hätte, lachte sie nur und schlief umgehend wieder ein. Noch beim Frühstück wollte sie Richard und mir unsere Geschichte nicht abnehmen und war erst im Wildkeller, wo die beiden starken Schwarzkittel friedlich nebeneinander hingen, endgültig zu überzeugen.

Unverhofft kommt oft

»Das kann doch nicht wahr sein«, dachte ich, während ich mich – fast am ganzen Körper noch vor Jagdfieber bebend – mit zitternden Fingern bemühte, den auf meinen Oberschenkeln liegenden Drilling zu öffnen, um die abgeschossene Hülse der 7x65-R-TIG-Patrone herauszunehmen, und auch den Schrot – sowie den Hornet-Einstecklauf zu entladen. Erst langsam begann ich zu begreifen, dass ich vor noch nicht einmal einer Minute einen – jedenfalls für meine Begriffe – überaus starken Hirsch beschossen hatte. Jetzt war die Bühne allerdings völlig leer, und ich war mir noch nicht einmal sicher, ob ich den Hirsch überhaupt getroffen hatte.

Da das Büchsenlicht bei der Schussabgabe schon recht schwach gewesen war, hatte der Feuerball vor der Mündung es nahezu unmöglich gemacht, ein eventuelles Zeichnen zu erkennen. Die Reaktionen des beschossenen Wildes, die ich im hastig hochgerissenen Nachtglas erkennen konnte, waren allerdings nicht dazu angetan, spontane Freude aufkommen zu lassen. Wie so oft bei der Jagd folgte auf Euphorie und aufwallende Jagdpassion eine quälende Verunsicherung. Mühsam versuchte ich, wieder Boden unter die Füße zu bekommen. Schießen durfte ich zumindest, sofern der Hirsch »richtig« war, im Rotwildring waren noch ein Ia-, ein Ib- und auch noch IIb-Hirsche frei, und wir hatten ein Stück Rotwild auf dem Abschussplan. Jetzt konnte ich nur noch hoffen, dass der Hirsch nicht doch auf der linken Stange eine Krone ausgebildet hatte und – vor allem – auch zur Strecke kommen würde.

Ich fühlte mich durch die eingetretene Situation wie überrollt. Nicht im Traum hatte ich damit gerechnet oder auch nur für möglich gehalten, hier an dieser Stelle auf einen starken Hirsch zu treffen. Die Eigenjagd meines Schwiegervaters, die ich in den frühen achtziger Jahren bejagte, weist zwar eine sehr reizvolle Wald-Feld-Grenze zum angrenzenden Forst Göhrde auf, da zwischen dem Staatsforst und der Eigenjagd sich jedoch auch noch der verpachtete Gemeindewald erstreckt, hatten wir uns daran gewöhnen müssen, dass das Hochwild bei uns eigentlich nie vor Mitternacht auf die Felder austrat, da ganze Wagenladungen Rüben und Kartoffeln wie auch gut gedüngte Wildäcker des Pächters der Gemeindejagd dem Wild stundenlang Äsung in Hülle und Fülle boten.

Für die Schwarzwildbejagung bedeuteten die üppigen Futterplätze unseres Nachbarn eine vergleichsweise geringere Beeinträchtigung, wenn nicht die durchziehenden Rotten aus einer der zahlreichen, um die Futterhaufen postierten Schlafkanzeln gerade befunkt wurden. Da die Schwarzkittel sowieso häufig erst spät auf die Felder herausziehen, machte es bei Mondlicht wenig Mühe, hin und wieder eine Sau zu erlegen. Anders sah es jedoch bei Rot- und Muffelwild aus. Hier konnte man nur im ersten Morgengrauen auf Verspätung beim Einwechseln hoffen. Alte Hirsche sind jedoch in der Regel sehr vorsichtig. So waren wir es gewohnt, uns beim Rotwild mit Kahlwild oder einem Rotspießer zu begnügen. Diese Einschränkung störte mich allerdings kaum. Ich gehöre nicht zu denen, die die Hirschjagd über alles stellen. Natürlich bin auch ich von der Hirschbrunft fasziniert. Dabei genügt mir aber der Anblick und – noch viel mehr – die herrliche Musik einer Brunftnacht. Oft habe ich auf den Abschuss von geringen Hirschen verzichtet und lieber Kahlwild geschossen. Ich kann mit den Geweihchen von Junghirschen nicht viel anfangen und ziehe Rehkronen aller Stärkeklassen bei weitem vor. Einmal ein ganz starker Erntehirsch, wenn möglich in eigenen Gefilden, wäre natürlich ein Traum. Schon der nur noch in Maßen zur Verfügung stehende Platz an meinen Trophäenwänden verbietet mir weitere Überlegungen.

So hatte ich mich, obwohl nachts aus der Göhrde das Orgelkonzert der Hirsche noch in vollem Gang war, damals an dem sonnigen, aber kalten Abend gegen Ende September auf einen Rehbock angesetzt, der in unserer Eigenjagd noch geschossen werden konnte. Nicht weit vom kleinen Dorf entfernt hatte mein Schwiegervater neben dem Königsweg, so genannt, weil auf diesem breiten Sommerweg früher angeblich die Könige aus Hannover in ihr Hofrevier Göhrde geritten sein sollen, auf einem größeren Schlag am Waldrand Zuckerrüben angebaut. In dem hohen Kraut der Rüben stand häufig ein nicht mehr ganz junger, ungerader Sechser, ein typischer Abschussbock, dem es bis dato gelungen war, sich meinen Nachstellungen immer wieder erfolgreich zu entziehen. Da der Wind für eine niedrige Leiter, die sich in der Spitze eines kleinen Waldvorsprungs in die mittelhohen Kiefern schmiegte, gut passte, setzte ich mich am Spätnachmittag noch bei Sonnenschein auf diesen Sitz, von wo ich die Waldkante und das Rübenfeld bis hin zum Weg gut überblicken konnte.

Die Nähe zum Dorf ließ wirklich höchstens Rehwild erwarten. Auch beim Abfährten hatte ich hier bislang ausschließlich Rehwild erkennen können. Ich suchte daher immer wieder den rechts von mir liegenden Waldrand und den gesamten Acker mit dem Glas sorgfältig ab, konnte jedoch keinen roten Schimmer entdecken. Langsam überzog die Dämmerung das vor mir ausgebreitete dunkle Feld, und ich machte mich schon mit dem Gedanken vertraut, wiederum das Nachsehen zu haben. Wenn der Bock nicht in ziemlicher Nähe hoch oder aus dem Holz herauswechseln würde, war an Ansprechen, geschweige denn Schießen, kaum noch zu denken.

Bei letztem Licht glitt plötzlich etwas Rotes aus dem Randgebüsch des Mischwalds in das Rübenfeld, nicht weiter als fünfzig Schritt entfernt. Na also, er kommt ja doch noch! Während ich das lichtstarke Glas hochnahm, bemerkte ich jedoch, dass ein zweites Stück auswechselte, und sich immer neue Leiber langsam in das Rübenkraut herausschoben. Erst jetzt begriff ich, dass es sich um ein Rudel Rotwild handelte. Fasziniert zählte ich ein gutes Dutzend Tiere und wagte mich auf meinem relativ offenen Leitersitz kaum zu rühren. Dann, nach einer kleinen Pause, schien ein Lichterbaum langsam in das Feld herausgetragen zu werden, die weißen Geweihspitzen des Platzhirsches leuchteten geradezu über den dunklen Rübenblättern.

In meinem Kopf überschlugen sich die Gedanken. Mir war klar, eine einmalige Chance geboten zu bekommen. Alle Ansprechkriterien aus dem theoretischen Wissensschatz sprudelten durch das unvorbereitete Hirn und verwickelten sich zu einem chaotischen Knäuel. Ich merkte, dass ich schnell und systematisch vorgehen musste, da der Hirsch bereits langsam hinter seinem Rudel her von mir weg in Richtung Weg zog. Eins war klar, der Hirsch war mächtig stark im Wildbret, einen Hängebauch oder Senkrücken konnte ich allerdings nicht erkennen. Also nicht sehr alt? Doch das Gewicht schien schon merklich nach vorn verlagert. Dann sah ich ganz deutlich, dass die linke Stange keine Krone sondern nur eine gewaltige Gabel ausgebildet hatte. Sofort entschloss ich mich zum Schuss. Das Rudel war mittlerweile etwa achtzig Meter entfernt, als mir der Hirsch, einige Meter links von seinen Damen, die Flanke zeigte. Ich hatte sofort das Blatt klar im achtfachen Zielfernrohr, stach ein und löste durch leichten Druck auf den Abzug den Schuss aus. Dann schüttelte mich ein fürchterliches Jagdfieber.

Durch das mühsam ruhig gehaltene Jagdglas konnte ich erkennen, dass der Hirsch wie ein Denkmal an der selben Stelle stand, während das Kahlwild sich zusammengerudelt hatte. Verunsichert trollte das Rudel einige Meter in Richtung Wald, der Hirsch, im gleichbleibenden Abstand von zwei, drei Körperlängen, trollte hinterher. Dann stand das Kahlwild wieder wie versteinert, der Hirsch links daneben ebenfalls. Plötzlich führte das Leittier sein Rudel hochflüchtig zum nahen Waldrand, der Hirsch folgte im gewohnten Abstand, ebenfalls hochflüchtig. Aufatmend bekam ich noch mit, dass das Rudel, den Sandweg, den es schon erreicht hatte, und der die Reviergrenze bildete, wieder in Richtung unserer Eigenjagd verließ und auf unserer Seite in den dichten Mischwald eintauchte. Das Ganze hatte sich innerhalb von wenigen Sekunden abgespielt, so dass an einen zweiten Schuss überhaupt nicht zu denken war.

Nach einigen Minuten, als sich das Jagdfieber etwas gelegt hatte, leuchtete ich den hellen Sandweg mit der Taschenlampe nach Schweiß ab, außer Fährten war jedoch nichts zu erkennen. So marschierte ich mit ziemlich gemischten Gefühlen zu meinem Schwiegervater, um ihm die missliche Situation zu berichten.

Die vorgetragene Geschichte gefiel meinem Schwiegervater wenig, und er schaute recht unglücklich aus seinem Sessel heraus. Nicht, dass er mir den Schuss auf den Hirsch verübelt hätte. Da er selbst kaum Jagdpassion besaß, gönnte er mir jeden jagdlichen Erfolg von Herzen, ersparte er sich selber doch auf diese Weise mühselige Ansitze in der Kälte, um den Abschuss zu erfüllen, und Wildbret zu beschaffen. Seine Sorge bestand allein darin, dass meine – damals zugegebenermaßen etwas vehementen – jagdlichen Aktivitäten »den Leuten« Anlass zur Aufregung oder Nachrede bieten könnten. Deshalb erfüllte ihn die Aussicht auf die erforderliche Nachsuche bereits mit großer Unruhe. Nachsuche an sich schien ihm fast schon verwerflich. Und wenn dann noch der Hirsch zu Beanstandungen Anlass geben würde ... Unglücklicherweise musste er zudem am nächsten Morgen bereits um halb acht zu einem Verwandtenbesuch aufbrechen, so dass wenig Zeit blieb, um den Anschuss noch einmal genau zu überprüfen. So gingen wir beide diese Nacht recht sorgenvoll zu Bett, wenn auch aus unterschiedlichen Gründen. Ich hoffte, am nächsten Tag den Hirsch zu finden, während er sich darum sorgte, vielleicht negativen Gesprächsstoff für die Umgebung zu liefern.

Beim ersten Licht trampelten wir beide bereits beim vermeintlichen Anschuss herum. Dieser war im dicht bewachsenen Rübenfeld jedoch kaum zu finden. Daher versuchten wir unser Glück lieber auf dem Sandweg. Dort war die Fährte des Hirsches gut zu identifizieren, und ich meinte, in der Spreizung der Schalen einen Hinweis auf eine Verletzung sehen zu können. So sehr wir uns auch bemühten, Schweiß war jedoch nicht zu finden. Als mein Schwiegervater schon erleichtert aufgeben wollte, weil er nicht mehr an einen Treffer glaubte, fand ich an einem Grashalm am Rand des Wegs doch noch ein Tröpfchen, nur stecknadelkopfgroß, doch unbestreitbar Schweiß, wie das Betupfen mit dem Papiertaschentuch bewies. Nun musste das Nachsuchengespann aus der Göhrde her! Während ich anschließend die Schweißhundstation anrief, um die Nachsuche abzusprechen, ging mein lieber Schwiegervater mit leidvoller Miene auf die Reise.

Der jüngere Forstbeamte, der den Hannoveraner Schweißhund führte, schlug vor, mit dem Beginn der Nachsuche bis um neun Uhr zu warten, damit sich bis dahin die zahlreichen Gesundfährten verflüchtigt hätten. Der Hund habe es dadurch leichter, sich auf die Krankfährte zu konzentrieren. Als wir uns dann zur vorgeschlagenen Zeit trafen, hatte die Sonne den Tau bereits weitgehend weggetrocknet. Wir hielten uns nicht erst lange mit dem Suchen des Anschusses mitten in den Rüben auf, da der Hund auf dem Sandweg sofort in Richtung Waldrand anzog und fest im Riemen lag. Bereits beim Eintauchen in die Randbüsche des Waldsaums verwies der Rüde Schweiß, der in Rumpfhöhe an Fichtenzweigen abgestreift war. Dies wiederholte sich auf den nächsten dreihundert Metern noch einige Male, bis wir in dichtem Laubholzunterwuchs zu einem ersten Wundbett kamen. Nach ungefähr einem halben Kilometer weiterer konzentrierter Suche hörten wir vor uns in der Dickung das Rudel wegbrechen. Da der Schweißhund immer heftiger wurde, beschloss der Führer, ihn zu schnallen. Wie eine Rakete schoss der schwere Hund davon, und wir standen etwas atemlos still, um auf Standlaut zu achten. Dann – nach endlosen Minuten – hörten wir das erlösende, tiefe Hau, hau; der Hund stellte den Hirsch.

Sofort sprinteten wir los. Dabei verlor ich nach kurzer Zeit den viel jüngeren, sportlichen Forstbeamten aus den Augen. Da ich mich am regelmäßigen Standlaut gut orientieren konnte, störte mich das nicht weiter. Plötzlich hörte ich nicht weit vor mir einen Schuss. Dann kam mir der Führer auch schon entgegen. Der Hirsch hatte, zwar schwankend, immer noch gestanden und mühsam versucht, die Angriffe des Hundes mit dem Geweih abzuwehren. Erst ein Trägerschuss bereitete der fast zwei Kilometer langen Nachsuche ein Ende. Obgleich meine Kugel das Blatt – vielleicht etwas zu hoch – getroffen hatte, war der Hirsch mit seinem Brunftrudel in die Dickung gezogen, wo wir ihn dann, etwa achtzehn Stunden später, bei der Nachsuche aufgemüdet hatten. Das 11,5-

Gramm-TIG-Geschoss steckte auf der Ausschussseite in der Decke. Da kein Ausschuss vorhanden war, ließ sich auch kaum Schweiß finden, obgleich die Lunge durchschossen war. Ich hatte bislang die angeblich unglaubliche Härte von starken Brunfthirschen immer etwas angezweifelt, nun war ich eines Besseren belehrt worden.

Während sich der Nachsuchenführer im Hintergrund hielt, saß ich eine Weile bei meinem Hirsch und strich über die starken Stangen. Obgleich eigentlich unlogisch, kommt es mir vor, als ob der Grad der Wehmut und der Betroffenheit über die Tatsache, dass zur Jagd nun mal auch das Töten gehört, mit der Größe der Beute wächst. Ich empfand angesichts des starken Hirsches dieses Gefühl viel stärker als beispielsweise nach dem Erlegen von Rehböcken oder gar Hasen. Wie muss man sich als Jäger wohl erst fühlen, wenn man vor einem geschossenen Elefanten steht?

Zu meiner großen Erleichterung hatte der Hirsch – wie vorher angesprochen – an der linken Geweihstange nur eine große Gabel, dafür zusätzlich aber eine Eissprosse. Die rechte Stange dagegen wies neben Aug- und Mittelsprosse eine starke Krone auf. Damit wäre der etwa sechsjährige Hirsch unter die Kategorie IIb gefallen, wenn er nicht, wie sich später herausstellte, ein Geweihgewicht von über sechs Kilo gehabt hätte. Für einen Ib war er jedoch zu jung, und die Trophäe überstieg die zugelassene Grenze von fünf Kilogramm bei weitem. Somit musste er zwangsläufig als IIa eingestuft werden. Trotzdem hielten sich nachher die Anwürfe der Jagdpäpste, die selber vorn am Lauf eine Waage haben, erfreulicherweise in Grenzen. Fast alle gaben zu, dass sie den Hirsch, der aufgebrochen über 170 Kilo gewogen hatte, wahrscheinlich ebenfalls für älter angesprochen hätten. Auch mein Schwiegervater konnte mit dieser Sachlage gut leben und freute sich über das hohe Verkaufsgewicht. Ich selber war glücklich über die dickstangige und reizvolle Trophäe, mein erstes stärkeres Hirschgeweih, welches mir darüber hinaus noch in den »familiären« Jagdgefilden völlig unerwartet und glückhaft »zugefallen« war. Dass es letztendlich als »falsch« deklariert wurde, hat mich nicht allzu sehr gestört. Die Tatsache, dass im Extrem ein einziges Gramm Geweihgewicht darüber entscheiden kann, ob ein Hirsch als nicht dem Hegeziel entsprechend erlegt werden darf oder als sogenannter Zukunftshirsch geschont werden muss, zeigt meines Erachtens die Fragwürdigkeit derartiger Klassifizierungen.

Nachdem ich mich beruflich ins Rheinland verändert hatte, verlegte ich zwangsläufig meine jagdlichen Aktivitäten mehr um den neuen Wohnsitz herum, und mein Schwiegervater verpachtete seine Eigenjagd. Da meine neuen Jagdmöglichkeiten, zuerst im Bergischen Land und später im Hunsrück, sich auf Reviere ohne Rotwild beschränkten, verlor ich über einen längeren Zeitraum etwas den Kontakt zur Hirschjagd. Viel Jagdgelegenheit auf Schwarzwild und die geliebte Bockjagd haben den Verzicht jedoch nahezu wettgemacht, wenn meine Frau und ich auch das von uns sehr geschätzte Wildbret vom Rotwild etwas vermissten.

Als nach der sogenannten Wende das große Spreewaldrevier meine neue jagdliche Heimat wurde, trat auch die Rotwildjagd wieder mehr in den Vordergrund. Obgleich in der »law and order-losen« Zeit direkt nach dem Zusammenbruch des Arbeiter- und Bauernparadieses die – vorher sicherlich weit überhöhten – Rotwildbestände kräftig dezimiert worden waren, stellten mein Partner Reinhard und ich schon kurz nach der Revierübernahme im Spätsommer zaghafte Brunfttätigkeit in einem dickungsreichen Revierteil fest. Wir hatten zwar Rotwild auf dem Abschussplan, verzichteten aber auf die Erlegung, da wir dem kleinen Kahlwild-Familienverband und dem mittelalten schwächeren Hirsch – mehr konnten wir im ersten Jahr nicht bestätigen – erst einmal Ruhe bieten wollten, um den neu gesetzten Kälbern Gelegenheit zu geben, unser Revier als »Heimat« anzunehmen und Standwild zu werden. Nach der Brunft war der schwache, mittelalte Hirsch abgewandert, und wir konnten statt dessen zwei hervorragend veranlagte Rotspießer bewundern, die – stolz, wie es schien – halbmeterlange Spieße herumtrugen.

In den nächsten beiden Jahren schoss Reinhard dann jeweils ein Schmaltier. Wir hatten zwar jedes Jahr einen Hirsch frei, aber leider immer den Falschen, nämlich immer die Altersklasse, die sich bei uns nicht sehen ließ. Auch erlegt wohl fast jeder äußerst ungern einen jungen Abschusshirsch, wenn er einen Erntehirsch strecken darf. Da dieses Dilemma nicht nur bei uns, sondern auch in den anderen Revieren des neugegründeten Hegerings zu Tage trat, wurde nach langen Diskussionen das System der Gruppenfreigabe beschlossen, mit entsprechenden zukünftigen Wartezeiten im Falle des Erfolgs. Selbst unter diesen, wesentlich flexibleren Voraussetzungen rechneten wir uns jedoch weiterhin keine allzu großen Chancen aus, da in den Vorjahren die Brunft fast ausschließlich in den überwiegend riesigen Maisschlägen stattgefunden hatte, so dass eine selektive Bejagung kaum möglich war.

Groß war daher meine Freude, als Reinhard mir zu Beginn der Brunft berichtete, er habe auf unserem idyllischen Wildacker im Wald einen wahrscheinlich älteren Hirsch etliche Male knören hören. Außerdem hatte er bei einem weiteren Ansitz noch bei gutem Licht Tier, Schmaltier und Kalb auf dem Wildacker äsen sehen, die von zwei guten Rotspießern im Respektsabstand begehrlich beäugt wurden. Vom Hirsch hatte er allerdings wiederum nur einige Trenzer gehört. In den nächsten Tagen schlug dummerweise der Wind um, an einen weiteren Ansitz am Wildacker war daher nicht zu denken. Als ich nach fast einer Woche dort wieder sitzen konnte, war von Rotwild nichts mehr zu sehen und zu hören. Nur eine Rotte Sauen näherte sich kraftvoll lärmend dem Wildacker, nachdem es dunkel geworden war.

Reinhard und ich waren nun beide davon überzeugt, dass die Brunft bei uns im Wald wohl zu Ende war, zumal wir nur von den großen Maisschlägen her in der Nacht ab und an ein müdes Schreien hören konnten. So nahmen wir uns vor, uns wieder mehr auf die Schwarzkittel zu konzentrieren, die, wie das Fährtenbild eindeutig verriet, Nacht für Nacht zwischen den Maisschlägen und den angrenzenden Wiesen hin und her wechselten.

Als der zunehmende Mond langsam runder wurde, beschlossen wir, unsere neue »Geheimwaffe« erstmalig einzusetzen. Reinhard hatte einen uralten, winzig kleinen Wohnwagen billig erstanden, der mittlerweile grün-braun umgespritzt und mit einer nach oben zu öffnenden Dachluke ausgestattet war. Diese fahrbare »Schlafkanzel« zogen wir unter eine erhöht stehende gewaltige Solitäreiche, dicht vor dem Rand eines bald fünfhundert Meter langen Maisfelds. Bei gutem Wind und brauchbarem Mondlicht saß ich dann auf dem weichen Sofa unseres fahrbaren »Wohnraums« und stellte bald fest, dass unsere Wunderwaffe ziemliche Macken aufwies. Selbst bei geöffneter Dachluke hörte man drinnen so gut wie nichts und zu sehen war auch fast nichts, da die Fenster durch die Kälte und den Abendnebel von außen vollkommen beschlugen. So blieb mir in unserer Luxusansitzvorrichtung nichts anderes übrig, als stundenlang stehend Rundum-Beobachtung zu betreiben. Gegen eins, als der Mond schon sehr tief stand, hatte ich in der Kälte die Nase sprichwörtlich voll und marschierte über die nassen Wiesen müde und unverrichteter Dinge zu meinem Fahrzeug. Am nächsten Morgen konnte ich dann erkennen, dass die Sauen anschließend wohl rottenweise die Wiese vor unserer Schlafkanzel umgedreht hatten.

Obgleich mir klar war, dass zumindest das Schwarzwild sehr spät, oder auch erst am frühen Morgen, aus dem Mais auswechseln würde, zog es mich in der nächsten Nacht wieder zu unserer neuen Reviereinrichtung. Listigerweise hatte ich einen alten Barhocker mitgeschleppt, in dem Glauben, fortan bequem sitzend meinen Ausblick bewältigen zu können. Deprimiert musste ich aber feststellen, dass der Hocker gut fünfzehn Zentimeter zu niedrig war, und das verkrampfte Hochrecken noch mehr anstrengte, als gleich zu stehen. Wiederum tat sich nichts, nur zum Walde hin hörte ich in der Ferne einen Hirsch gelangweilt melden. Da inzwischen dichtere Wolken den Mond fast vollständig verhängt hatten, war es zwecklos geworden, noch länger zu bleiben. Als ich meine Sachen schon zusammengepackt hatte, kam ich jedoch auf die Idee, im Wagen den Morgen zu erwarten. Ich war sehr warm angezogen und hatte außerdem im Rucksack noch eine dicke Weste und eine Regenschutzpelerine. Außerdem fand ich unter dem Polster noch eine kleine Decke. So legte ich mich notdürftig eingewickelt nieder und muss auch ziemlich schnell eingeschlafen sein, denn mitten in der Nacht wurde ich durch Schreien eines Hirsches, der nicht weit entfernt sein konnte, abrupt aus dem Schlaf gerissen. Draußen war es jedoch so dunkel, dass absolut nichts zu erkennen war. Gegen fünf Uhr in der Frühe wachte ich dann frierend wieder auf und »ging in Stellung«. Trotz guten Winds war aber weder auf den weiten Wiesen, noch vorm Maisfeld während der nächsten beiden Stunden etwas zu sehen. Kurz vor dem Abrücken konnte ich dann aber doch noch mit weitem Schuss einen starken Fuchsrüden erlegen, so dass sich der Frust etwas in Grenzen hielt.

Durch die anhaltenden Misserfolge machte sich bei Reinhard und mir allmählich eine leichte Enttäuschung breit. Was wir auch versuchten, nichts wollte gelingen. Fast jede Nacht pirschten wir die weiten Ränder der Maisschläge ab und konnten auch fast immer im Mais Schwarzwild wahrnehmen. Die Borstenviecher machten teilweise einen derartigen Lärm, dass man das Gequieke und laute Knacken der Maisstängel schon von weitem hören konnte. Nur heraus aus den bis zu drei Meter hohen und bürstendichten Maisdschungeln kamen sie nicht, jedenfalls nicht, wenn wir gerade vorbei schlichen. Ohne Erfolg hatten wir uns bei der Agrargenossenschaft darum bemüht, dass Bejagungsschneisen in die riesigen Schläge gemäht würden, wegen personeller Engpässe und Maschinenschäden war das jedoch nicht möglich. Uns blieb nichts anderes übrig, als uns weiterhin schwarz zu ärgern, wenn die gewitzten Sauen nur wenige Meter vom Rand entfernt grunzten und schmatzten, weil sie sich völlig sicher fühlten, während wir machtlos dicht daneben vergeblich auf das Auftauchen einer schwarzen Schwarte lauerten.

Ich hatte mittlerweile kaum noch Lust, zum Abendansitz hinauszugehen. Als am Spätnachmittag auch noch ein monotoner Dauerregen einsetzte, beschloss ich, mich mit einem Buch an den flackernden Kaminofen meiner Jagdbehausung zurückzuziehen, und Schweine Schweine sein zu lassen. Doch ich hatte nicht mit Reinhard gerechnet. Als dieser von der Arbeit kam, befand er, dass nur ihm – nach überstandenen Tagesmühen – das Recht zum Hochlegen der Beine vor dem Ofen zustehe und schickte mich, ohne Widerspruch zu dulden, hinaus in den Regen. »Setz dich auf die Leiter in der Eiche auf dem Wildacker«, meinte er, »irgendwann muss da mal wieder was kommen. Du hast dort doch schon genug Sauen geschossen und außerdem vor kurzem wieder eine Rotte gehört.«

Er hatte ja recht. Bei diesem Sauwetter – im wahrsten Sinne des Wortes – konnte es leicht sein, dass das Schwarzwild früher aus den tropfnassen Dickungen heraus zog, um zeitiger die Maisschläge heimzusuchen. Da der Wildacker ziemlich zentral in einem größeren Waldkomplex als eine Art Flaschenhals zwei Waldbereiche miteinander verbindet, muss alles Wild, was von einem Teil, der größere Dickungen enthält, zu dem anderen Teil – mit moorigen und dornenreichen Mischwäldern – wechseln will, beinahe zwangsläufig den Wildacker überqueren. Außerdem bot der Wildacker immer noch sehr gute Äsung. Der angebaute Hafer war zwar inzwischen ziemlich abgeäst, doch der Klee dazwischen musste für Schalenwild sicherlich viel verlockender sein als die harten Gräser in den Schonungen.

Ich ließ meinen alten, unverwüstlichen Kübelwagen ein paar hundert Meter vor dem Wildacker stehen und pirschte, während es nach wie vor beständig regnete, langsam zu meinem Lieblingssitz, der hohen Leiter in der Eiche am Wildacker. Dort sitzt man dicht am Baumstamm zwar recht geschützt, doch ein stundenlanger Landregen durchdringt irgendwann auch das dichteste Blätterdach. Da die feinen Regentropfen sich erst einmal auf den Blättern sammeln, bekommt man darunter die konzentrierte Ladung ab, riesige, klatschende Tropfen. Um wenigstens Zielfernrohr und Schloss der Büchse trocken zu halten, verzichtete ich auf eine trockene Kehrseite und benutzte das Sitzkissen zum Schutz des Gewehrs. Abnehmbaren Zielfernrohrschutz verwende ich nämlich kaum noch, seit ich auf einer Gamsjagd im ständigen Regen fast einen guten Bock verloren hätte, weil unter dem Schutz das Zielfernrohr derart beschlagen war, dass trotz ständigen Wischens kaum noch etwas zu erkennen war.

Der ungefähr fußballfeldgroße Wildacker wird an der rechten Seite von einer weiten Kiefernschonung mit dahinterliegendem Fichtenwald eingerahmt. Noch in den Vorjahren konnte man sehr schön in große Teile dieser Schonung von der Leiter aus hineinsehen, doch mittlerweile sind die Kiefern schon auf doppelte Manneshöhe herangewachsen. Links schließt sich an den Wildacker ein dichter Mischwald an, mit viel Unterwuchs und hohem Farn ebenfalls kaum einsehbar. Auf diesem Wildacker habe ich in den Vorjahren eine Reihe von starken Böcken erlegt. Da die dichter gewordene Schonung aber zum beliebtem Tageseinstand für das Schwarzwild geworden ist, scheint sich das Rehwild hier neuerdings mehr zurückzuhalten. Trotzdem sah ich eine gute Chance, vielleicht doch noch den alten Bock überlisten zu können, der in diesem Bereich seit Jahren seinen Einstand hatte.

Mit Sauen war erst später zu rechnen, wie mir die Erfahrung

gezeigt hatte. Bald ein Dutzend Frischlinge und Überläufer hatten Reinhard und ich an diesem idyllischen Platz in den letzten zwei Jahren geschossen, alle bei letztem Büchsenlicht oder in der Nacht. Deshalb konzentrierte ich mich beim regelmäßigen Absuchen der Ränder auf die rote Rehdecke, was gar nicht so einfach war, weil das hohe Gras und auch die noch stehenden Haferhalme einen Rehkörper leicht verdecken konnten. Es war jedoch vorerst nichts zu bemerken. Der ständige leichte Regen und die Tropfgeräusche aus der Eiche und dem greifbar nahen Mischwald schläferten mich etwas ein, so dass ich in meinem Sitz zusammenrutschte und missmutig feststellte, dass nicht nur der Allerwerteste, sondern auch schon die Oberschenkel feucht und kalt wurden. Dabei war es erst kurz nach sechs, und hinter den grauen Wolken war der glutrote Sonnenball noch ein gutes Stück über dem Horizont zu erahnen.

Während ich, leicht fröstelnd, darüber sinnierte, dass die von jagdlichen Feingeistern so schön beschriebene Poesie der Jagd einen nun wirklich nicht alle Tage umfängt, und ich sehr im Zweifel war, ob ich nicht lieber neben dem warmen Ofen sitzen würde, anstatt hier in der kalten Nässe herumzuhocken, bemerkte ich plötzlich, dass sich rechts von mir, gar nicht weit entfernt, ein Geweih aus der dichten Kiefernschonung schob. Diese völlig unerwartete »Erscheinung« brachte mich regelrecht durcheinander, zumal da wirklich nur ein starkes Geweih war, nicht einmal das dazugehörige Haupt konnte ich erkennen. Außerdem hatte ich in den letzten Minuten außer den ständigen Tropfgeräuschen absolut nichts gehört. Ganz langsam glitten nun hinter dem Geweih Haupt, Träger und dann der Rumpf aus der Dickung. Da ich nicht mehr als vielleicht vierzig Schritt entfernt saß, wagte ich nicht, das Glas hochzunehmen, weil Rotwild ja Bewegungen vorzüglich wahrzunehmen vermag.

Dem ersten Eindruck nach musste es sich um einen mittelalten Hirsch handeln, so zwischen sechs und acht Jahren. Recht stark im Wildbret war er ohne Zweifel. Auch die Brunftmähne war gut ausgebildet. Ganz langsam und mit ziemlich tiefem Haupt trat er einige Schritte in den Wildacker hinein und äugte dann bewe-

gungslos zum gegenüberliegenden Waldrand. Auf der mir zugewandten Seite des Geweihs sah ich eine Krone mit sehr langen,
dünnen Enden, während der Stangenumfang über den Rosen recht
stark schien. Dann wendete sich der Hirsch etwas von mir ab, so
dass ich auch die andere Stange gut einsehen konnte. An dieser war
nur eine Gabel ausgebildet.

»Das kennst du doch«, ging es mir durch den Kopf, doch hier
war ich absolut sicher, dass der Hirsch nicht mehr als fünf Kilo
Geweihgewicht mit sich herumtrug. Während der augenscheinlich
recht müde Pascha sich schon langsam in Richtung Waldrand in
Bewegung gesetzt hatte, zwang ich mich, nicht allzu hastig das Sitzkissen von der Waffe zu nehmen, vorsichtig in Anschlag zu gehen
und zu entsichern. Keine zehn Meter vom Waldrand entfernt traf
dann das Vulkan-30.06-Geschoss etwas spitz von hinten hinter der
letzten Feder den Wildkörper. Ich hatte auf die relativ kurze Entfernung darauf geachtet, nicht zu hoch abzukommen, und das ein-
deutige Zeichnen des Hirsches deutete auf einen Herzschuss. Er
steilte mit den Vorderläufen hoch auf und keilte anschließend mit
den Hinterläufen nach hinten aus. Dann prasselte er in den nahen
Wald. Nach kurzer Zeit hörte ich es krachen.

Wie so häufig nach dem Schuss wurde mir bewusst, durch
welche emotionalen Wechselbäder man als Jäger geht. Eben noch
hatte ich hochdramatische Sekunden erlebt, dann war, von einem
Augenblick auf den anderen, wieder – wie vorher – Ruhe eingekehrt. Der Regen tröpfelte monoton aus den Zweigen rings herum,
und nichts wies darauf hin, dass hier gerade das stattgefunden
hatte, wovon viele Jäger ein Leben lang träumen, ein starker Brunft-
hirsch war zur jagdlichen Beute geworden. Ich bemerkte, dass ich
kaum Jagdfieber verspürte, alles war so schnell und völlig unerwartet gekommen, dass dafür wohl gar keine Zeit gewesen war.

Jetzt erst ging mir auf, dass der Hirsch allein gezogen war,
wahrscheinlich suchte er weiteres Kahlwild, nachdem das kleinere
Rudel, welches wir kannten, wohl bereits beschlagen war. Dann
wurde mir klar, dass ich noch vor halb sieben, also bei bestem
Tageslicht, zu Schuss gekommen war. Was mochte den Kämpen

veranlasst haben, in hellem Nachmittagslicht herauszutreten, wo er doch zuvor sogar im Mondschein den Wildacker gemieden hatte, während das Kahlwild unbesorgt äste? Wie schön, dass solche Fragen nie beantwortet werden, die Jagd wäre sonst berechenbarer und um viele Mythen ärmer.

Da die Dämmerung langsam heraufzog, machte ich mich daran, den Hirsch zu suchen. Obgleich, wie sich später herausstellte, das Herz zerschossen war, hatte der Hirsch noch eine Todesflucht von gut fünfzig Metern zurückgelegt, und ich brauchte im hohen Farn einige Zeit, um ihn zu finden. Die letzten Meter wies mir der Brunftgeruch, der von einem riesigen Brunftfleck ausging, den Weg. Seine Aufgabe hatte er also erfüllt.

Bis weit in die Nacht hinein haben wir mit den Jägern der Umgebung zusammengesessen und den starken Abschusshirsch, der zwischen Fackeln vor dem Haus auf Fichtenzweigen zur Strecke gelegt war, gebührend totgetrunken. »Unverhofft kommt eben oft«, meinte ein für seine Skatpassion bekannter alter Waidgenosse lakonisch, als ich, wahrscheinlich zum wiederholten Male, betonte, wie sehr mich das unerwartete Auftauchen meiner Beute überrascht hatte. Ich glaube, dem ist nichts hinzuzufügen.

RE(H)MINISZENZEN

Kaum ein Thema wird unter Jagd-Experten und solchen, die sich dafür halten, so leidenschaftlich – und immer wieder von neuem – diskutiert, wie die Altersansprache von Rehwild. Die unterschiedlichsten Kriterien sind seit Jahrzehnten von Praktikern, wie auch der Jagdwissenschaft, entwickelt worden, um beim lebenden Wild hinreichend verlässlich das Alter einschätzen zu können. Aber selbst beim erlegten oder sonst wie ums Leben gekommenen Reh herrscht vielfach keine Klarheit über die Zeitspanne, die dem betreffenden Stück mehr oder weniger glücklich auf Erden beschieden war, sofern man sich nicht die Mühe macht, aufwendige wissenschaftliche Analysen – etwa durch Zahnabschliff – in Auftrag zu geben.

Worum geht es nun eigentlich bei dem ganzen Theater, das immer wieder bei der Alterseinschätzung von Otto-Normaljägers liebster Beute, dem Rehwild, aufgeführt wird?

Fast jedem gewöhnlichen Sterblichen wird klar sein, dass ein zarter Kalbsbraten oder ein Steak vom jungen, gut genährten Mastochsen dem zähen Rinderbraten einer alten, ausgemergelten Milcherzeugungsmaschine aus dem Kuhstall bei weitem vorzuziehen ist. Ähnlich ist es natürlich auch beim Wild. Die Keule eines uralten Waldveteranen, der sich viele Jahre lang den Nachstellungen der Jäger entziehen konnte, ist sicherlich weit weniger delikat als das zarte Hinterläufchen eines Kitzes oder einjährigen Rehes. Insofern ist die Frage nach dem Alter der (potenziellen) Beute für den Jäger schon von Bedeutung, beispielsweise für die Frage: Nehme ich das Stück für den eigenen Sonntagsbraten, beziehungsweise die eigene Kühltruhe, oder gebe ich es in den Wildhandel, wenn ich nicht die Schwiegermutter oder andere »liebe Freunde« damit beglücken kann?

Die Problematik dieser Frage ist allerdings in der Regel leicht zu lösen. Kitze und Schmalrehe sind auch für weniger erfahrene Waidgenossen noch relativ leicht von älteren Rehen zu unterscheiden, wenigstens im Frühjahr, bei Aufgang der Jagdzeit. Bei Jährlingen ist die Sache schon etwas komplizierter, besonders, wenn es schon in den Sommer hineingeht, und alle Böcke mittlerweile verfärbt sind und gefegt haben.

Nun ist die »Bratenfrage« jedoch leider nicht die Hauptursache für die jahrzehntealte Beschäftigung mit dem Thema Altersansprache. Über einen langen Zeitraum – beginnend mit dem Reichsjagdgesetz von 1935 bis in die heutigen Tage – hat man unerschütterlich geglaubt, dass Rehwild, ähnlich wie Rotwild, durch Hege mit der Büchse, sprich Ausmerzung von Stücken mit unerwünschter Trophäenbildung, »aufgeartet« werden kann. Aus diesem Grund wurde – wie beim Rotwild – eine sehr differenzierte »Güteeinteilung« des männlichen Rehwilds als Grundlage der jährlichen Abschusspläne benutzt. Neben qualitativen Merkmalen, wie zum Beispiel durch die Buchstaben a (dem Hegeziel entsprechend) und b (nicht dem Hegeziel entsprechend) ist für diese Einteilung vor allem das Alter des Wildes maßgeblich. Dies hat jahrzehntelang zu erbitterten Kontroversen geführt, ob nun der gestreckte Bock vom Alter her in die genehmigte Kategorie passte, oder – noch viel schlimmer – alt genug für die Qualitätsstufe a war, da »dem Hegeziel entsprechende Böcke« aus unerfindlichen Gründen nicht vor einem bestimmten Mindestalter geschossen werden durften. Dabei ging es wohl meist nicht so sehr um etwaige Gesetzesverstöße, als vielmehr um die Waidmannsehre, die durch »falsches Ansprechen« – und dadurch bedingte rote Punkte (inzwischen in deutschen Gefilden aus der Mode gekommen) von der unfehlbaren und unerbittlichen Trophäenbewertungskommission – ganz schön in Mitleidenschaft gezogen werden konnte.

Glücklicherweise hat sich allmählich die Erkenntnis durchgesetzt, dass Rehwild nicht durch »Hege mit der Büchse« in der Trophäenqualität verbessert werden kann, sondern dass für die Entwicklung des beliebten »Hochwilds des kleinen Mannes« ganz andere Faktoren maßgeblich sind. Schon dadurch ist die Frage nach dem Alter – besonders bei Böcken – etwas in den Hintergrund getreten. Weiterhin hat man langsam gemerkt, dass die seit Generationen von unseren Altvorderen gepredigten Alterskriterien einer wissenschaftlichen Überprüfung wenn überhaupt, dann nur bedingt standhalten können.

Beides hat dazu beigetragen, dass selbst in den Amtsstuben der Jagdbürokratie ein Umdenken stattgefunden hat, und in mehreren Bundesländern bei den Abschussplänen neben den Kitzen nur noch nach einjährigen und mehrjährigen Böcken unterschieden wird. Eine sehr vernünftige Entwicklung, wie ich meine, besonders, wenn man in der Praxis erlebt hat, welche derben Schnitzer auch den angesehensten Experten in der Alterseinschätzung – sogar bei erlegten Rehen – immer wieder unterlaufen.

Ich selber fühle mich nach der Erlegung von ungefähr hundert Böcken und einer entsprechenden Anzahl weiblichen Rehwilds kaum in der Lage, auch nur einigermaßen verlässlich das Alter von Rehwild einzuschätzen, da ich oft genug ganz schön daneben lag. Für fast unmöglich halte ich die Altersansprache bei weiblichem Rehwild, wenn man von Kitzen und Schmalrehen im Frühjahr einmal absieht. Wie sehr man sich hier täuschen kann, mag die folgende Episode verdeutlichen.

Ich saß an einem feuchtkalten Abend Anfang Februar in meinem damaligen Hunsrück-Revier an einem Laubwaldsaum vor einer größeren Wiese auf Sauen an, die uns hier immer wieder mit Einebnungsversuchen an herumgedrehten Grasplaggen beschäftigten. Noch bei recht gutem Büchsenlicht trollte plötzlich links von mir ein einzelnes Stück Rehwild in nicht mehr als vielleicht vierzig Schritt Entfernung aus dem Hochwald auf die Wiese. Schon beim ersten Blick durch das Jagdglas war mir klar: ein weibliches Kitz und sehr schwach dazu. Da es immer wieder beim Äsen aufwarf und zum Waldrand hinäugte, erwartete ich jeden Augenblick das Auftauchen der dazugehörigen Ricke.

Als diese nach mehreren Minuten immer noch nicht austrat, kam mir die Vermutung, dass das Kitz wahrscheinlich die Mutter verloren hatte, was auch den erbärmlichen Gesamtzustand erklären konnte. Ich sprach das Reh nochmals genau an und war mir völlig sicher, dass es sich hier um ein kümmerndes Kitz handeln musste. Ein kleines, fast dreieckiges Köpfchen, ein Trägerchen, das nicht einmal die Stärke eines normalen Damenhandgelenks aufwies, und vier staksige Läufe, die sich beim ständigen, nervösen Herumstolpern fast selbst im Wege waren, schlossen jeglichen Zweifel aus. Da es langsam dunkel wurde, und auch der Abschussplan für Kitze noch nicht ganz erfüllt war, entschloss ich mich zum Schuss, den das Stück wohl nicht mehr vernommen hat.

Auch beim Aufbrechen bestätigte sich meine Annahme. Mit nur leichtem Druck fuhr der Nicker durch die Schlossnaht. Ich trug das Stück, welches – wie wir später feststellten – aufgebrochen nur etwas über neun Kilogramm auf die Waage brachte, mit einer Hand zum in der Nähe abgestellten Fahrzeug und fuhr zum Dorfgasthaus, wo ich um diese Zeit unseren Jagdaufseher und auch andere Jäger der benachbarten Gemeindejagden erwarten konnte. Toni, unser Jagdaufseher, übernahm in der Dorfkneipe das auch von den

Mitjägern als sehr schwaches Kitz angesehene Stück, und ich durfte für den Hegeabschuss eine Runde Bier ausgeben.

Ein Hegeabschuss war es wohl, doch ein ganz anderer als erwartet. Toni hatte beim Aufhängen des vermeintlichen Kitzes zufällig auch in den Äser geschaut, was wir vorher alle für unnötig gehalten hatten. Nun meinte er grinsend, dass er mich wegen eines Schonzeitvergehens anzeigen müsse, da ich eine uralte Rehveteranin mit völlig eingetrockneter Spinne erlegt hatte. Von den Zähnen waren nur noch Rudimente vorhanden, und wir schätzen das Alter jetzt auf weit über zehn Jahre. So kann man sich irren. Das Wildbret (welches ich verschenkt habe) soll allerdings gar nicht so zäh gewesen sein.

Nun mögen vielleicht einige Experten aus der grünen Zunft sagen: »Mir wäre das nicht passiert!« Mag schon sein, dass es solche Könner wirklich gibt. Zu diesen zähle ich allerdings nicht die gar nicht so seltenen Zeitgenossen, die vor lauter Unsicherheit in den meisten Fällen auf den Schuss überhaupt verzichten. Ich hatte mal einen liebenswerten Mitjäger, der nahezu nichts zustande brachte, weil er immer meinte, das betreffende Schmalreh sei so stark gewesen, dass es viel zu schade zum Erlegen gewesen sei, und aus dem kümmerlichen Jährling im Getreide könne bei viel guter Äsung auch noch etwas werden. Solche Freunde wärmen zwar das Herz, sind für den Abschussplan allerdings nicht so vorteilhaft.

Selbst wenn man den einzelnen traditionellen Ansprechkriterien, die seit Urzeiten als angeblich bewährte Altersmerkmale gehandelt werden, nicht allzu große Bedeutung beimisst und sich lieber an den Gesamteindruck und besonders an das Verhalten eines einzelnen Stücks Rehwild hält, ist man also vor unliebsamen Überraschungen nicht gefeit. Ein weiteres Beispiel, allerdings in »umgekehrter Richtung« soll dies belegen.

In dem Spreewaldrevier, das ich seit der Wiedervereinigung bejage, erreicht das Rehwild eine im Verhältnis zu den relativ armen Böden und trockenen Kiefernwäldern erstaunliche Stärke. Wildbretgewicht wie auch Trophäenstärke liegen deutlich über dem Durchschnitt. Als ich mich im Juli, kurz vor Beginn der Blattzeit und noch bei strahlender Nachmittagssonne, auf einer wackligen Leiter hinter einem breiten Entwässerungsgraben niedergelassen hatte, bemerkte ich bald einen fahlgelben Fleck in dem recht hoch stehenden Gräsermeer. Nach einer Weile kam Bewegung in den Fleck, und ein Rehhaupt tauchte über den Gräsern auf. Es war ein Bock, und was für einer! Dicke, dunkle, knuffige Stangen mit viel Masse unten, konnte ich erkennen. Das Gehörn war gut vereckt und bis zu den starken Vordersprossen geperlt. Das breite, keilförmige Haupt schimmerte vorn fast weißlich, und ich konnte einen Träger bewundern, der einem Stiernacken ähnelte und einem Preisboxer alle Ehre gemacht hätte. Alles in allem: ein Klotz von einem Bock, ein Prachtbock, wie ihn sich der Durchschnittsjäger in seinen Träumen vorstellt. Die Tatsache, dass er es wagte, sich bei vollem Licht im Zentrum des Reviers, kurz vor Beginn der Blattzeit, in der Nähe des hier und dort erkennbaren weiblichen Rehwilds aufzuhalten, bestärkte mich in der Annahme, einen reifen Bock, wahrscheinlich den Platzbock dieses Revierteils, vor mir zu haben.

Da ich die alte »Weisheit«, starke Böcke erst nach der Blattzeit zu schießen, damit sie sich »noch einmal vererben können«, schon seit Jahren missachte, weil ich viele Jahre die Erfahrung machen musste, dass dann keine starken Böcke mehr auffindbar sind, und man in unserem teilweise urwaldartigen Spreewaldrevier viele gute Böcke nur einmal sieht, schritt ich unter wohligem, leichten Jagdfieber sofort zur Tat. Der nicht allzu weite Schuss bei bestem Licht war leicht, und der Bock lag im Feuer. Welche Freude, als ich nach einer Weile, als das Jagdfieber langsam abgeklungen war, an meine Beute herantrat. Das Gehörn hielt, was es durch das Fernglas versprochen hatte und wiegt heute noch, völlig ausgetrocknet, mit kurzem Nasenbein fast zweihundertneunzig Gramm. Der Bock selbst hatte aufgebrochen ein Gewicht von fast einundzwanzig Kilogramm.

Als ich mit meiner Jagdbeute bei Reinhard vorfuhr, gab es ein großes Hallo. Alle wünschten mir herzlich Waidmannsheil zu diesem reifen Bock. Doch beim Aufschärfen des Äsers gab es lange Gesichter. Der starke Bock war mit großer Wahrscheinlichkeit ein

Jährling! Der dritte Prämolar war zwar schon zweiteilig, es erschien aber fast sicher, dass der Zahnwechsel gerade stattgefunden hatte. So kann man sich täuschen. Wir haben den Bock aber trotzdem gebührend totgetrunken. Bei der Trophäenschau war das Gehörn die große Attraktion. Keiner wollte glauben, dass es sich hier höchstwahrscheinlich um einen Jährling handelte, zumal die Rosenstöcke bereits einen großen Durchmesser haben, und beide Sechserstangen breiten Dachrosen entspringen. Jetzt hängt das Gehörn zwischen meinen stärkeren Böcken und macht ab und zu großmäulige Besucher »vom Fach« recht nachdenklich. So klar und eindeutig ist die Sache mit der Alterseinschätzung beim Rehwild denn wohl doch nicht.

Wie wahrscheinlich fast allen Waidgenossen, die ihrer Passion bereits etwas länger nachgehen, hat man auch mir im Vorbereitungskurs für die Jägerprüfung dereinst eine Reihe von Altersmerkmalen – vor allem beim männlichen Rehwild – eingepaukt, mit deren Hilfe eine einigermaßen verlässliche Altersansprache durchgeführt werden könne. Es ist müßig, diese Kriterien, die teilweise schon von unseren Großvätern weitergegeben wurden, hier nochmals im einzelnen vorzustellen. Obgleich die Jagdwissenschaft die Mehrzahl der im jagdlichen Alltag immer wieder angeführten Merkmale schon seit langem als vage beschreibt und vor kategorischer Anwendung warnt, erstaunt mich immer wieder, wie viele jagenden Zeitgenossen kritiklos noch immer nach diesen »Leitlinien« vorgehen und mit deren Hilfe ihre – nach eigenen Maßstäben »falschen« – Abschüsse nachträglich rechtfertigen wollen. Hier liegt meines Erachtens ein doppelter Irrtum vor. Zum einen ist doch das Alter eines geschossenen Stückes ohne Belang, sofern der Abschussplan das Erlegen erlaubt, und zum anderen ist die Altersansprache an sich schon höchst problematisch.

Ich erinnere mich in diesem Zusammenhang an einen menschlich sehr sympathischen Mitjäger, der nach dem Lösen von über dreißig Jahresjagdscheinen immer noch nicht begreifen wollte, dass er einen sehr starken Jährling erlegt hatte, nur weil dieser »so grau am Haupt« gewesen sei, was als sicherer Beweis für hohes

Alter gelten könne. Ich habe mittlerweile festgestellt, dass fast alle Böcke, ob jung oder alt, ein »graues Gesicht« haben. Auch die berühmte Stirnlocke haben einige, andere auch nicht. Ich meine, man kann Hespeler in »Rehwild heute« nur zustimmen, wenn er die Parallelen zum Menschen zieht. Unabhängig vom Alter haben etliche einen dicken Hals, mehr oder weniger Gewicht, graue oder gar keine Haare und so weiter. Warum sollte es beim Rehwild anders sein?

Eine beliebte, seit Urzeiten immer wieder verbreitete »Regel« besagt, dass junge Böcke früh verfärben, alte dagegen spät. Das wird vielfach auch so sein. Ich selbst habe genau das Gegenteil erlebt. Als ich mein Hunsrück-Revier wegen eines beruflich bedingten Wohnungswechsels an Freunde übergab, luden diese mich auf einen starken Bock, dem ich in meinem letzten Pachtjahr vergeblich nachgestellt hatte, für die nächste Jagdsaison ein. Pünktlich am 16. Mai saß ich etwas wehmütig morgens auf einer Kanzel, in deren Nähe sich der Bock im letzten Jahr eingestellt hatte. Gegen halb neun, als die Sonne schon hoch am Himmel stand, und ich eigentlich schon längst abgebaumt haben wollte, sah ich plötzlich links vor mir einen feuerroten Bock aus dem Unterholz auf die noch kurze Wiese heraustreten. Jährling, dachte ich, als ich das Glas hochnahm. Doch dann erkannte ich sofort meinen gesuchten Paradebock. Die hohen Stangen waren unverkennbar, nur die Vordersprossen waren dies Jahr etwas kürzer. Als der Bock nach wenigen Sekunden bereits wieder den schützenden Waldsaum erreichen wollte, langte es gerade noch zu einem schnellen Schuss, der den Bock in das niedrige Gras warf. Fuchsrot leuchtete es mir von dort entgegen, als ich nach der schnellen Aufregung langsam wieder ruhiger wurde. Der reife, alte Bock war völlig verfärbt, obwohl das Wildbretgewicht seit dem Vorjahr deutlich geringer war und nur noch siebzehn Kilogramm betrug.

Als ich wenig später gut gelaunt bei meinem früheren Jagdaufseher ankam, meinte dieser nach einem kurzen Blick in den Kofferraum: »Warum hast Du denn einen Jährling geschossen und nicht auf den Alten gewartet?« Grinsend riet ich ihm, etwas genauer hinzusehen. Lange konnte der gute Toni das Gesehene kaum fassen, da, wie er gerade am Vortag festgestellt hatte, ansonsten selbst die ganz jungen Böcke lediglich am Träger die ersten roten Haare aufwiesen.

Mehrfach ist mir – besonders im Spreewald – aufgefallen, dass im Juni wildbretstarke Jährlinge in eselsgrau und mit vollem Bast am Gehörn in den Wiesen umhertollten, während ältere Böcke bereits teilweise verfärbt waren. Wie so vieles ist wohl auch dieses Altersmerkmal nicht mehr dasselbe wie früher! Auch mit den sogenannten Dachrosen, die angeblich auf höheres Alter hinweisen sollen, ist es so eine Sache. Der bereits erwähnte kapitale Jährling hatte ausgeprägte Dachrosen. Fast in allen Altersstufen habe ich zuweilen Dachrosen vorgefunden; oft jedoch gerade bei sehr alten Böcken nicht. Ein alter, abnormer Bock mit hochinteressantem Gehörn von fast dreihundertfünfzig Gramm Gewicht hatte erstaunlicherweise überhaupt keine Rosen, die dicken, dunklen Stangen bildeten einfach die Fortsetzung der starken Rosenstöcke.

Dagegen fand ich auch einmal, in Polen, die »Regel« vollauf bestätigt. Trotz langen Drängelns des Jagdführers konnte ich mich nicht dazu durchringen, in einem schütteren Weizenfeld morgens auf einen unscheinbaren, im Wildbret sehr schwachen Bock mit gelblicher, stumpfer Decke zu schießen, dessen Kopfschmuck auf etwa hundertfünfzig Meter Entfernung nur kümmerlich wirkte. Die spilligen, dünnen und kaum vereckten Stangen hatten kaum Lauscherhöhe. Mein Führer pries das wenig attraktive Stück als uralten, zurückgesetzten Bock, den er angeblich schon seit Jahren kenne. Ich wollte ihm erst nicht so recht glauben, bis sich für mich Erstaunliches ereignete. Von links zog auf einmal ein ungemein starker Bock langsam in Richtung des angeblich Alten. Der führende Förster flüsterte mir zu, dass dies ein etwa dreijähriger Kapitalbock mit jetzt schon sicherlich über vierhundertfünfzig Gramm Gehörngewicht sei. Plötzlich hatte der gelbe Kümmerling den heranziehenden Kraftprotz wohl wahrgenommen und nahm zu meiner Überraschung den jugendlichen Helden mit holprigen Fluchten sofort an. Vollkommen erschrocken gab dieser umgehend Fersengeld, so dass die lichten Getreidehalme nur so rauschten! Jetzt war auch ich überzeugt und hatte Mühe, den inzwischen auf bald zweihundert Schritt entfernten uralten Bock zu erlegen. Als wir in der schon sengenden Sonne uns endlich durch das staubige Feld an die Beute herangekämpft hatten, wollte ich kaum meinen Augen trauen. Die dünnen Stangen saßen auf Fünfmarkstück-großen Dachrosen, die so tief auf der Schädeldecke klebten, dass die Deckenhaare von allen Seiten darüber wucherten.

Interessant war für mich, einmal selbst zu sehen, dass es bei Auseinandersetzungen von Böcken wohl nicht in erster Linie auf die Stärke ankommt, sondern – sofern die Raufer nicht gleich alt sind – das Alter anscheinend die größere Rolle spielt. Daraus ließe sich schließen, dass der Sieger in der Regel nicht der jüngere sein wird.

Als sehr beliebtes Altersmerkmal wird immer wieder das Verhalten des Wildes gehandelt. So sollen alte Böcke misstrauisch, heimlich und übervorsichtig sein und nur bei letztem Dämmerlicht austreten, während das »junge Gemüse« unbekümmert, verspielt und leichtsinnig viel weniger auf seine Sicherheit achte. Ja und nein! Ich habe nicht selten ältere Böcke bereits bei gutem Licht austreten sehen, während sich die überall herumgestoßenen schwachen Jährlinge erst bei letztem Licht aus großen Maisfeldern nach draußen trauten. Hier kommt es allerdings meines Erachtens vor allem auf die speziellen Verhältnisse des Reviers an, insbesondere auf das Ausmaß der regelmäßigen Störungen.

Wenn sich nun fast alle geläufigen Altersmerkmale mehr oder weniger anzweifeln lassen, woran soll man sich dann überhaupt noch halten? Aus meiner eigenen Erfahrung glaube ich, dass die »traditionellen« Ansprechkriterien – zumindest separat angewendet – nur sehr bedingt sinnvoll sind. Die Summe aller Merkmale kann jedoch durchaus eine grobe Alterseinschätzung erleichtern. Das hilft zumindest, einen Jährling von einem älteren Bock zu unterscheiden. Niemand kann mir allerdings erzählen, er könne auf Grund der allseits gebräuchlichen Merkmale erkennen, ob ein Bock nun vierjährig oder fünfjährig ist. Die Schwierigkeiten beginnen schon bei den Zwei- und Dreijährigen. Und wenn dann durch langjährige Erfahrung im eigenen Revier die Irrtumsquote vielleicht niedriger geworden ist, sieht es im fremden Revier wieder ganz anders aus. Wenn man sein Rehwild nicht von klein auf kennt, was in kleineren Revieren noch funktionieren mag, lassen sich Überraschungen nach dem Schuss kaum ausschließen.

Schon Raesfeld meinte, dass die Intuition bei der Altersschätzung die entscheidende Rolle spielen solle. Dem ist auch heute eigentlich wenig hinzuzufügen. Außerdem frage ich mich, warum soll das Alter überhaupt eine derartige Bedeutung haben? Ich zumindest jage in erster Linie deshalb, weil es mir Freude macht. Spielt es da eine Rolle, ob ein Bock mit guter Trophäe, dessen Erlegung mich gefesselt hat, drei, vier, fünf, sechs oder sieben Jahre alt ist? Solange ich derart jage, dass eine langfristige Nutzung gegeben ist, und ich nicht dem Abschussplan zuwider handele, ist die Angelegenheit doch in Ordnung. Natürlich freue auch ich mich sehr, wenn ich einen sehr alten Bock strecken konnte. Deshalb hadere ich aber nicht bei einem Vierjährigen. Die Böcke, die ich kenne, versuche ich auch alt werden zu lassen. Trotzdem freut mich jeder gelungene Schnappschuss, besonders auf der Pirsch, auch wenn das Stück nach klassischer Definition noch nicht »reif« sein sollte. In der Pfanne zumindest hat fehlendes Alter noch nie geschadet, und jagen wir nicht auch deshalb? Das bedeutet natürlich nicht, dass ich auf jeden vielversprechenden Zukunftsbock »Dampf« machen will.

Ich finde nur die – glücklicherweise erheblich weniger gewordenen – heiligen Akte der Trophäenbewertung anlässlich der »amtlichen« Trophäenschau höchst lächerlich, wo von ihrer Bedeutung und unfehlbaren Erkenntnis zutiefst überzeugte Bewertungs»richter« in schweißgetränkten Lederhosen mit Nicker im geheizten Wirtshaussaal darüber befinden, ob ein Abschuss, und damit natürlich auch das dazugehörige Jagderlebnis, »richtig« oder »falsch« war. Erlegerfreude oder schlechtes Gewissen, amtlich verordnet. So hat der berühmte deutsche Untertanengeist auch noch in das Jagdwesen Einlass gefunden. Bei solchen Veranstaltungen kommt mir immer wieder in den Sinn, wie schön doch die Jagd beispielsweise in Schweden ist, von Afrika und Nordamerika ganz zu schweigen. Mittlerweile ist jedoch auch bei uns ein allgemeiner Gesinnungswandel erkennbar, und das lässt hoffen.

Wie bei der Altersschätzung von Rehwild bin ich mittlerweile auch bei der Einschätzung der Trefferlage auf Grund unterschiedlichen Zeichnens des Wildes nach dem Schuss höchst skeptisch. Selbst die »reine Lehre« konzediert, dass Rehwild bei gleichen Schüssen unterschiedlich zeichnet, abhängig davon, ob die Kugel das Stück beim vertrauten Äsen oder in ruhiger, nicht beunruhigter Verfassung trifft, oder ob irgendwelche Störungen das Wild schon beunruhigt, und dadurch Stresshormone den Organismus bereits in Alarmstimmung versetzt haben. Auch auf die Art des Geschosses sowie die Auftreffgeschwindigkeit wird in der Literatur abgestellt. Meine eigene Erfahrung ist, dass die Art des Zeichnens kaum systematischen »Regeln« unterworfen ist. Ich habe Zeiten erlebt, in denen nahezu alles Wild im Feuer gelegen hat, selbst bei schlechteren Treffern; das schloss sogar stärkere Sauen ein, die den Schuss »mitten drauf« erhalten hatten. Dann wiederum konnte ich wochenlang kaum einen Abschuss tätigen, ohne -zig und sogar hunderte von Metern hinter den Stücken hersuchen zu müssen, obgleich in den meisten Fällen durchaus gute Schüsse vorgelegen hatten. Dies alles mit derselben Waffe und gleicher Munition wohlgemerkt.

Dabei habe ich – zum Beispiel bei Schüssen direkt hinter das Blatt – die unterschiedlichsten Reaktionen erkennen können. Neben der »typischen« hohen Flucht nach vorn sprang Rehwild mit allen Läufen gleichzeitig in die Höhe, ging aus dem Stand in gleichmäßigen hohen Fluchten bis zum plötzlichen Umfallen ab oder tauchte regelrecht nach unten weg, um dann erstaunlicherweise erst nach einer längeren Fluchtstrecke gefunden zu werden. Ich gebe daher auf das sichtbare Zeichnen nicht mehr viel, zumal ich auch mehrfach »lehrbuchhaftes« Zeichnen bei Böcken erlebt habe, die nachweislich unterschossen waren. Über einige besonders interessante Erfahrungen mit dem Zeichnen beim Rehwild will ich noch berichten.

Im späten Juli, die Blattzeit hatte gerade zaghaft begonnen, fuhren Reinhard und ich in der Morgendämmerung – noch bei fast völliger Dunkelheit – in einen entfernteren Teil unseres Reviers, um getrennt von beiden Seiten einen mit alten Eichen eingerahmten Sandweg abzupirschen, der die weiten Wiesen hinter der Spree vom dahinterliegenden Mischwald trennt. Der Wind ging von den Wiesen zum Wald hin, und wir hofften, das von der Äsung in den Tageseinstand einwechselnde Wild abfangen zu können. Nachdem Reinhard mich kaum abgesetzt und begonnen hatte, den Wald hinten herum zu umfahren, um an den Ausgangspunkt seiner eigenen Pirsch zu gelangen, sah ich bereits nach wenigen Schritten in der Wiese zwei Rehe, nicht mehr als einen guten Steinwurf von den knorrigen Eichen, die den Sandweg säumten, entfernt. Durch das lichtstarke Glas konnte ich eine Ricke und einen starken Bock erkennen, der ungewöhnlich hoch aufhatte. Was nun? Ich stand mitten auf dem Weg und bemerkte, dass zwischen mir und den wahrscheinlich schon etwas beunruhigten Rehen einige Randbüsche und untere Seitentriebe der Eichen einen Schuss unmöglich machten. Die Ricke begann zögernd, weiter in die Wiese hineinzuziehen, während der Bock, anstatt ihr treu zu folgen und mir dadurch etwas Spielraum zu verschaffen, schräg von mir weg zügig auf die Randeichen zuzog. Wahrscheinlich wollte er fünfzig Schritt weiter den Übergang über den Graben, der die Wiesen abschließt, benutzen, um dann in den Hochwald einzuwechseln.

Nachdem es mir auf dem trockenen Sandweg ziemlich lautlos gelungen war, mich an einen nur wenige Schritte entfernten Pfosten, der wohl von einem ehemaligen Zaun übriggeblieben war, heranzuarbeiten, kniete ich dort nieder, um mit angestrichener Büchse auf den Bock zu warten, den ich mittlerweile aus den Augen verloren hatte. Irgendwann musste er ja den Weg kreuzen. Obgleich es unter den Eichen noch fast dunkel war, sah ich ihn auch wie erwartet zum Weg heraufziehen, aber, anstatt diesen zu überqueren, kam er im Stechschritt direkt auf mich zu. Ich konnte im Zielfernrohr dicht gestellte, aber hohe und unten sehr starke dunkle Stangen erkennen. Als der Bock schon fast das ganze Zielfernrohr ausfüllte und immer noch keine Anstalten machte, sein Blatt zu zeigen, entschloss ich mich zum Schuss auf den Stich. Wie ich nachher feststellte, betrug die Entfernung keine zehn Meter. Im Schuss sah ich vor mir nur einen grellen Feuerball, konnte aber hören, dass der Bock nicht – wie eigentlich erwartet – wie vom Hammer getroffen zu Boden ging sondern recht gemächlich, wie mir schien, nach links in den Wald absprang. Es dauerte einige Sekunden, bis ich wieder klar sehen konnte. Dann erkannte ich in Schrotschussentfernung meinen Bock, der – nicht hochflüchtig, aber auch nicht langsam – in nahezu anmutigen Fluchten durch den noch immer düsteren Hochwald das Weite suchte. Dreißig, vierzig Schritt konnte ich noch durch das Nachtglas seine Flucht verfolgen, dann verschwand er zwischen den starken Stämmen einiger Kiefern.

Ich war völlig verwirrt und habe in diesem Augenblick wahrscheinlich auch nicht sehr intelligent ausgesehen. Reinhard traf mich eine Viertelstunde später vor dem »Anschuss« kniend an, wo ich – bislang ohne jeden Erfolg – nach Schweiß suchte. Nur starke Eingriffe waren zu erkennen. Als Reinhard mir dann unterstellte, auf diese kurze Entfernung vorbeigeschossen zu haben, was auch die »lockere« Flucht deutlich mache, und eine Nachsuche für überflüssig hielt, war ich ziemlich verärgert und bestand darauf, seinen Hund aus dem Wagen zu holen. Etwas verbiestert stapften wir dann hinter dem mit tiefer Nase im Unterholz verschwindenden Rüden her, den Reinhard, leicht beleidigt, gleich zur freien Suche geschnallt hatte. Nirgendwo war auch nur ein Tröpfchen Schweiß zu finden. Dann sahen wir fast gleichzeitig Atze, Reinhards Jagdterrier, den Einschuss des unter einer Birke zusammengebrochenen Bockes belecken. Der Einschuss befand sich mitten auf dem Stich, und die Kugel steckte ohne Ausschuss in der rechten Keule. Obgleich das starke Geschoss nahezu alle inneren Organe zerstört hatte, war der Bock in gemessenen, federnden Fluchten noch über hundert Schritt abgesprungen, als ob er mit der ganzen Angelegenheit nichts zu tun gehabt hätte. Das Gehörngewicht des fast neunzehn Kilogramm schweren, etwa fünfjährigen Bocks betrug übrigens gut dreihundertsechzig Gramm.

Einen weiteren starken Bock, der im Schuss recht ungewöhnlich zeichnete, konnte ich im darauffolgenden Frühjahr erlegen. Ich hatte Ende Mai bereits einige Male auf einer wackeligen,
aber überdachten Kanzel mitten im Revier angesessen. Von hier
aus kann man nach vorn, über einen breiten Bewässerungsgraben,
mehrere hundert Meter Wiesenfläche überblicken, während sich
im Rücken ein etwa einhundertfünfzig Meter breites Roggenfeld
ausbreitet, hinter dem eine dichte Kieferndickung liegt. An diesem
zentralen Ansitzpunkt ist eigentlich immer mit Wildanblick zu
rechnen. So hatte ich während der vergangenen Tage auch schon an
mehreren Böcken Maß genommen, konnte mich aber letztlich
doch nie zum Schuss entschließen, da es sich nach meiner Einschätzung stets um jungen, gut veranlagten Nachwuchs gehandelt
hatte.

Nun saß ich wiederum bereits seit mehr als drei Stunden auf
meiner gut in einen Holunderstrauch eingepassten hohen Warte
und dachte bereits ans Abbaumen, zumal ich ziemlichen Hunger
verspürte. Die Sonne strahlte längst über die Wiesen, aber aus der
Erfahrung der vorangegangenen Morgenansitze wusste ich, dass
Rehwild bis kurz vor acht Uhr aus der Kieferndickung zum Äsen in
das höchstens knöchelhohe Roggenfeld herauswechselte. So ver-
lagerte ich meine mittlerweile schon schmerzende Kehrseite noch
einmal auf dem harten Sitzbrett und beschloss, noch etwas zu warten. Einige Minuten später schon wurde ich für meine Ausdauer
belohnt. Aus der Kiefernschonung schoben sich zwei Rehe in das
frische Grün des Ackers und fingen sofort an, hastig zu äsen. Bock
und Ricke zeigte mir das eilig ans Auge geführte Glas. Diesen Bock
kannte ich noch nicht, das war mir sofort klar. Trotz relativ weiter
Entfernung von bestimmt über zweihundert Metern konnte ich ein
zwar kurzes, aber klobiges Sechsergehörn erkennen, mit viel Masse
bis in die Spitzen hinein. Der im Gegensatz zu allen anderen hier
gesichteten noch eisgraue Bock wirkte stämmig und besaß einen
starken Träger. Für mich gab es keinen Zweifel, der war schussbar.
Da das Pärchen sich eng am Dickungsrand hielt, musste ich sehr
weit schießen. Ich verkeilte mich daher so gut es ging auf meiner

engen Kanzel und zog den Flintenabzug langsam durch, als der Zielstachel ruhig auf dem Blatt des breitstehenden Bocks stand. Im Schuss sah ich den Bock senkrecht aufsteigen und nach einem Salto rückwärts auf dem Rücken landen, ohne auch nur noch einmal zu schlegeln. Der Schuss saß wie abgezirkelt auf dem Blatt.

Das Gehörn war noch besser als erwartet und wog – allerdings mit langem Nasenbein und Oberkiefer – rund vierhundertvierzig Gramm. Allerdings bekam ich erst einmal einen gehörigen Schreck, als ich mir nach dem Aufbrechen etwas genauer den Unterkiefer betrachtete. Der zeigte, wie übrigens auch der Oberkiefer, praktisch überhaupt keinen Abschliff. Sollte ich wieder einen kapitalen Jährling gemeuchelt haben? Diese Angst löste sich zwei Wochen später, als ich die Trophäe vom Präparator abholte, glücklicherweise in Wohlgefallen auf. Der Präparator hatte das Gehörn noch nicht aufgesetzt und auch den Oberkiefer noch nicht abgesägt, um mir die Abnormität des gereinigten Schädels zu demonstrieren. Das Nasenbein wies etwa dreißig Grad nach links, die Gaumenhöhle war völlig schief, so dass die beiden Oberkieferäste um einen guten Zentimeter vom Niveau her differierten, und außerdem zeigte sich, dass die Unterkieferäste jeweils innen, ohne Berührung zu den außen danebenliegenden Oberkieferästen lagen. So konnte natürlich keinerlei Abschliff entstehen. Bei der Trophäenschau habe ich das Alter des Bockes dann mit zwei bis sieben Jahren angegeben, was auch kopfschüttelnd akzeptiert wurde, da niemand in der Lage war, eine genauere Angabe zu machen. Mich hat nur gewundert, wie dieser Bock, ohne die Fähigkeit zum Zerkleinern der aufgenommenen Äsung, ein Gewicht von fast neunzehn Kilogramm aufgebrochen erreichen konnte.

Ein drittes Beispiel soll belegen, welche Fehlschlüsse unterlaufen können, wenn das Zeichnen eines beschossenen Stücks Anlass zu Missdeutungen gibt. Beim Abendansitz an einer kleineren Waldwiese, die rechts vor der Kanzel von einer doppelt-mannshohen Kiefernschonung und links von hohem Mischwald begrenzt ist, trat – bereits bei ziemlicher Dämmerung – ein mittelalter Abschussbock in nur etwa vierzig Schritt Entfernung aus der Kieferndickung heraus, um über die Wiese in den Wald zu wechseln. Kurz bevor er die Walddeckung erreicht hatte, war ich zum Schuss entschlossen und kam, wie ich meinte, auch etwas spitz von hinten gut auf dem linken Blatt des Bockes ab. Daraufhin geschah etwas Merkwürdiges. Der Bock sprang mit allen Läufen gleichzeitig senkrecht hoch, wobei er – ungelogen – eine Höhe von bald zwei Metern erreichte, kam senkrecht wieder herunter und verschwand dann sofort hochflüchtig im nahen Mischwald. Ich kletterte nach einigen Minuten mit einem etwas mulmigen Gefühl von der Kanzel, hatte ich doch schon einmal auf sehr kurze Entfernung von oben einen Bock glatt unterschossen. Als erstes versuchte ich in der schon ziemlich fortgeschrittenen Dämmerung den Anschuss zu finden, was im hohen Gras der Wiese nicht möglich war. Dann ging ich mit der Taschenlampe den mit kniehohen Gräsern und niedrigem Gebüsch bewachsenen Waldsaum ab, um an der Stelle des Einwechselns die Fluchtfährte zu suchen. Wenn ich gut getroffen hatte, musste bei dem starken 11,7-Gramm-Geschoss aus der 30.06 Schweiß vorhanden sein. Trotz allen Bemühens war jedoch absolut nichts zu entdecken. Mittlerweile erschien auch Hans-Dieter, ein befreundeter Anwalt und Notar, der bei mir zur Jagd weilte und in der Nähe angesessen hatte. Hans-Dieter schickte mich auf die Kanzel zurück, um von dort mit der starken Halogenlampe auf den Anschuss zu leuchten.

Kaum war die Lampe angeschaltet, da hörte ich schon von unten: »Volltreffer, hier ist der Kugelriss!« Dann bückte sich mein Begleiter und hielt mir das aufgestauchte Geschoss entgegen, welches er aus der Erde gegrubelt hatte. Eigentlich waren wir beide einig, dass ich den Bock unterschossen haben musste, worauf dieser vor Schreck oder weil er Erdspritzer gespürt hatte, senkrecht nach oben ausgewichen sein musste. So ganz wollte ich dieser an sich logischen Version aber nicht folgen. Deshalb suchte ich die Wiese knapp zwei Meter vor dem Kugelriss noch einmal genau ab, da nach meiner Schätzung hier die Kugel ungefähr die Höhe des Bockes gehabt haben musste. Und siehe da, ich fand einen kleinen Fetzen Wildbret mit einigen Deckenhaaren daran. Wenige Meter weiter im Wald entdeckten wir dann den ersten Schweiß, der immer mehr wurde, so dass wir darauf verzichteten, einen Hund zu holen. Nach ungefähr fünfzig Metern aufregender »Schweißarbeit« im Lichte unserer Taschenlampen trafen wir dann auf den längst verendeten Bock. Der gute Blattschuss etwas spitz von hinten hatte vorn rechts den gesamten Brustkern aufgerissen. Dem extremen Zeichnen nach hätte man eher an ein Ritzen der Decke von unten her oder an knappes Unterschießen denken können.

Um nicht den Bericht über meine teilweise von der »herrschenden Meinung« abweichenden Erfahrungen, die ich im Laufe der Jahre beim Rehwild sammeln konnte, ausgerechnet mit dem Totschießen dieser anmutigen Geschöpfe beenden zu müssen, sei zum Schluss noch ein Erlebnis »gegenteiliger« Art wiedergegeben. Für den Jäger bedeutet die Brunft des Rehwilds, die sogenannte Blattzeit, einen der Höhepunkte im jagdlichen Jahresablauf. Obgleich – je nach Gegend – geringfügige Zeitdifferenzen auftreten, kann davon ausgegangen werden, dass die Blattzeit im Hochsommer stattfindet, besonders, wenn es heiß und schwül ist, verwirrt doch »der Sonne Glut«, wie es so schön heißt, den brunftigen Bock. Zum Beschlag kommt in der Regel der Platzbock, der sich sein Territorium bereits seit dem späten Frühjahr erkämpft und abgesteckt hat. Doch auch »rangniedere Drückeberger« können zum Liebesgenuss kommen, sei es, dass der Platzbock gerade anderweitig beschäftigt oder aber – zu seinem Pech – bereits einem treffsicheren Jäger begegnet ist.

Selbst Jährlinge habe ich öfters schon »lieben« sehen, einige sogar die eigene Mutter. Eines meiner liebsten Gehörne, das lediglich aus zwei kurzen, dicken, nach außen weisenden Spießchen besteht, die dem Böckchen das Aussehen eines Teufelchens verliehen, erinnert mich an ein derartiges Erlebnis. Ich war mit dem begleitenden Berufsjäger nach einer erfolglosen Pirsch auf Sommergams beim Abstieg, als wir im gegenüberliegenden Hang, weit über uns, zwei Rehe entdeckten. Ein Jährling trieb heftig eine Ricke um einige einzeln stehende Fichten herum. Mein Begleiter kannte die beiden. »Das kann doch nicht wahr sein«, fluchte der entrüstete »Alpenmoralist«, als der stürmische Jüngling die Ricke, die seine Mutter war, wie mir der Jäger erklärt hatte, anscheinend ohne Skrupel beschlug. Auf Wunsch meines Pirschführers konnte ich dann, auf einem starken Ast über dem Hang schwebend und an den Beinen festgehalten, mit weitem Schuss steil nach oben den in den Augen meines Begleiters sittenlosen Jüngling erlegen.

Der Drang zum zarten Geschlecht scheint bei Rehböcken sogar noch früher entwickelt zu sein. Anfang Oktober, als die Hirschbrunft schon fast zu Ende war, saß ich am Rande einer etwa zwei Hektar großen Waldwiese an, um vielleicht doch noch eine Sau abzupassen. Normalerweise bekommt man hier oft Schwarzwild beim Durchwechseln in Anblick. Da die riesigen Maisschläge noch nicht abgemäht waren, machten sich die Sauen bislang allerdings noch sehr rar. So hatte ich am Vorabend zwar wieder keine Sau gesehen, dafür aber einen hervorragend veranlagten Kronenhirsch, einen geraden Vierzehnender mit starken, dunklen Stangen, der jedoch – ich schätzte ihn auf den sechsten oder siebenten Kopf – bis zur Jagdbarkeit noch vier bis fünf Jahre brauchte. Deshalb genoss ich den herrlichen Anblick und schätzte mich glücklich, im eigenen Revier derartige Schätze zu beherbergen. Würde der Hirsch, der wahrscheinlich in der abklingenden Brunft Kahlwild suchte, heute Abend wieder erscheinen? Noch herrschte gutes Tageslicht, so dass ich mit Rot- oder Schwarzwild noch nicht rechnen konnte. Ich lehnte mich also gemütlich in der Kanzel zurück und döste vor mich hin, als plötzlich mitten auf der Wiese zwei Rehe standen. Wahrscheinlich hatten sie in dem hohen, ausgewachsenen Gras gelegen. Ricke und Kitz, das verrieten die deutlich unterschiedlichen Größen sofort. Nach einem flüchtigen Blick durch das Jagdglas hatte ich auf Rickenkitz getippt, da ich meinte, eine Schürze bei dem Kitz erkennen zu können. Doch als das Kitz auf einmal anfing, die Mutter regelrecht zu bedrängen, sah ich noch einmal genauer hin und entdeckte auf dem Köpfchen des Kitzes zwei helle Stellen, also doch ein Bockkitz.

Während die Ricke ruhig äste, beleckte das Kitz erst die Vorderläufe, dann den Stich, den Träger und schließlich den Äser seiner Mutter. Dann bewindete es gründlich das Feuchtblatt der Mama und – versuchte aufzureiten. Diesem Vorhaben waren aber physische Grenzen gesetzt, da das Kerlchen mal gerade seine Vorderläufe auf den Rücken der Mutter brachte. Obgleich zwischen dem Ziel der Annäherung und dem Fortpflanzungsinstrument des frühreifen Söhnchens gute zwanzig Zentimeter unüberbrückbare Differenz klafften, versetzte das Böckchen sein Hinterteil in rhythmische Schwingungen! Die Ricke äste gottergeben weiter und drehte, als ihr das fruchtlose Geturne an ihrem Heck wohl zu viel wurde, sich einfach zur Seite, worauf der Nachwuchs – im wahrsten Sinn des Wortes – hinten herrunter fiel.

Ich wäre fast in lautes Lachen ausgebrochen, so lächerlich wirkten die Bemühungen des wahrscheinlich gerade mal knapp fünf Monate alten Bockkitzes. Doch der Kleine ließ nicht locker. Immer wieder bewindete er das Feuchtblatt seiner geduldigen Mutter und schwang sich mühsam halb hinten herauf, um nach einigen ergebnislosen heftigen Zuckungen wieder abzurutschen. Wahrscheinlich hatte die Ricke in der Blattzeit nicht aufgenommen und war nun nachbrunftig geworden. Als dann das augenscheinlich sexuell erregte Bockkitz anfing, seine Mutter immer gröber zu bedrängen und sie sogar regelrecht trieb, wurde es der Ricke wohl zu bunt, denn sie verschwand mit wippenden Fluchten im Hochwald. Der liebestolle Sohnemann wippte unbeirrt hinterher.

EXOTEN IM DOPPELPACK

Mit ausgeschalteten Scheinwerfern rolle ich den schmalen Grasweg, der von der viel befahrenen Bundesstraße, welche die Nordgrenze unseres Reviers bildet, in die tiefer liegenden Wiesen und Felder führt, zu der großen, am Vormittag sicherlich zum letzten Mal in diesem Jahr gemähten Wiese hinunter. Der Weg windet sich durch ein lichtes Birkenwäldchen, in dem ein Imker seit Jahren seine zahlreichen Bienenvölker in farbigen Kästen auf einem alten Anhänger aufgebaut hat. Obgleich ich natürlich weiß, dass es nichts nützt, versuche ich dennoch, das Gaspedal meines robusten, alten Geländefahrzeugs lediglich zu streicheln, um nur so viel Lärm wie unbedingt notwendig zu verursachen. Die Sauen, denen meine Aufmerksamkeit in erster Linie gelten soll, brauchen ja nicht schon von weitem beunruhigt zu werden.

Es geht schon fast auf Mitternacht zu, und der beinahe volle Mond steht hoch und strahlend hell am wolkenlosen Himmel. Jetzt, Mitte September, müsste die Hirschbrunft eigentlich schon in vollem Gange sein. Um den 20. September herum war hier immer Hochbrunft. Doch in diesem Jahr ist die »Hohe Zeit« des Rotwilds noch nicht so recht in Gang gekommen, nur einzelne, für meine Begriffe noch leidenschaftslose, Rufe waren in den letzten Nächten zu hören gewesen. Auch beim heutigen Abendansitz, den ich um ein gutes Stündchen in die Mondphase hinein verlängert hatte, konnte ich nur zweimal ein gelangweiltes Knören vernehmen.

In den letzten Tagen hat sich bei mir, wie auch bei den Mitjägern, ziemlicher Frust aufgebaut. Mit großen Erwartungen war ich vor einer knappen Woche angereist, konnten Reinhard und ich doch gerade während des Septembermondes in den vergangenen Jahren besonderes Waidmannsheil bei der Saujagd erleben. In diesem Jahr dagegen hat sich scheinbar alles gegen uns verschworen.

Schon im August kam es zu einer ärgerliche Auseinandersetzung mit dem für unser Revier zuständigen Forstbeamten. Mir wollte, und will immer noch nicht, in den Kopf, dass nunmehr bereits zum dritten Male in der Feistzeit die Wege an den Dickungen ausgehauen werden müssen, in denen wir ein Feisthirschrudel wissen. Als ob die paar Birken unbedingt zu dieser Zeit verschwinden müssten. In der gleichen Unterredung hatte ich ebenfalls mein Unverständnis darüber bekundet, dass eine Gruppe Forstarbeiter ausgerechnet in dem kleinen Staatsforstanteil in unserem »Urwald« – noch dazu Teil des Biosphärenschutzgebietes »Unterer Spreewald« –, in dem sich seit Jahren Brunftbetrieb abspielt, während der gesamten Rotwildbrunft des Vorjahres Stangenholz geschlagen und Ansitzeinrichtungen für die späteren Drückjagden im benachbarten großen Forstrevier gebaut hatte. Die Entgegnungen, das Rotwild störe sich überhaupt nicht an derartigen Aktivitäten, konnten mich wenig überzeugen, zumal die Antwort auf meine Frage, warum denn dann nicht zumindest das laute Zusammenhämmern der Leitern im Staatsforst, wo sie auch verwendet werden sollten, erfolgt war, völlig offen blieb. Nun hoffe ich auf etwas mehr Einsicht in den nächsten Jahren. Wahrscheinlich braucht die Umstellung der Revierförster, zu deren Aufgaben jetzt – im Gegensatz zu früher – auch der Jagdbetrieb zählt, etwas Zeit.

Auch die Verhältnisse im Feld stellen uns in diesem Jahr vor besondere Probleme. Drei bis zu achtzig Hektar große Maisschläge haben Rehwild und Sauen – wahrscheinlich auch einzelne Rotwildfamilien – wie ein Schwamm aufgesogen. Es ist schon deprimierend, wenn man fast einen Kilometer lange Feldränder abpirscht, immer wieder Schwarzwildrotten nicht weit drinnen quieken und die Maiskolben abbrechen hört und doch nicht die geringste Chance hat, auf einen Schwarzkittel zu Schuss zu kommen. Das Abfährten bei Tage zeigt regelmäßig, dass Sauen kaum auswechseln, und nur Rehwild den bis zu drei Meter hohen Maisdschungel ab und an verlässt. Kein Wunder, stellt doch ein derart gewaltiges Maisfeld mit

den idealen Deckungs- und Äsungsmöglichkeiten, die es dem Wild bietet, ein Paradies für alles dar, was kreucht und fleucht. Unsere Bitte nach ausreichend Schneisen wurde bislang auch nicht erhört, da der Agrargenossenschaft angeblich die dazu notwendigen Personalkapazitäten fehlen und außerdem Grünfutter momentan nicht gefragt sei, weil durch kurzfristige Umstellung die Milchleistung negativ beeinflusst werden könne.

So setzen wir unsere Hoffnung zur Zeit vor allem auf eine freistehende Bockleiter, die wir an die Schmalseite des Maisschlags postiert haben, der parallel zur Bundesstraße verläuft. Von hier sind es, unterbrochen durch zwei breitere Gräben, weniger als einhundert Meter zum dichten Kiefernwald mit seinen eingestreuten Laubholzpartien und dem nahezu undurchdringlichen Schilf- und Dornengürtel davor. Deutlich sichtbare Wechsel durch die Gräben zeigen, dass in diesem Bereich ein reger Verkehr zwischen Wald und Mais stattfinden muss.

Während ich fast im Leerlauf die letzten Meter durch den schattigen, dunklen Hohlweg in Richtung auf die hell beleuchtete Wiese vor mir zurücklege, erwäge ich schon, ohne anzuhalten den vielleicht vierhundert Meter langen Maisfeldrand in gebührendem Abstand zu passieren, um dann das Fahrzeug nicht weit von der Ansitzleiter an einem Graben abzustellen. Bei diesem Mondlicht wird an der Wiesenkante wohl kaum Schwarzwild herauswechseln. Auch der Wind, der spürbar von meinem gewählten Ansitz genau diesen Wiesenrand entlang weht, lässt Wildanblick auf der Wiese eher unwahrscheinlich erscheinen. Die herrschenden Windverhältnisse hatten mich schon fast von einem Nachtansitz abgehalten. Da ich aber – wenn überhaupt – mit Sauen am schmalen Waldrand rechne, hat es mich dann doch wieder hinausgezogen. Schließlich ist ja auch Hirschbrunft, und allein die Aussicht auf ein aufregendes Brunftkonzert ist für den, der so etwas schon mal erlebt hat, verlockend genug, auf ein paar Stunden Schlaf zu verzichten.

Obgleich ich mit bloßen Augen auf der hellen Fläche nichts erkennen kann, halte ich aus alter Gewohnheit doch unter der mächtigen Randeiche an, um mit dem Nachtglas die weite Fläche vor mir flüchtig abzusuchen. Als ich schon das Glas absetzen und weiterfahren will, entdecke ich plötzlich zwei deutliche schwarze Schemen, die – ziemlich weit hinten – gerade aus dem hohen Mais in die frisch gemähte Wiese herauslaufen. Rehwild ist es nicht, das sehe ich auf den ersten Blick. Bevor ich weiter rätsele, schalte ich erst einmal den Motor aus. Noch im Fahrzeug repetiere ich leise eine Patrone in den Lauf des Repetierers und winde mich, so leise wie möglich, aus dem Auto. Hier im tiefen Schatten bin ich nahezu nicht wahrzunehmen. Beruhigt stelle ich fest, dass der Wind, wie erwartet, genau auf mich zu steht.

Die beiden dunklen Klumpen sind mit Hilfe des lichtstarken Glases leicht wiederzufinden. Beide befinden sich jetzt mitten auf der Wiese und wuseln dort unruhig herum. »Von der Art der Bewegung her könnten es Frischlinge sein«, denke ich, obgleich die zu diesem Zeitpunkt eigentlich stärker sein müssten. Aber mittlerweile sind die Sozialstrukturen beim Schwarzwild ja so durcheinander, dass die Bachen fast schon während des gesamten Jahres frischen. Erst gestern hat mir ein Reviernachbar erzählt, dass er vier ungewöhnlich schwache Frischlinge ohne Bache eine gute Viertelstunde lang beobachten konnte. Da die beiden dunklen Punkte noch immer über zweihundertfünfzig Schritt von mir entfernt sind, obwohl sie sich mit vielen Widergängen langsam in meine Richtung bewegen, bin ich mir immer noch nicht sicher, was ich da eigentlich vor mir habe. Es nützt nichts, ich muss dichter ran.

Mit langsamen Schritten stake ich daher in die vom Mondlicht ausgeleuchtete Wiese hinein und nähere mich Schritt für Schritt den beiden geschäftigen Wesen vor mir. Nach ungefähr fünfzig Metern nehme ich wieder das Glas hoch und stelle erfreut fest, dass beide mich wohl noch nicht bemerkt haben und weiterhin, wie Hunde unter der Flinte, systematisch die Wiesenfläche in meine Richtung hin absuchen. Dabei laufen sie auf einander zu, berühren sich fast, gleiten mit tiefer Nase auseinander, um nach einem größeren Bogen sich wieder zu treffen.

Frischlinge sind es jedenfalls nicht, das kann ich jetzt, aus vielleicht hundertfünfzig Schritt Entfernung, klar erkennen. Vielleicht Füchse? Dafür ist aber die Rute, die waagerecht ausgestreckt getragen wird, zu kurz. Außerdem sind Füchse langgestreckter und wirken dadurch niedriger. Dann denke ich an Dachse, die ich in letzter Zeit sehr häufig zu Gesicht bekommen habe. Das verwerfe ich aber schnell wieder. Auch Dachse sind viel niedriger und bewegen sich auch nicht so »gradlinig«. Trotzdem versuche ich, am Kopf der vielleicht terriergroßen Wesen vielleicht Streifen auszumachen, was mir aber aus dieser Entfernung nicht gelingen will. Also noch näher heran. Während der behutsamen Annäherung kann ich meine »Zielobjekte« jetzt schon schwach mit bloßen Augen verfolgen.

Als ich nur noch etwa sechzig Schritt entfernt bin, lasse ich mich langsam auf das rechte Knie nieder und versuche nochmals, durch das Nachtglas anzusprechen. Wildernde Hunde oder Katzen sind es nicht, das scheint sicher. Bei den wildernden Hunden kommt auf einmal die Erleuchtung: Es sind wahrscheinlich Marderhunde! Bislang habe ich diese Spezies noch nie gesehen, geschweige denn vor die Büchse bekommen. Aber hier in Brandenburg soll es sie geben. Das ist ja auch nicht verwunderlich, da die Grenze zu Polen nicht weit weg ist. Und über Polen hat diese bei uns nicht sehr erwünschte Raubwildart im Laufe der Jahre, aus Russland kommend, nun auch langsam mitteleuropäische Gebiete als Lebensraum auserkoren. Dabei kommt der Marderhund ursprünglich aus Ostasien und wurde auch in Sibirien nur angesiedelt, um mit seinem früher hoch geschätzten Balg die Strecken der russischen Pelztierjäger zu bereichern. Als gefürchteter Schädling für das Niederwild und besonders die Bodengelege kann der fast ausschließlich nachtaktive Marderhund bei uns, wo er nicht in allen Bundesländern dem Jagdrecht unterliegt, ganzjährig bejagt werden.

Ich merke, wie die beiden unruhig werden. Einer von ihnen äugt schon in meine Richtung. Nun muss es schnell gehen. Der linke Ellenbogen findet eine gute Auflage auf dem linken Knie. Sofort, als ich mit dem Zielstachel im vorderen Drittel des breitstehenden Ziels bin, verlässt die Kugel den Lauf. Sekundenbruchteile, nachdem der Feuerstrahl verschwunden ist, sehe ich bereits durch das Zielfernrohr den Wildkörper reglos daliegen. Nach dem hastigen Repetieren habe ich bereits die Nummer Zwei mit dem Absehen erfasst, kann mich aber nicht zum Schuss durchringen. Was ist, wenn es doch Dachse sind? Die sind in Brandenburg im September noch nicht frei. Ein Fehlabschuss wäre dann wohl schlimm genug.

Währenddessen hat sich »Nummer Zwei« zögerlich auf den Weg zurück zum Mais gemacht, worin er nach kurzem Zurückäugen auch verschwindet. Voller Spannung trete ich an meine Beute heran und – atme erst einmal tief durch. Das muss wirklich ein Marderhund sein. Dieses dunkle »Gesichtchen« mit den kurzen Gehörstummeln habe ich auf Bildern schon oft gesehen. Dabei fällt mir sofort auf, dass Marderhunde – im Gegensatz zu Füchsen

– wohl überhaupt nicht stinken. Hoch beglückt greife ich den dunklen, zotteligen Gesellen und trage ihn zum Auto. Von dort betrachte ich die Wiese noch einmal durch das Nachtglas und nehme völlig überrascht wahr, dass der zweite Marderhund gerade wieder auf die Wiese heraustrabt und ohne zu zögern anfängt, wie bereits gesehen, nach Fraß zu suchen.

»Dann machen wir das Spielchen eben noch einmal«, denke ich und setzte mich wieder in Bewegung. Auch diesmal lässt mich der Marderhund bis auf etwa fünfzig Schritt herankommen und es gelingt mir, auch den zweiten Räuber mit gutem Schuss zu strecken. Ich bedaure nur, dass ich statt mit Schrot oder dem Hornet-Kügelchen mit dem schweren Kaliber 30.06 aus dem Repetierer schießen musste. Aber meinen wunderschönen, handgearbeiteten alten Seitenschlossdrilling mit dem Hornet-Einstecklauf habe ich hier im Revier nur dann zur Verfügung, wenn ich mit dem Auto anreise, da mir der Hin- und Rücktransport des guten Stücks per Bahn zu lästig ist. Hier lassen will ich meine Lieblingswaffe, die ich selber nur mit »Samtpfötchen« führe und bediene, nicht, um »Sozialisierungstendenzen« gar nicht erst aufkommen zu lassen.

Nachdem ich auch den zweiten Marderhund im Auto verstaut habe, setzt bei mir eine Art Euphorie ein. Mit allem hatte ich gerechnet, aber nicht damit, in dieser hellen Nacht zwei Marderhunde, einen Rüden und eine Fähe, für mich bislang reine Fabelwesen, innerhalb weniger Minuten erlegen zu können. Ich überlege, ob ich nach Hause fahren soll. Da es schon nach Mitternacht ist, wird sich allerdings kaum jemand finden lassen, der sich meine Heldentaten noch anhören will. Außerdem bin ich so aufgekratzt, dass an friedliche Nachtruhe noch lange nicht zu denken wäre. Warum also nicht noch ein Weilchen auf die Leiter?

So hocke ich wenig später doch noch auf dem ursprünglich ausgewählten Sitz. Es ist merklich kälter geworden, aber ich habe mit langer Unterhose und Pullover unter der Lodenjacke vorgesorgt. Als ich dann wenig später, nicht allzu weit entfernt, den ersten Hirsch melden höre, bin ich regelrecht glücklich. Während der nächsten zwei Stunden stimmen auch drei weitere Hirsche ein, so dass sich ein aufregendes Brunftkonzert entwickelt. Ein herrlicher Abschluss eines aufregenden Jagderlebnisses.

Die Ausschüsse des Norma-Vulkan Geschosses bei den beiden Marderhunden sind leider ziemlich gewaltig. Eine Präparation wird dadurch kaum möglich sein. Später stelle ich dann auch noch fest, dass die Bälge ohnehin noch im Haarwechsel sind, so dass selbst eine Gerbung nicht lohnt. Ohne Mühe kann ich dichte Haarbüschel aus der Decke reißen. So bleiben nur Fotos und ein ausgekochter Schädel als Erinnerung.

Humpelfuss und Hinkebein

Als der lange, extrem kalte und schneereiche Winter endlich zu Ende ging, fieberte ich, wie jedes Jahr, der Bockjagd entgegen, die in Brandenburg vernünftigerweise bereits am 1. Mai aufgeht. Zu diesem Zeitpunkt haben die älteren Böcke schon verfegt, und die Vegetation ist noch nicht so weit, dass das Rehwild auch tagsüber in den grünen Getreideschlägen Schutz findet. Statt dessen kann man das Wild morgens und abends hervorragend beobachten und ansprechen, wenn die Rehe aus ihren Tageseinständen herauswechseln, um das frische Grün, das zu diesem Zeitpunkt erst knöchelhoch ist, gierig aufzunehmen und nach den langen, jagdruhigen Monaten auch noch ziemlich vertraut sind. Wenige Wochen später ist es dann schon erheblich schwieriger, in dem heranwachsenden Getreide an das Rehwild heranzukommen, da sich die Rehe nach dem Äsen in den teils riesigen Schlägen einfach niedertun und damit für den nachstellenden Jäger nur mit größter Mühe »erreichbar« sind.

Für die ersten Rehwildansitze im Jagdjahr bevorzuge ich seit einigen Jahren eine zwar etwas wacklige, aber dafür sehr idyllisch in eine hohe Holunderhecke hineingestellte Kanzel, die Reinhard und ich anfangs als offene Halbkanzel, dann aber doch noch um ein leichtes Dach ergänzt, an einer »strategisch« sehr günstigen Stelle mitten im Revier aufgestellt haben. Als wir die vorgefertigte Kanzel an den vorgesehenen Platz herausfuhren, blühten auf dem angrenzenden Feld unzählige blaue Lupinen, aus diesem Grunde hieß die Kanzel fortan die Lupinenkanzel. Sie steht zwischen einem sandigen, schmalen Feldweg und einem gut zwei Meter breiten Graben, die beide, indem sie einen rechten Winkel bilden, eine weite, durch einen schmalen Entwässerungsgraben unterteilte Wiesenfläche begrenzen.

So blickt man von hoher Warte zur einen Seite auf die mehrere hundert Meter breite Wiese, die hinten an ein riesiges Feld stößt und zur Linken nach einem guten Kilometer in einen dichten Mischwald übergeht, während die rechte Abgrenzung durch Graben und Weg erfolgt. Vor der anderen Seite der Kanzel erstreckt sich ein etwa hundertfünfzig Meter breites Feld – zum Zeitpunkt der Kanzelaufstellung mit Lupinen bestellt –, das hinten und rechts durch undurchsichtige Kieferndickungen eingerahmt ist. Da die riesige Wiese kaum gemäht wird, ist dort fast immer Äsung vorhanden. Dementsprechend zahlreich pflegt sich hier das Rehwild zu treffen, das aus den angrenzenden Feldern und auch aus den Kieferndickungen nach Durchstreifen des davor liegenden »Lupinenschlages« entweder über eine Überfahrt oder direkt durch den Graben in die üppige Wiesenfläche zieht.

Sitzt man auf der Lupinenkanzel, kann Wild von allen Seiten auftauchen, insofern passt auch der Wind eigentlich immer »irgendwie«. Auch die Bestellung der Felder im Umkreis der Kanzel spielt keine besondere Rolle, zumal nur Roggen und Mais im Wechsel von der Agrargenossenschaft angebaut werden. Wenn die Feldfrucht jedoch herangewachsen ist, treten die Rehe aus dem Mais nur selten und aus dem hohen Roggen kaum noch zur Äsung auf die Wiese heraus. So muss die erste Zeit nach Aufgang der Bockjagd besonders intensiv genutzt werden, wenn später der Abschussplan nicht unangenehm drängen soll.

Da ich erst am Abend zuvor angereist war, saß ich am Morgen des 1. Mai zum ersten Mal in diesem Jagdjahr im Morgengrauen erwartungsvoll auf der Lupinenkanzel, ohne auch nur die geringste Ahnung davon zu haben, welche Böcke dieses Jahr ihren Einstand um diese Kanzel herum gewählt hatten. Auch Reinhard war bislang durch starke berufliche Belastung nur selten dazu gekommen, mal nach den Böcken zu sehen und wusste deshalb kaum mehr als ich.

Eigentlich liebe ich bei der Jagd diese Situation. Die völlige Ungewissheit lässt hohe Erwartungen zu. Alles erscheint möglich. Vielleicht hatte in der Kieferndickung hinter dem »Lupinenfeld«

wieder, wie so oft in den Vorjahren, ein Kapitalbock Gefallen an der Gegend gefunden und beschlossen, für die nächsten Monate hier Quartier zu nehmen. Wenn dann mehrere Ansitze ohne aufregenden Anblick vergangen sind, sinkt die Erwartung immer mehr, und Zweifel kommen auf, ob es nicht vielleicht doch besser wäre, es einmal woanders zu versuchen. Doch derartig demotivierende Gedanken liegen glücklicherweise noch in weiter Ferne, wenn man zum Aufgang der Jagd erstmalig in aller Herrgottsfrühe aus den Federn kriecht, um kurz darauf, so leise wie möglich, den auserwählten Hochsitz besteigen zu können. Nun saß ich also hier und war – wie die Katze von Reinhards Nachbarn – »in guter Hoffnung«.

In der ersten halben Stunde tat sich – zu meiner Überraschung und auch Enttäuschung – rein gar nichts. Im Gegensatz zu den zahlreichen Morgenansitzen, die ich in den vergangenen Jahren auf dieser Kanzel verbracht hatte, war, auch als die Sonne bereits aufgegangen war, weder in der weiten Wiese vor mir, noch in der kurzen, frischen Saat hinter mir, Rehwild zu sehen. Dann konnte ich nacheinander vier Hasen erkennen, die sich mit den Pfoten den Tau aus dem Balg wischten. Wie schön, dass einige Mümmelmänner übriggeblieben waren. Hatte sich der Verzicht auf die Bejagung während der letzten Jahre doch noch ausgezahlt? Ich wagte nicht, daran zu glauben. Zu oft hatte diese Hoffnung schon getrogen. Bis zum Spätherbst würden wohl auch in diesem Jahr die zahlreichen Füchse und die starke »Luftwaffe« in Form von Habichten und Co. dafür sorgen, dass kaum noch Langohren herumhoppeln, wenn die Zeit der Niederwildjagden beginnt.

Als die warmen Sonnenstrahlen endlich auch durch die dicke Lodenjacke spürbar wurden und das Gefühl des Fröstelns, das sich durch das lange, stille Sitzen in der Morgenkühle mittlerweile eingestellt hatte, allmählich verdrängten, war es bereits nach sieben Uhr. Jetzt erst sah ich eine Ricke zusammen mit einem Schmalreh weit hinten in die vor mir liegende Wiese einziehen. Dann wurde es auch in der Kieferndickung hinter mir lebendig. Ein junger Bock, wahrscheinlich ein Jährling, trug stolz sein dünnes, aber schon deutlich verecktes Sechsergehörn in das grüne, noch mit Tau benetzte Roggenfeld. Seine Decke wirkte grau und struppig, aber am schlanken Träger war das rötliche Sommerhaar schon gut zu erkennen.

Während ich den gierig äsenden jungen Bock durch das Glas musterte, fiel mir am Rand der Dickung, nur einen Schrotschuss entfernt, eine weitere Bewegung auf. Eine Ricke steckte ihr Haupt durch die dichten Kiefernzweige, sicherte einen Augenblick lang in beide Richtungen und trat dann ebenfalls auf das Feld heraus, um sich ihrer Morgenmahlzeit zu widmen. Als mein Glas schon wieder zu dem Böckchen zurückwandern wollte, war plötzlich hinter der Ricke ein zweites Reh erschienen, ein Bock, wie mir das Glas sofort zeigte. Ich merkte, wie sich mein Pulsschlag beschleunigte. Dieser Bock war zweifellos älter als der erste. Von der Statur her wesentlich robuster als der Jährling, hatte er ein hohes, oben allerdings dünnes Sechsergehörn geschoben und mit dem Haarwechsel wohl noch nicht begonnen.

Je länger ich beobachtete, desto mehr schwankte ich. Sollte ich oder sollte ich nicht schießen? Normalerweise bin ich – gerade bei der Bockjagd – ein Mann von schnellen Entschlüssen. Über die Ausführungen eines Bekannten, man müsse sich doch einen Bock mindestens ein halbes Dutzend mal anschauen, bevor man sicher sei, den Richtigen zu schießen, kann ich nur noch lächeln. Auf diese Weise gelingt es ihm kaum, in seinem kleinen Revier den Bockabschuss auch nur halbwegs zu erfüllen. Ich habe schon Mühe, auf meine Weise die vorgeschriebene Strecke zu ereichen.

Während ich also durch das auf zehnfache Vergrößerung heraufgedrehte Zielfernrohr den Bock, der minutenlang fast an der selben Stelle in etwa hundertundzwanzig Meter Entfernung ruhig äste, schon einmal »probeweise« anvisierte, um ihn noch einmal anzusprechen, nahm mir der Bock die Entscheidung erst einmal ab, weil er sich langsam drehte und mir nur noch den Spiegel zeigte. Dann zog er äsend immer weiter von mir weg. Auch als die Ricke nach einer Viertelstunde wieder in die Dickung eintauchte, setzte der Bock langsam seinen Weg in Richtung Graben fort und verschwand, nachdem er die Überfahrt überquert hatte, langsam in der üppig bewachsenen Wiese.

Es ging nun schon auf halb neun zu, und ich wollte gerade mit vom langen Sitzen steif gewordenen Beinen die Leiter hintersteigen, als ich aus der Richtung, wo ich den Bock zuletzt gesehen hatte, lautes Schrecken hörte. Dort stand jedoch nicht mein »Bekannter« sondern ein ganz anderer Bock. Auch er kam mir mittelalt vor und zeigte weit über die Lauscher herausragende, eng stehende, nach hinten gebogene und oben schneeweiße Spieße. Dann zog er langsam, immer noch laut schreckend, in Richtung Graben. Sofort sah ich, dass er hinten einen Lauf schonte und dadurch regelrecht humpelte. »Dich nenne ich Goebbels«, ging es mir sofort durch den Sinn, »Fuß und große Klappe passen!«

Dieser Name schien mir dann aber doch für ein »unschuldiges« Reh nicht gerechtfertigt zu sein, und ich taufte ihn stattdessen schlicht »Humpelfuß«. Während sich Humpelfuß inzwischen niedergetan und sein Schreckkonzert eingestellt hatte – er war in über dreihundert Meter Entfernung für mich sowieso nicht erreichbar – tauchte überraschend mein vorheriger Bekannter aus der Wiese wieder auf und näherte sich Humpelfuß. Nur etwa zwei bis drei Meter von diesem entfernt, tat er sich ebenfalls genüsslich nieder. Ziemlich überrascht betrachtete ich noch einige Minuten lang die beiden Kämpen durch das Fernglas. Das hatte ich noch nie erlebt: Zwei offensichtlich ältere Böcke in trauter Zweisamkeit auf engstem Raum vereint. Dieses Idyll widersprach ganz und gar meinem bisherigen Wissen, hatte ich doch gelernt – und auch bislang immer bestätigt gefunden –, dass die älteren Böcke bereits im Frühjahr, mit dem Ausreifen des Gehörns, ihr eigenes Territorium erstreiten und bis nach Ende der Blattzeit in der Regel auch beibehalten. Nur Jährlinge, die wahrscheinlich als »Brüder« aufgewachsen waren, hatte ich hin und wieder gemeinsam auftreten sehen.

Mit der schlichten Erkenntnis, dass man bei der Jagd wohl nie auslernen wird, stieg ich behutsam von meiner Kanzel. Da ich sowieso den Weg zurückgehen musste, in dessen Nähe die beiden Böcke jetzt friedlich dösten, wollte ich versuchen, vielleicht doch noch auf Humpelfuß zu Schuss zu kommen. Zwischen Weg und Graben stehen mehrere einzelne alte Eichen, die etwas Sichtschutz boten. Doch alle Mühe war vergeblich. Die beiden Schläfer nahmen mich fast gleichzeitig wahr und flüchteten über den Weg in die dahinterliegende weite Feldflur. Dabei war ganz deutlich zu sehen, wie Humpelfuß einen Hinterlauf nachzog und lediglich drei Läufe aufsetzte. Aber der andere Bock sprang auch nicht eleganter ab. Ich konnte erkennen, dass er mit einem Vorderlauf regelrecht »tunkte« und bei jedem Aufsetzen der Vorderläufe etwas einknickte. Seite an Seite verschwanden beide dann einige hundert Meter entfernt im schützenden Unterholz.

»Humpelfuß und Hinkebein«, ging es mir durch den Kopf. Nun wurde mir bewusst, dass die beiden Böcke wohl so etwas wie eine Notgemeinschaft bildeten. Gleichzeitig war mir ebenfalls klar, dass alle jägerischen Bemühungen in nächster Zeit diesen beiden Böcken gelten würden. Ich ärgerte mich darüber, dass ich Hinkebein nicht schon erlegt hatte. Mehrere Minuten hatte er breit vor mir gestanden. Dummerweise war mir da aber die Verletzung am Vorderlauf nicht aufgefallen, wahrscheinlich weil der Bock sich beim Äsen kaum bewegt hatte. Die nächsten Tage saß ich am frühen Morgen wie auch abends unermüdlich auf der Lupinenkanzel. Mehrere Male sah ich die beiden Invaliden auch, immer dicht zusammen, aber jeweils so weit von mir entfernt, dass an einen Schuss nicht zu denken war. Ich hatte fast den Eindruck, als ob sie mir die Störung am ersten Morgen übelgenommen hätten und dadurch wesentlich vorsichtiger geworden wären. Sie hielten sich nur noch mitten in der weiten Wiese oder in einem riesigen Roggenschlag auf. So schoss ich denn nach drei erfolglosen Tagen morgens einen alten, ungewöhnlich starken Bock nicht weit von der Stelle entfernt, an der Hinkebein am ersten Morgen herausgewechselt war. Ich freute mich über die nicht allzu hohe aber ungemein knuffige Trophäe von über 350 Gramm Gehörngewicht (mit kurzem Nasenbein) und begründete vor mir selbst das Brechen des guten Vorsatzes, zuerst unbedingt die beiden kranken Böcke zu strecken, damit, dass der starke Alte womöglich die beiden »Fußkranken« aus seinem Revier vertrieben und damit ihre Erlegung noch weiter erschwert hätte.

Obwohl ich auch in den nächsten Tagen alles daran setzte, Humpelfuß und Hinkebein vor die Büchse zu bekommen, war mir leider kein Erfolg beschieden. Als ich Mitte Mai wieder nach Hause fuhr, zogen beide nach wie vor unbehelligt durch die riesige Wiese. Ende Juni kam ich wieder ins Revier und erlebte eine böse Überraschung. Reinhard hatte bei einer Revierfahrt vor etlichen Tagen an dem kleinen Graben, der die große Wiese teilt, einen bereits ziemlich verwesten und angeschnittenen Rehbock gefunden. Obgleich der Kadaver mörderisch stank, und die Schmeißfliegen in dichten Schwärmen um ihn herum schwirrten, hatte er das Haupt abgeschärft und zu Hause in der Astgabel eines großen Baumes erst einmal zum Austrocknen aufgehängt. Auf den ersten Blick erkannte ich, dass es sich um Hinkebein handelte Das gut vereckte Sechsergehörn war stärker, als ich es angesprochen hatte. Irgendwie ist

dann das schon fast mumifizierte Rehhaupt in dem dicht belaubten Baum in Reinhards Garten in Vergessenheit geraten.

Wie allseits bekannt, verläuft die Bockjagd im Juni – besonders in Feldrevieren – meist weniger erfolgreich. Das Rehwild steht dann häufig im hohen Getreide und ist kaum zu sehen. So war es auch bei uns. Die große Wiese wirkte bei Büchsenlicht wie ausgestorben. Nur während der Mondscheinpirschen auf Schwarzwild war festzustellen, dass das Rehwild in der Nacht in den Wiesen äste. So gelang es mir noch nicht einmal, Humpelfuß auch nur in Anblick zu bekommen. Ich tröstete mich jedoch mit einem kugelrunden Überläuferkeiler, der mir bei der morgendlichen Pirsch im Hochwald unvorsichtigerweise vor die Büchse lief und dieses Missgeschick mit seiner Schwarte bezahlen musste.

Als ich Mitte Juli zusammen mit meiner Frau zu einem mehrwöchigen Ferienaufenthalt wieder anreiste, war ich zuversichtlich, Humpelfuß nun doch bald überlisten zu können. Ich hatte mehr Zeit als sonst zur Verfügung, und auch die Blattzeit des Rehwildes würde dazu beitragen, dass die Böcke ihre Heimlichkeit aufgeben und sich häufiger sehen lassen würden. Außerdem stand die Getreideernte bevor, die dem Wild von einem Tag auf den anderen einen großen Teil des gewohnten Einstands nimmt.

Wie so oft, wenn die Erfolgschancen bei der Bockjagd vielversprechend erscheinen, hatten sich auch in diesem Jahr wieder eine Reihe guter Freunde angesagt, die entweder von mir eingeladen oder auch per Selbsteinladung tatkräftig mithelfen wollten, den Bestand an – möglichst jagdbaren – Böcken deutlich zu reduzieren. Lästig dabei ist vor allem, dass jeder Gast es für ganz selbstverständlich hält, den – aus seiner Sicht knapp bemessenen – Aufenthalt optimal ausnutzen zu müssen. Das bedeutet, dass ich dann gegen halb vier jeden Morgen mit dem Geländewagen zur Stelle sein muss, um den jeweiligen tatendurstigen Diana-Jünger ins Revier zu transportieren, anzusetzen, später wieder abzuholen, ins Quartier zu bringen, zum Mittagessen wieder abzuholen, zur Vorbereitung auf die Jagd wieder ins Quartier zu fahren, ins Revier zu transportieren, nach dem Abendansitz wieder einzusammeln, nach dem Spätschoppen bei mir wieder in die Unterkunft zu fahren und so weiter und so weiter. Spontane Entschlüsse, etwa mal zum Schwimmen zu radeln oder abends einmal auszugehen, bleiben dabei leider auf der Strecke, was – besonders bei meiner Frau, die sich permanent in der Rolle der Gastgeberin befindet – den Urlaubsgenuss merklich vermindert.

Da ich ja nun in den nächsten drei Wochen ständig »Verstärkung« zur Verfügung haben würde, machte ich mir wegen der Erlegung von Humpelfuß keine großen Gedanken mehr.

Die Sache ließ sich allerdings zähflüssiger an, als erwartet. Mein erster Jagdgast, ein schon betagterer Freund, genoss den Rundum-Service augenscheinlich und war wohl gar nicht so sehr darauf erpicht, durch schnellen Erfolg die Jagdzeit allzu sehr zu verkürzen. Deshalb beschränkte er sich erst einmal aufs Umschauen. Doch nach einigen Tagen schritt er doch zur Tat und schoss von einer Leiter, nicht weit entfernt von der großen Wiese, auf einen Bock »mit nach hinten gebogenen, langen Spießen«, wie er mir aufgeregt berichtete, als ich, kurz nachdem ich den ersehnten Knall gehört hatte, ihn abholen wollte.

Der Bock sei nach dem Schuss wie unbeteiligt aus der Wiese zurück zur Böschung getrollt und wahrscheinlich im dahinterliegenden Roggenfeld verschwunden. Weder im Klee, noch im Roggen, der teilweise durch Regen und Wind heruntergedrückt lag, habe er allerdings Pirschzeichen entdecken können. Nachdem ich ziemlich schnell am angegebenen Anschuss Lungenschweiß gefunden hatte, holten wir Reinhard mit seinem Teckel Ingo, der uns auch sofort ohne Umschweife in der bereits eingetretenen Dämmerung zu dem nicht weit entfernt verendeten Bock führte. Es war, ich ahnte es schon, Humpelfuß. Er hatte eine faustgroße Verdickung am linken Hinterlauf, die ein Beugen des Gelenks nahezu verhinderte.

Dem Zahnabschliff nach schätzten wir Humpelfuß auf etwa vier Jahre. Als ich in der ehemaligen Futterküche den großen alten Topf aufsetzte, in dem das Haupt von Humpelfuß abgekocht werden sollte, fiel mir auch Hinkebein wieder ein, dessen ungereinigte Trophäe nun schon seit Wochen in der Astgabel auf das Aufsetzten wartete. So kochten wir beide Schädel gemeinsam ab. Die Überreste der beiden monatelang unzertrennlichen Böcke waren – zumindest für die Zeit des Abkochens – wieder vereint. Auch Hinkebein schien drei bis vier Jahre alt geworden zu sein, wie wir nach dem Auskochen und Säubern des Schädels feststellen konnten. Seine Trophäe hängt nun bei mir an der Trophäenwand und erinnert mich an die ungewöhnliche Freundschaft von zwei ausgewachsenen Rehböcken, die erst in der »Trophäenphase« auseinandergerissen wurden, da das Gehörn von Humpelfuß nun seinen Platz an einer Wand gefunden hat, die über sechshundert Kilometer weiter südlich steht.

Der eiserne Gustav

Einen starken Keiler zu erlegen, war schon immer Inhalt meiner sehnsüchtigsten jagdlichen Träume gewesen. Und obwohl im Laufe der Jahre viele dieser Träume Erfüllung fanden, und ich mich über mangelndes Waidmannsheil wahrhaftig nicht beklagen kann, hatte es mit einem reiferen Keiler immer noch nicht geklappt. In den von mir bejagten Revieren war Schwarzwild – zumindest als Wechselwild – immer vorhanden gewesen, im Spreewälder Revier sind Sauen seit Jahren Standwild. So konnte ich denn auch jedes Jahr zwischen fünf und zehn Sauen auf die Schwarte legen, so dass mittlerweile eine Gesamtstrecke von weit mehr als einhundert Stück Schwarzwild zusammengekommen ist, nur ein »richtiger« Keiler war leider nie darunter.

Dabei glaubte ich mich mehrfach am Ziel meiner Wünsche. Noch als sogenannter Jungjäger beschoss ich in der Eigenjagd meines Schwiegervaters in der Lüneburger Heide bei zunehmendem Mond im Januar nach langem Abwägen eine riesige, einzelne Sau, die auch nach kurzer Flucht lag. Leider war es nicht der erwartete starke Keiler, sondern eine einhundertfünf Kilogramm schwere, uralte Geltbache mit völlig abgewetzten Haken, die nur noch in der Wurstmaschine sinnvolle Verwendung finden konnte.

Dann – einige Jahre später im Hunsrück – führten wir in unserem Revier und in der Nachbarjagd eine gemeinsame Drückjagd durch. Da wir nicht nur Sauen, sondern auch Füchse und Hasen erwarteten, hatte ich den Drilling mitgenommen. Nachdem ich den langen Hornet-Einstecklauf herausgenommen hatte, glaubte ich mich mit der Kugelpatrone, einem Flintenlaufgeschoss und einer Schrotpatrone für alle zu erwartenden Situationen gut gerüstet. Unser Jagdaufseher, der die Korona anstellte, grinste, als er mich hinter einer dicken Buche, kurz vor einer tiefen Senke mit dahinterliegendem steilen Buchenhang einwies und murmelte etwas von Excellenzenstand.

Kurz nach dem Anblasen rauschte es auch schon im gegenüberliegenden Hang, und ein starker Keiler rutschte mehr als er lief den steilen Hang herunter, gerade auf mich zu. Etwa sechzig Meter von mir entfernt, ungefähr noch fünfzehn Meter höher als mein Standort, bremste er seine Talfahrt abrupt ab und stand neben einer Buche wunderschön breit. Eingedenk der alten Weisheit »ob rauf oder runter, halt drunter« zielte ich tiefblatt und zog – relativ ruhig, da für Aufregung gar keine Zeit gewesen war – den gestochenen Abzug des Kugellaufs. Der Keiler fuhr im Schuss blitzartig herum und ging in voller Fahrt nach rechts ab. Aber anstatt nach der üblichen Todesflucht wie erwartet zusammenzubrechen, fegte mein Keiler in unverminderter Geschwindigkeit den Hang entlang, wurde von zwei Nachbarschützen gefehlt und rannte, wohl schon fast zweihundertfünfzig Meter von mir entfernt, am Hangende fast einen dort angestellten Förster um, der ihn auf etwa fünf Meter Entfernung erlegte.

Ich war völlig verwirrt, war ich mir doch meines guten Abkommens absolut sicher. Wie sich jedoch herausstellte, hatte meine Kugel die Bauchdecke gerade mal geritzt, ohne in die Kammer einzudringen. Nun erinnerte ich mich langsam daran, dass mich der Büchsenmacher nach Einbau des Hornet-Einstecklaufs gewarnt hatte, dass nach Herausnehmen des Einstecklaufs die Waffe unbedingt neu eingeschossen werden müsse, da sich durch den Einstecklauf das Schwingungsverhalten des Rohrbündels erheblich verändern könne. Probeschüsse zwei Tage später zeigten dann auch, dass der Kugellauf ohne Einstecklauf fast zwanzig Zentimeter tiefer schoss! Dieses Malheur passierte natürlich nicht bei einem der zahlreichen Frischlinge oder Überläufer, die ich bis dahin mit dem Drilling erlegt hatte, sondern ausgerechnet bei der »einmaligen Gelegenheit« eines reifen, von mir so sehr ersehnten Keilers! Dieser wog übrigens aufgebrochen fast fünfundneunzig Kilogramm.

Auch in den folgenden Jahren änderte sich nicht viel. Ich schoss zwar auf einigen Afrikareisen ein halbes Dutzend zum Teil starke Warzenkeiler, in den heimatlichen Gefilden beschränkte sich mein Waidmannsheil jedoch – wie gewohnt – auf Frischlinge und Überläufer. Selbst in Polen, wo ich in der Blattzeit einige starke, uralte Böcke erlegen konnte, liefen mir nur Überläuferkeiler vor die Büchse, allerdings bis zu fünfundsechzig Kilo schwer.

Nachdem, nach der sogenannten Wende, meine neuen, inzwischen heißgeliebten Jagdgefilde im Spreewald liegen, keimte neue Hoffnung auf, zumal mich die an der Wohnzimmerwand meines Partners Reinhard hängenden Keilerwaffen der Silbermedaillenklasse stänig daran erinnern, dass hier – zumindest in der Vergangenheit – noch urige Keiler ihre Fährte ziehen. Obgleich durch die überall in den neuen Bundesländern angestrebte Hochwildreduzierung und auch durch die wegen der drohenden Schweinepest verschärfte Schwarzwildbejagung die Altersstrukturen des Schwarzwilds leider erheblich in Unordnung geraten sind, beste-

hen immer noch vergleichsweise gute Chancen, einen stärkeren Keiler erlegen zu können, da die riesigen Maisschläge das Schwarzwild wie Magneten anziehen.

Reinhard hatte mir bereits im zweiten Jahr unserer gemeinsamen Jagdausübung vorgemacht, wie auch unter »verschärften Bedingungen« eine Keilerjagd erfolgreich verlaufen kann. Bei der nächtlichen Mondscheinpirsch entlang der in die riesigen Maisschläge zum Zwecke der Bejagung hineingemähten Schneisen hatte er im hohen Mais das Geräusch einer vertraut schmatzenden Rotte vernommen und – da der Wind günstig schien – spontan beschlossen, die Rotte anzukriechen. Nach Ablage von Hut, Jacke, Gummistiefeln und Fernglas war er in den Mais hineingekrochen, was problemlos klappte, weil die Reihen in Kriechrichtung verliefen. Bei günstigem Wind lag er bald fast inmitten der Rotte und erweckte, da er kräftig mitrumpelte und wie die Sauen um ihn herum laut schmatzte, auch keinerlei Argwohn. Als allerdings ein »dicker Koffer« in seiner Reihe direkt auf ihn zu trottete, schoss er sofort der Sau auf den Stich und erlegte so einen Neunzig-Kilo-Keiler. Ich muss zugeben, dass mich die begeisterte Schilderung einer für mich neuen Jagdmethode dann doch nicht zum Nachmachen animierte.

Umso mehr elektrisierte mich im nächsten Winter Reinhards Nachricht, er habe an einer unserer Kirrungen eine relativ starke einzelne Fährte entdeckt. Da die Sauen die Felder, auf denen Mais gewesen war, und die nun mit Winterweizen bestellt waren, auf der Suche nach eingepflügten Maiskolben Nacht für Nacht umdrehten und regelrechte Krater hinterließen, hatten wir in dem stark verwachsenen und verwilderten Waldteil, der an einen Nebenarm der Spree angrenzt, zwei Kirrungen eingerichtet, um die Sauen zum einen etwas länger in den Dickungen zu beschäftigen und andererseits auch im Wald eine Bejagungsmöglichkeit zu haben. Hier streuen wir fast täglich jeweils zwei bis drei Hände voll Mais, die zum großen Teil untergescharrt werden.

Eine Kirrung liegt im Hochwald zwischen Buchen und alten Eichen, nicht weit von einer großen Suhle entfernt und von einem

Forstweg, dem sogenannten zweiten Gestell, recht gut einzusehen. Etwa dreihundert Meter weiter, und durch einen halbhohen, unten trockenen Fichtenschlag von dieser Kirrung getrennt, verläuft das erste Gestell. Zwischen diesem Weg und dem Spreearm, der die Waldgrenze bildet, haben wir am Rande einer jungen Kiefernschonung eine weitere Kirrung angelegt. Davor steht, direkt am Hochwaldrand, eine offene Kanzel, von der aus letztere Kirrung im Kiefernjungwuchs gut einzusehen ist.

An beiden Kirrungen hatte Reinhard die einzelne Sau gefährtet, deren Gewicht er auf etwa achtzig Kilogramm schätzte. Da die Fährte mehrfach bei der Morgenpirsch »druckfrisch« vorhanden war, musste der Keiler irgendwann in der Nacht die jeweilige Kirrung annehmen. Hier war jetzt Sitzfleisch gefragt, welches bei mir wesentlich ausgeprägter ist als bei Reinhard.

Ich begann meine Bemühungen im Hochwald. Der Grund, es hier zuerst zu versuchen, lag schlicht darin, dass die seit Tagen herrschenden Windverhältnisse einen Ansitz auf der weit bequemeren Halbkanzel am Rand der Kiefernschonung sinnlos erscheinen ließen. Wir hatten im Hochwald, vielleicht sechzig Schritt von der Kirrung entfernt, eine leichte Eisenleiter an eine dicke Buche gesetzt, für die der Wind immer dann passte, wenn er für den Ansitz an der anderen Kirrung ungünstig war. Auf dieser nicht sehr hohen Leiter richtete ich mich einige Tage vor dem Novembervollmond im Ansitzsack so gut wie möglich ein. Ich hatte meinen etwas windigen Sitz gegen acht Uhr abends bezogen, in ziemlicher Dunkelheit, da der Mond noch nicht über dem Hochwald stand und außerdem die milchige Wolkenschicht nur hin und wieder durchdringen konnte. Trotzdem war die Kirrung – zumindest im Glas – einigermaßen zu erkennen. Zwei dicke Birken, die die kleine Fläche im Hintergrund begrenzten, zogen das Nachtglas fast magisch an und ließen hoffen, dass auch eine dunkle Sau davor noch gut zu erkennen sein würde.

Hierzu kam es jedoch erst gar nicht. Ich hatte die Sau von der Suhle her erwartet, da diese direkt auf dem Wege von beliebten Einständen zur Kirrung liegt, und auch ein gut ausgetretener Wechsel die Richtigkeit dieser Annahme vermuten ließ. Kurz nach neun hörte ich auch deutliches Äste-Brechen von der Suhle her. Aber anstatt den direkten Weg zur Kirrung zu nehmen, bei dem meine Witterung nicht hätte stören können, arbeitete sich das einzelne Stück recht lautstark durch das Unterholz hinter mir, bis es wohl meinen Wind bekam und mit laut vernehmbarem »Wuff« nach hinten wegbrach. Aus der Traum für diesen Abend.

Zwei Tage später versuchte ich es wieder. Es war erbärmlich kalt, und ich fröstelte trotz Ansitzsack und warmer Thermo-Unterwäsche. Der Wind wehte kaum spürbar von meinem Sitz in Richtung eines nahegelegenen Gatters, so dass ich ziemlich sicher sein konnte, diesmal nicht von der Sau, wenn sie denn erscheinen würde, gewindet werden zu können. Da ich schon ziemlich früh, kurz nach Einbruch der Dämmerung, auf meinen engen Sitz gekrabbelt war, hatte ich, als ich gegen halb zehn verstohlen im Ansitzsack meine Uhr anleuchtete, eigentlich schon fast genug vom stundenlangen, bewegungslosen Ausharren in der Kälte, beschloss dann aber, noch eineinhalb Stunden dranzuhängen. Kurz danach ein Knacken hinter der Kirrung. Ich bemerkte, wie der sofort ansteigende Puls jegliches Kältegefühl schlagartig verdrängte.

Vorsichtig nahm ich das Glas hoch und stellte enttäuscht fest, dass sich die Lichtverhältnisse seit dem letzten Abglasen verschlechtert hatten. An der Kirrung war beim besten Willen nichts zu erkennen. Nur die beiden Birken leuchteten schwach durch die Dunkelheit. In den nächsten Minuten war auch absolut nichts zu hören. Dann ein ganz leichtes Scharren, und als ich sofort vorsichtig das Glas hochnahm, sah ich – direkt vor den Birken – ganz schwach die Umrisse einer Sau, die kaum vernehmbar nach den Maiskörnern grubberte. Nachdem ich sorgfältig den gesamten Bereich der Kirrung abgeleuchtet hatte, war ich sicher, dass es sich um ein einzelnes Stück handeln musste.

Bei dem schlechten Licht war es kaum möglich, die Sau in das Zielfernrohr »einzufangen«. Wohl jeder Ansitzjäger weiß, wie schwierig es ist, Wild, das mit dem Nachtglas noch gut angesprochen werden kann, dann – mit einem Auge – im Zielfernrohr deutlich genug für eine Schussabgabe wiederzuerkennen. Man braucht in der Dunkelheit während der Benutzung des Fernglases nur einmal ein Auge zu schließen um festzustellen, wie sehr plötzlich die Bildqualität nachlässt. Ich orientierte mich also an den schwach im achtfachen Zielfernrohr wahrnehmbaren Birken und berührte, als ich das Gefühl hatte, auf dem Blatt der schemenhaft erkennbaren Sau zu sein, vorsichtig den gestochenen Abzug der entsicherten Büchse. Während der Schuss nachhallte, und ich vom Mündungsfeuer noch geblendet war, hörte ich die Sau in voller Fahrt abgehen. Mehrmals schien sie mitten durch die von Waldarbeitern zusammengetragenen Reisighaufen hindurchzubrechen, dann war Ruhe.

Ich wusste nicht, ob ich lachen oder weinen sollte. Die Sau würde nicht am Anschuss liegen, das war klar, ich hatte sie ja laut und deutlich wegrumpeln hören. Andererseits gehen Sauen unter Umständen mit besten Schüssen noch -zig Meter, weich getroffen sogar kilometerweit. Deshalb marschierte ich mit ziemlich gemischten Gefühlen einige Minuten später zum vermeintlichen Anschuss. Im Schein der Taschenlampe war absolut nichts zu erkennen. Ich beschloss, erst einmal nichts zu unternehmen und am nächsten Morgen beim ersten Licht den Anschuss nochmals zu untersuchen. Bei der herrschenden Kälte war ein eventuelles Verhitzen ohnehin nicht zu befürchten. Auch am nächsten Morgen war nichts festzustellen. Ich folgte vorsichtig der ungefähren Fluchtrichtung und fand auch ziemlich schnell auf alten Schneeresten die Fluchtfährte. Aber auch hier, im Schnee, war kein Tropfen Schweiß zu finden. Während ich missmutig zum Anschuss zurückkehrte, beschloss ich, den Förster im Nachbardorf, der eine sehr gut auf Schweiß arbeitende Kleine Münsterländer-Hündin führt, zu bitten, eine Kontrollsuche durchzuführen. Bei der Kirrung fiel mein Blick zufällig auf eine der Birken, und dann sah ich den »Einschuss«. Die Kugel hatte die Birke glatt durchschlagen. Die Sau war ohne jeden Zweifel gefehlt.

Im Dezember und im Januar herrschte eine derart grimmige Kälte, dass an Jagen kaum zu denken war. Pirschen war wegen des verharschten, lauten Schnees überhaupt nicht möglich, und bei nächtlichen Minustemperaturen bis zwanzig Grad auf unseren offenen Ansitzeinrichtungen im eisigen Wind länger zu verharren, war auch nicht einladend, zumal es nicht gerade waidmännisch gewesen wäre, in der ohnehin herrschenden Notzeit dem hungernden Schwarzwild auch noch nachzustellen. So beschränkten wir uns darauf, die Kirrungen etwas reichlicher zu beschicken.

Als ich im folgenden Mai zur Bockjagd angereist war, erzählte mir Reinhard, dass beide Kirrungen nach wie vor von der einzelnen Sau angenommen würden. Merkwürdigerweise hatten wir mehrere andere Rotten, die wir kannten, nie an den Kirrungen gefährtet. Schon am zweiten Abend saß ich deshalb bereits bei gutem Licht auf der Kanzel vor der Kirrung in der Kiefernschonung. Die Sonne schien noch warm, die Vögel veranstalteten ein prachtvolles Konzert, und ich war bester Laune, auch weil ich am Morgen einen guten, alten Bock geschossen hatte. Die Schonung, die ziemlich schütter vor mir ausgebreitet lag, ist etwa einhundertfünfzig Meter breit und verläuft, immer dichter werdend, über eine Länge von mehr als dreihundert Meter in Richtung Straße, vor der sich allerdings noch ein ungefähr zweihundert Meter breiter Mischwaldsaum im Anschluss an die Kiefernschonung erstreckt. Links, von der Kanzel aus gesehen, begrenzt das erste Gestell die Schonung, rechts von der Kiefernschonung wächst auf einem kleinen Wall dichtes Dornengestrüpp, welches – leicht abwärts – in sumpfigen Mischwald bis hin zum knapp zweihundert Meter entfernten verschilften Spreearm übergeht. Die vor der Kanzel liegende rechte Ecke der Schonung, dicht am Dornenverhau in Richtung Spree, weist fast reinen Sandboden auf . Deshalb kümmert hier der Jungwuchs, und einzelne Pflanzen sind ganz eingegangen. Dadurch ist die Kirrung auf dem hellen Sand auch in der Dunkelheit einigermaßen gut einsehbar.

Ich lehnte mich entspannt in die Ecke der Kanzel und war froh darüber, dass von den Mücken, die mich am Morgen bei der Bockjagd auf den Wiesen bereits erheblich gepeinigt hatten, hier noch nichts zu sehen und – vor allem – zu hören war. Während ich routinemäßig die vor mir liegende Arena überschaute, fiel mir ein grauer Fleck mitten zwischen den jungen Kiefern links vor mir auf. Durch das Glas bestätigte sich meine vage Vermutung, es war tatsächlich der Rücken einer stärkeren Sau, die in etwa sechzig Meter Entfernung spitz zu mir zwischen den dort vielleicht zwei Meter hohen Kiefernreihen stand. Die Sau hatte das Haupt unten und schien zwischen den Baumreihen zu brechen. Als sie einmal nach vorn sicherte, konnte ich deutlich die Wülste über den Waffen sehen.

Was nun? Die Sau ließ mir Zeit zum Überlegen, der Rücken stand wie ein Denkmal zwischen den Kiefernzweigen. Ich nahm an, dass sie irgendwann die Kirrung aufsuchen würde, aber wann? Bestimmt nicht bei Tageslicht. Ein Schritt zur Seite, egal, ob nach rechts oder nach links, und sie wäre für mich nicht mehr sichtbar gewesen. Wahrscheinlich nur durch mein bisheriges ständiges Keilerpech erklärlich, entschloss ich mich zu einem gewagten Schuss. Ich zielte sorgfältig auf den mir zugewandten Nacken des Keilers, um von oben die Wirbelsäule zu treffen. Fest mit dem rechten Ellenbogen auf der Kanzelbrüstung aufgestützt stach ich den Flintenabzug ein und angelte mit dem Schießfinger nach dem Abzugsbügel. Früher als erwartet brach der Schuss. Durch das Zielfernrohr konnte ich erkennen, wie die Sau blitzartig nach unten verschwand. Nicht das geringste Geräusch war zu hören, kein Zweig bewegte sich. »Die liegt«, dachte ich, »endlich hat es geklappt!«

Nachdem das Jagdfieber, das mich nach dem Schuss gewaltig gebeutelt hatte, etwas abgeklungen war, stieg ich nach etwa zehn Minuten »siegessicher« von der Kanzel und näherte mich vorsichtig, mit schussbereiter Waffe, dem Anschuss. Als ich nach längerem Suchen – zwischen den Bäumchen sah nämlich alles ganz anders aus als von oben – am »Anschuss« stand, fand ich die Fluchtfährte des Keilers, aber keinerlei Schweiß und erst recht keinen Keiler. Tief deprimiert trat ich den Heimweg zu meiner Behausung an, um eine Kontrollsuche am nächsten Morgen zu organisieren. »Du hast ein regelrechtes Sauentrauma«, ging es mir durch den Kopf. Mir war völlig unerklärlich, warum ich jetzt wieder vorbeigeschossen haben sollte.

In der Frühe quälten der Förster und ich uns durch die bürstendicke Schonung, die innen reichlich mit kräftigem Brombeerwuchs »veredelt« ist. Die Hündin mühte sich redlich, doch wo nichts ist, kann man auch nichts finden. Wir umrundeten die gesamte Schonung, kämpften uns auf diversen, frisch begangenen Wechseln durch den Sumpfwald bis zur Spree durch und kamen schließlich völlig verschwitzt und zerkratzt an den Ausgangspunkt zurück. Der freundliche Förster schlug als letzten Versuch vor, noch einen Weg einige hundert Meter hinter der Kanzel abzugehen, da hinter diesem Weg beliebte Einstände liegen.

Wir waren schon auf dem Rückweg, der Hund bei Fuß, als etwa hundert Meter vor uns ein Rehbock auf den Weg trat und aufgeregt in unsere Richtung sicherte. Da ich auf der beschwerlichen Nachsuche kein störendes Fernglas dabei hatte, musste ich die Büchse hochnehmen, um ihn durch das Zielfernrohr anzusprechen und erkannte einen älteren, schwach vereckten Sechser mit dicken Stangen, einen typischen Abschussbock. In der Annahme, der Bock würde im nächsten Moment sowieso abspringen, setzte ich die Waffe ab. Doch der Bock dachte gar nicht daran, sich in Sicherheit zu bringen, sondern stakste im Stechschritt immer weiter auf unsere Gruppe zu. Kurz entschlossen ging ich deshalb langsam auf ein Knie herunter, legte an und schoss, als der neugierige Rehbock kaum fünfzig Meter vor uns sich auch noch breit stellte. Mit gutem Blattschuss fegte er in die Dickung rechts vom Weg, wo wir ihn nach kurzer Flucht schlegeln hörten. Der Förster schnallte hochbeglückt seinen Hund und freute sich, dass dieser nun nach einigen erfolglosen Kontrollsuchen endlich ein Erfolgserlebnis zu erwarten hatte. Danach strahlten wir beide. Ich, weil das Gehörn des Bock ansehnlicher als erwartet war, und mein Begleiter, weil seine Hündin mit Ausdauer den gefundenen Bock totverbellt hatte.

»Verwechselst du jetzt schon Reh- mit Schwarzwild?« fragte Reinhard, als er nach meiner Rückkehr neugierig in mein altes Geländefahrzeug guckte und statt des Keilers, dem die Nachsuche eigentlich gegolten hatte, »nur« den Bock vorfand. Für meine Schilderung der wiederum verunglückten Saujagd hatte er nur ein miss-billigendes Kopfschütteln übrig. Als er sich dann an alten Dach-pappen zu schaffen machte und erklärte, er wolle einen Keilerum-riss ausschneiden, auf den ich in den nächsten Nächten üben solle, konnte ich nicht allzu herzlich darüber lachen.

Nachdem ich den Keiler nun bereits zweimal gefehlt hatte, taufte Reinhard die Sau »Eiserner Gustav«. Er verkündete unseren Mitjägern, dass Gustav für sie absolut tabu sei, und er mir noch einen dritten Schuss zubillige, denn bekanntlich seien ja aller guten Dinge drei. Wenn es dann wieder nicht klappe, sehe er sich gezwungen, sich selbst der Sache anzunehmen. Ich grinste säuer-lich und dachte: »Wer den Schaden hat ...«

Im Juni bekamen wir ziemliche Probleme auf den gerade bestellten Maisfeldern. Die Sauen waren fast jede Nacht dabei, die frisch gelegten Körner wieder auszubuddeln. Neben zwei Rotten, die aus führenden Bachen und gestreiften Frischlingen bestanden, war im Morgengrauen auch der Eiserne Gustav einige Male auf den Maisschlägen und in den Wiesen gesichtet worden. Ich rechnete es Reinhard daher hoch an, dass er Gustav vor meiner Ankunft mehr-fach laufen ließ, zumal auch die beiden Rotten keine schussbaren Stücke aufwiesen. Zu unserem Erstaunen nahm Gustav nach wie vor regelmäßig beide Kirrungen an. So zog ich nach dem abendli-chen Bockansitz noch gegen halb elf zur Kirrung in der Kiefern-kultur. Da zunehmender Mond war, rechnete ich mir noch eine gute Chance aus und hoffte, Gustav habe die Aufregung vom Mai inzwischen vergessen. Ich saß noch keine zehn Minuten, da hörte ich lautes Knacken und Brechen am rechten Dickungsrand kurz hinter der Kirrung. Gustav marschierte auf und davon, in Richtung Spree. Am Wind konnte es nicht gelegen haben. Wahrscheinlich war der Keiler aber schon in der Schonung vor der Kirrung gewesen und hatte meinen vorsichtigen Anmarsch mitbekommen. Beläm-mert zog ich von dannen. Reinhard lachte herzlich.

Beim Kontrollgang am nächsten Tag stellte ich fest, dass die Kirrung in der vergangenen Nacht nicht angenommen worden war. »Dann kommt er heute«, machte ich mir selber Mut und beschloss, es am Abend früher zu versuchen. Bei noch gutem Licht schlich ich gegen halb neun zu meiner Kanzel. Der schwache Wind stand hervorragend, die Seifenblasen aus dem Spielwarengeschäft flogen direkt am Waldrand entlang nach links zum ersten Gestell. In der einsetzenden Dämmerung, die langsam die Konturen der Kiefernkultur vor mir verwischte, wurde auch der Gesang der Amseln leiser. Nur das Geräusch von ab und zu auf der nicht weit entfernten Straße vorbeifahrenden Autos erinnerte daran, dass auch hier, im relativ dünn besiedelten Spreewald, Natur und Zivilisation untrennbar miteinander verbunden sind.

Während ich in der Ecke der kleinen, offenen Kanzel auf einem harten Brett hockte – das aufblasbare Schaumgummikissen hatte ich bewusst nicht aus dem Rucksack genommen, um auch nicht das kleinste Geräusch bei den ab und zu unvermeidlichen Gewichtsverlagerungen zu produzieren – hörte ich direkt hinter der Kanzel ein trippelndes »tapp, tapp, tapp«, dann bekam ich deutlich mit, wie irgend ein Tier den Fuß der Leiter beroch. Ein jäher Satz zurück ins Buschwerk, dann ging keine fünf Meter hinter mir ein bislang noch nicht erlebtes Konzert los. »Waaah« gellte es hoch und metallisch in die friedliche Abendstimmung, immer wieder, im Abstand von vielleicht drei bis vier Sekunden wiederholte sich der langgezogene Schrei. War es ein Fuchs? Solche Laute hatte ich bei Füchsen allerdings noch nie vernommen. Vielleicht ein Marderhund? Die sind ja in Brandenburg gar nicht so selten. Wie »äußert« sich eigentlich ein Marderhund? Auf jeden Fall ging mir der Schreihals hinter mir langsam auf die Nerven, zumal er nur meterweise nach hinten zurückwich und mittlerweile bereits sicherlich seit mehr als fünf Minuten, regelmäßig wie ein Nebelhorn, Krach schlug. Nun stimmte auch ein älterer Rehbock aus dem schmalen Mischwaldstreifen vor der Straße mit tiefem Schrecklaut in das Konzert ein, was ein jüngeres Stück Rehwild im Hochwald hinter mir ebenfalls zu regelrecht hysterischen Lautäußerungen animierte.

Es dauerte eine kleine Ewigkeit, bis die aufgeregten Akteure langsam ihr Geschrei einstellten. »Das war es wohl wieder«, dachte ich, »Gustav wird sich hüten, nach diesem Theater hier heute noch aufzutauchen.« Doch weit gefehlt: keine Viertelstunde später ein lautes Knacken und Brechen von dürren Zweigen am ersten Gestell, gefolgt von einigen schwerfälligen Fluchten. Mit einem Schlag war die langsam zurückgekehrte Entspannung höchster Anspannung gewichen. Der Keiler war tatsächlich erschienen. Jetzt gab es drei Möglichkeiten. »Wenn er auf dem Gestell in Richtung Hochwald zieht«, dachte ich, »bekommt er nach wenigstens fünfzig Metern Wind und ist vergrämt, wahrscheinlich diesmal für etwas länger. Falls er die gesamte Kultur umschlägt, kann er von rechts an der Kirrung erscheinen. Wahrscheinlich jedoch wird er direkt durch die Kiefernschonung bis zum Rand der Kirrung ziehen«.

Die nächste Dreiviertelstunde bot ausgiebig Zeit zum Rätseln, es tat sich absolut nichts. Immer, wenn auf der Straße Motorengeräusch zu hören war, nutzte ich die Gelegenheit, um die Beine etwas zu bewegen oder das Gewicht auf dem unbequemen Sitzbrett ein wenig zu verlagern. Ansonsten wagte ich kaum zu atmen. Während ich bereits meinte, der Keiler habe sich lautlos wahrscheinlich schon längst in Richtung Straße verzogen, war mitten in der Schonung ein leichtes Anstreichen zu hören. Oder hatte ich mich getäuscht? Inzwischen war es im Bodenbereich der vor mir liegenden Kiefernkultur sehr dunkel geworden. Der hinter mir über dem Hochwald noch recht tief stehende Mond beleuchtete im Bereich der Kirrung lediglich die Spitzen der knapp mannshohen Kiefern. Der helle Sandboden im Schlagschatten der hohen Stämme hinter mir war auch im Nachtglas nur schwer zu erkennen. Auch der schwache Verkehr auf der Straße einige hundert Meter weiter war mittlerweile fast völlig zum Erliegen gekommen, so dass beinahe vollständige Stille herrschte. Ich war froh, die geräuscharme Lodenjacke statt des leichteren Sommerjankers gewählt zu haben, trotzdem wagte ich kaum, das Glas hochzunehmen.

Nach wiederum langen Minuten beendete plötzlich ein lautes Rascheln und Brechen von vertrockneten Zweigen meine Unsicherheit. Es schien, als würde eine Dampfwalze hinter der Kirrung über den kleinen Wall zum Sumpfwald herunterbrechen. Noch ziemlich erschrocken von dem unerwarteten Getöse stellten sich neue Zweifel ein. »Jetzt zieht er wie gestern zur Spree hinunter, auf den frisch gedrillten Maisschlägen ist ja auch mehr zu finden als die hier verstreuten paar Körner«, dachte ich enttäuscht. Während ich ratlos versuchte, im schwachen Mondlicht die Uhrzeit zu erkennen, hörte ich nach einiger Zeit jedoch die Sau hinter dem Dornenwall in meine Richtung ziehen. Nach wenigen Tritten war wieder Stille. Dann merkte ich, dass Gustav – ich war sicher, dass nur er es sein konnte – den Hochwald, an dessen Rand die Kanzel aufgebaut ist, erreicht hatte und sich somit rechts hinter mir befand. Im Zeitlupentempo zog ich das kleine Gefäß mit dem Seifenschaum aus der Jackentasche und blies lautlos einige Seifenblasen in die Dunkelheit. Zu meiner großen Beruhigung trieben sie langsam nach links zum Weg hin. Hinter mir nun wieder einige Tritte, der Keiler befand sich jetzt meiner Schätzung nach etwa zehn Meter hinter mir! Ich fühlte, wie Blutdruck und Puls sich rekordverdächtigen Höhen näherten und versuchte krampfhaft, jegliche Schluckbewegung zu vermeiden, obgleich ich mir einbildete, bereits einen leichten Hustenreiz zu verspüren.

Quälend langsam vergingen die weiteren Minuten. Meine große Befürchtung war, dass die offensichtlich höchst misstrauische Sau hinter der Kanzel noch ein Stück weiter in Richtung Weg ziehen könnte und damit unweigerlich in meinen Wind kommen musste. Nach dem bisherigen Verhalten wäre dies nur logisch gewesen, da dann der Kreis um meinen Sitz geschlossen gewesen wäre. Doch Gustav trat stattdessen nur unschlüssig auf der Stelle hin und her. Dann meinte ich, rechts vor der Kanzel ein ganz leichtes Steineln zu hören. Als ich jedoch im Zeitlupentempo mein Nachtglas auf die vermeintliche Stelle richtete, war nichts zu erkennen. Wieder verstrich eine Minute nach der anderen, ohne dass irgend etwas zu hören, geschweige denn zu sehen war. Mit unangenehm trockenem Mund saß ich nun bereits eine kleine Ewigkeit fast erstarrt auf meinem schmalen Brett und wartete auf die weitere – von mir nicht zu beeinflussende – Entwicklung der Dinge. War da nicht im hinteren Bereich der Kirrung ein leises Knispeln? Ich hatte ähnliche Geräusche schon mehrfach gehört, wenn Rehwild einzelne Maiskörner an der Kirrung aufnahm. Eine Sau würde doch wohl ganz anders schmatzen.

Angestrengt suchte ich mit dem Glas den schwach durch die Kiefernstämmchen schimmernden Sandboden der Kirrung ab. Dann erkannte ich eine Bewegung, der Keiler hatte zwischen zwei Bäumchen einen Schritt nach vorn gemacht und fing an, vorsichtig und kaum hörbar, ein Maiskorn nach dem anderen aufzunehmen. Einen Augenblick brachte mich dieser Anblick regelrecht durcheinander, da ich Gustav eigentlich noch hinter meiner Kanzel glaubte. War die Sau dort drüben überhaupt Gustav? Aber zwei einzelne, gröbere und noch dazu äußerst heimliche Sauen im Umkreis von knapp vierzig Metern waren ja wohl nicht möglich. Also musste Gustav, ohne dass ich es bemerkt hatte, direkt neben der Kanzel zur Kirrung herausgezogen sein!

Voll konzentriert versuchte ich, das Glas ganz langsam und vorsichtig abzusetzen. Trotzdem passierte das Malheur, dass der Okularschutz mit leichtem Klacken auf die Okulare rutschte. Lautlos fluchend erstarrte ich wieder zur Salzsäule. Die leisen Knabbergeräusche von der Kirrung her ließen aber vermuten, dass Gustav noch nicht misstrauisch geworden war. Nachdem ich endlich ziemlich lautlos die Büchse an die Schulter gebracht hatte, gelang es mir nicht, die Sau in das Zielfernrohr zu bekommen. Der kleine Bildausschnitt zeigte immer nur Kiefernzweige in der ungefähren Richtung, in der ich den Keiler wusste. Also wieder absetzen und mit dem Nachtglas markante Punkte ausfindig machen. Ich bemerkte, dass die Sau um etwa Körperlänge entfernt rechts von drei nach oben weisenden Kiefernästen stand, welche im oberen Drittel auffällig vom Mond angestrahlt waren. Auch mit bloßem Auge konnte ich diese Stelle wiederfinden, so dass es leicht möglich war, das Zielfernrohr darauf auszurichten. Als ich die entsicherte Büchse leicht nach rechts schwenkte, erschien nun der Keiler klar und deutlich im Zielfernrohr.

»Jetzt geht eine lange Episode unweigerlich zu Ende«, ging es mir durch den Kopf, nachdem der Zielstachel erstaunlich ruhig auf dem Blatt stand, und der Zeigefinger Kontakt mit dem Abzugsbügel hatte. Dann zerriss der peitschende Geschossknall die nächtliche Stille, und während der Keiler in seiner Todesflucht laut durch die Dornen am Wall und durch das trockene Reisig des Sumpfwalds brach, löste sich in mir schlagartig die ungeheure Anspannung und machte einer großen Leere Platz.

Monatelang hatte mich dieser Keiler in Atem gehalten. Immer wieder war ich zweiter Sieger geblieben, wenn wir zusammengetroffen waren. Im Nachhinein war ich jetzt glücklich, dass der Erfolg es nicht eilig gehabt hatte. Dieses Finale mit kaum zu überbietender Spannung wird mir immer unvergesslich bleiben. Nach einigen Minuten der Besinnung leuchtete ich mit der Taschenlampe auf die Uhr und stellte fest, dass seit dem ersten Erscheinen des Keilers bis zum Schuss mehr als zwei Stunden vergangen waren!

Wir bargen Gustav am nächsten Morgen, beim ersten Tageslicht. Obwohl großrahmig gewachsen, brachte der drei- bis vierjährige Keiler aufgebrochen nur wenig über sechzig Kilogramm auf die Waage. Nach dem extrem kalten und schneereichen Winter hatte er praktisch kein Weißes auf den Rippen und war schmal wie ein Windhund. Die makellosen Waffen messen fast siebzehn Zentimeter, wobei besonders die Stärke der Haderer auffällt. Sicherlich wäre es besser gewesen, Gustav noch ein Jahr oder mehr reifen zu lassen. Ob er allerdings bei der scharfen Bejagung, die zur Zeit – schon wegen der drohenden Schweinepest – in Brandenburg üblich ist, seine Schwarte noch ein Jahr über die Zeit gebracht hätte, ist fraglich, zumal Hegeanstrengungen, wie etwa im sogenannten Lüneburger Modell festgeschrieben, sich in der Praxis nur auf Hegering- oder Schwarzwildring-Ebene realisieren lassen. Für mich war Gustav der erste »wirkliche« Keiler, dessen aufregende Erlegung ein Höhepunkt in meinem Jägerleben bleiben wird.

WENN DIANA LÄCHELT

Es ist eigentlich jedes Jahr das Gleiche: Im Frühsommer stellt man überrascht fest, dass endlich mal wieder Hasen zu sehen sind. Ob im Feld oder im Wald, bei fast jedem Ansitz kommen Mümmelmänner in Anblick, manchmal sogar ein halbes Dutzend und mehr. Wie schön wäre es, denkt man, wenn man im Spätherbst einmal wieder eine kleine Klüngeljagd auf Has – und natürlich Fuchs – veranstalten könnte. Vielleicht könnte man sogar auf die eine oder andere Ente hoffen.

Dann, nach den Freuden der Bockjagd, sind im September kaum noch Hasen zu sehen, obgleich kein sich zeigender Fuchs, ausgenommen während der Aufzuchtzeit, unbeschossen blieb. Aber was sind schon knapp zwei Dutzend erlegte Füchse im Jahr bei der Bevölkerungsexplosion, die in Rotrock-Kreisen in den letzten Jahren stattgefunden hat. Außerdem trägt auch die Fraktion Habicht & Co. unbehelligt aus der Luft dazu bei, dass Lampes Sippschaft immer schön klein gehalten wird. Die wenigen übrig gebliebenen Waldhasen möchte man dann lieber vor allen Fressfeinden verstecken, statt ihnen auch noch in größerer Runde mit Pulver und Blei auf den Balg zu rücken. So konnte ich mich vor kurzem kaum noch daran erinnern, wann ich zum letzten Mal meine wunderschöne Doppelflinte jagdlich geführt habe. Für die wenigen Schrotschüsse der letzten Jahre – meist auch noch vom Ansitz aus – reichte der linke Drilling-Lauf.

Als Ausgleich für die immer spärlicher werdenden Freuden in Form von Gesellschaftsjagden auf Niederwild ist einem großen Teil der Jägerschaft aber eine Jagdmöglichkeit entstanden, die den Verlust wettzumachen, wenn nicht sogar überzukompensieren vermag. Die vor Jahren noch kaum vorstellbare Ausweitung der

Schwarzwildbestände hat dazu geführt, dass Drückjagden mittlerweile fast eine Inflation erleben, da ansonsten der – teilweise das erträgliche Maß bei weitem sprengenden – Konzentration von Sauen, und der damit zusammenhängenden Schweinepestgefahr, kaum noch wirkungsvoll zu begegnen ist. Inzwischen haben viele auch begriffen, dass der manchmal langwierige Abschuss des weiblichen Rehwilds oder – wer das Glück hat, in seinem Revier Rotwild zu beherbergen – des Kahlwilds viel müheloser im Rahmen einer Drückjagd erfüllt werden kann als durch endloses Ansitzen. Das Argument, auf der Drückjagd falle Ansprechen des Wildes und schnelle Schussabgabe besonders ungeübten Schützen wesentlich schwerer als beim Ansitz, lässt sich ja gut mit dem Gegenargument entkräften, dass der Jagddruck durch derartige Bejagung erheblich reduziert wird. Wie dem auch sei, Drückjagden sind »in«, zur großen Freude übrigens auch der Jagdwaffenindustrie, die mit Wohlgefallen die steigenden Umsätze beispielsweise bei Doppelbüchsen registriert.

Der in der Jahreszeit der Gesellschaftsjagden regelmäßig äußerst spärliche Niederwildbesatz, aber andererseits die große Zahl von Sauen, die wir dann regelmäßig fährten können, und die sich auf den abgeernteten Maisfeldern auf der Suche nach abgefallenen Maiskolben durch das Ausbuddeln bombentrichterartiger Löcher bemerkbar und entsprechend unbeliebt machen, hatten auch bei Mitstreiter Reinhard und mir recht schnell zu der Überzeugung geführt, dass auch bei uns eine Gesellschaftsjagd nur als Drückjagd sinnvoll ist.

Nachdem wir uns bereits den Kopf darüber zerbrochen hatten, wann wir denn wohl am besten mit unserem Freundeskreis einen ersten Drückjagdversuch wagen sollten, in welchem Rahmen die Sache dann stattfinden könnte, wer hierzu eingeladen werden müsste, und wen wir gerne dabei sehen würden, wurden uns weitere Überlegungen von unseren Reviernachbarn abgenommen. Diese hatten bereits konkretere Pläne entwickelt und fragten an, ob wir nicht mit Ihnen gemeinsame Sache machen wollten. Termin und Organisation waren so gut wie festgelegt, und unsere Beteiligung würde, wie sie erklärten, nicht nur die Bewirtungskosten verbilligen, sondern außerdem die Möglichkeit bieten, das große, urwaldartige, durch unsere gemeinsame Reviergrenze geteilte Waldgebiet vollständig auf allen Fernwechseln und Wald-Feld-Grenzen abzustellen.

Wir stimmten ziemlich schnell zu. Da wir hierdurch eine Menge Aufwand vermeiden konnten, überließen wir die Ausrichtung der gemeinsamen Ansitzdrückjagd gern den Nachbarn, einer vielköpfigen Pächtergemeinschaft, die etwa zur Hälfte aus einheimischen Jägern und darüber hinaus aus diversen Mitpächtern sowie Begehungsscheininhabern aus den alten Bundesländern besteht. Dieser Riesenverein bejagt zwar eine Gesamtfläche von mehr als zweitausend Hektar, war aber natürlich sehr an weiteren Ständen bei uns interessiert, zumal der Feldanteil bei unseren Nachbarn relativ groß ist.

Am gemeinsamen Treffpunkt, sehr idyllisch an einem kleinen See direkt an der Grenze zwischen unseren Revieren gelegen, überraschte mich bereits die Masse Mensch, die sich erwartungsfroh und tatendurstig dort versammelt hatte. Unsere Nachbarn hatten sich nicht lumpen lassen. Ein großes Zelt war aufgebaut, hinter einem riesigen Holzstoß, der später die umfangreiche Truppe aus Schützen und Treibern beleuchten und wärmen sollte. Vor der Begrüßung musste jedoch erst einmal kräftig gelöhnt werden. Für die versprochene Schlachtplatte aus der Gulaschkanone wurde ein »Unkostenbeitrag« kassiert, der für die Begleichung eines Mittagessens in einem rheinischen Feinschmeckerlokal fast gereicht hätte. Dann, nach der stimmungsvollen musikalischen Begrüßung durch ein hervorragendes Bläserquartett und den üblichen Formalien, schritten wir zur Tat, das heißt, ich übernahm ein halbes Dutzend Schützen, um sie bei uns anzusetzen.

Reinhard und ich bemühten uns redlich, unseren Gästen aussichtsreiche Stände anzuweisen, wir selbst zogen uns an den Rand unseres Reviers zurück, um bei strahlendem Sonnenschein, aber ziemlicher Kälte, den Verlauf der Dinge in Ruhe abzuwarten. Aus der Richtung der Treiber waren auch sehr schnell diverse

Schüsse zu hören, viele klangen jedoch etwas merkwürdig, so dass ich aus dem Geschehen nicht recht klug wurde. Immer wieder waren regelrechte Salven vernehmbar, die manchmal mit abschwellenden Heultönen verbunden waren. Ich überlegte, ob es sich vielleicht um Querschläger handeln könne, so viele jedoch erschienen mir eher unwahrscheinlich.

Bei mir tat sich ungefähr zwei Stunden lang gar nichts. Das Zählen der Schüsse hatte ich inzwischen längst aufgegeben. Dann, eine knappe Stunde vor dem Abblasen, rauschte es hinter mir auf der freien Wiese gewaltig, und eine Rotte von neun oder zehn Sauen, Bachen, Überläuferbachen und »gut im Futter stehenden« Frischlingen, wollte sich aus unserem Wald über eine Wiese in Richtung Staatsforst in Sicherheit bringen. Ich bin heute noch erstaunt darüber, dass es mir – wie bereits berichtet – gelang, aus der Rotte eine Dublette herauszuschießen.

Diese, meine beiden Sauen, waren für den Erfolg des nachfolgenden Schüsseltreibens maßgebend. Als ich mit den beiden auf die Fronthaube meines alten Kübels geschnallten Schweinen auf dem Sammelplatz antuckerte, hellten sich die Mienen der einheimischen Reviernachbarn wie auf Kommando auf. Bis zu meinem Eintreffen schien das Schicksal einen der ortsansässigen Nachbarn mit Macht heimgesucht zu haben. Dieser hatte nämlich einen Überläuferkeiler – völlig unüberlegt, wie er meinte – auf die Schwarte gelegt und fürchtete nun, der Jagdkönigwürde nicht mehr entrinnen zu können. Dies hätte, wie ich später durch eigene Erfahrung lernte, selbst für einen Ortsansässigen mindestens das Zahlen von zwei Kästen Bier und zwei Flaschen Kräuterschnaps bedeutet, um die gesamte Truppe wenigstens einmal freizuhalten.

Durch mein Erscheinen kehrte der Sonnenschein auf die geröteten Gesichter der gestandenen Spreewaldjäger und der verwegenen Treiberschar zurück. So war nicht nur dem armen einheimischen Jägerlein geholfen sondern auch allen übrigen, die sich ja nun keine Hemmungen auflegen mussten, dem westdeutschen Schützenkönig, wie im Spreewald der erfolgreichste Schütze genannt wird, immer wieder neue Kästen Bier und volle Schnapsflaschen abzufordern. Um den Schützenkönig, der die Sauen ja im eigenen Revier erlegt hatte, auch »flüssig« zu machen, wurde in Windeseile dafür gesorgt, dass Käufer die beiden knapp fünfzig Kilo schweren Überläuferbachen umgehend – zum Vorzugspreis, versteht sich – übernahmen. Dann lief die versammelte Gemeinde zur Höchstform auf, und nach nicht einmal drei Stunden war der gesamte Wildbreterlös in Schnaps und Bier umgesetzt. Erst dann konnte ich mich gegen weitere Alkohol-Gesuche erfolgreich wehren, es wurde wohl auch höchste Zeit, wie mir einige bereits volltrunken um das Feuer herumkriechende Gestalten bewiesen.

Nun habe ich ja prinzipiell nichts dagegen, wenn sich gestandene Mannsbilder hin und wieder kräftig die Mütze begießen, sofern niemand von mir verlangt, im gleichen Rahmen mitzuhalten. Hier hatte ich aber den Eindruck, dass es vielen gar nicht um die Jagd ging, sondern nur noch darum, möglichst ohne eigene Kosten sich zu Lasten anderer ordentlich voll laufen zu lassen. So wurde beim Strecke-Legen nicht, wie sonst üblich – nur der Schützenkönig mit einem »Orden« geehrt, man hatte vielmehr bündelweise gebrannte Holzplaketten vorbereitet, für den »ersten Schützenkönig«, für den »zweiten Schützenkönig«, für den »ersten Marschall«, für den »zweiten Marschall«, für den »Patronenkönig« (der mit den meisten Fehlschüssen) und so fort. Dabei wurde jedem »Geehrten« noch mal deutlich in Erinnerung gerufen, was man von ihm erwarte.

Ich fand das alles nicht ganz so lustig und ärgerte mich, als einem Jungjäger für das Erlegen eines Hasen eine Plakette überreicht wurde, mit dem Hinweis, man sei sicher, der glückliche Schütze wisse, was nun zu tun sei. Als dann noch herauskam, dass die zahlreichen vermeintlichen Schüsse während des Treibens größtenteils von Krachern und Heulern herrührten, die von den Treibern ständig ins Gebüsch geworfen worden waren, sank meine Begeisterung für gemeinsame Drückjagden mit den Nachbarn auf den Tiefpunkt. Reinhard und ich waren uns einig, zukünftig lieber unser eigenes jagdliches Süppchen zu kochen.

Im nächsten Jahr ergab es sich zufällig, dass wir den selben November-Samstag für unsere eigene kleine Drückjagd ausgesucht hatten, wie unsere Nachbarn. Das konnte sich für beide Unterneh-men eigentlich nur günstig auswirken, wobei wir die Erfahrung gemacht hatten, dass wir wahrscheinlich mehr davon profitieren würden. Schon die Planung und Vorbereitung unserer Jagd war ein Vergnügen. Hierbei muss man sich weit intensiver mit den jagdli-chen Gegebenheiten des eigenen Reviers beschäftigen als sonst, wenn es nur um die Wahl eines geeigneten Ansitzplatzes geht. Wir stellten noch einige zusätzliche Leitern auf und kamen so an Stellen im Revier, die wir bislang jagdlich kaum beachtet hatten. Für uns war selbstverständlich, ordentlich für das leibliche Wohl unserer Gäste zu sorgen, und so lieferten wir ein Schmalreh und einen Frischling an die Dorfwirtin, die daraus Wildgulasch machen woll-te. Nachdem auch für kalte Getränke und einen großen Topf Glühwein gesorgt war, brauchten wir am Morgen vor der Jagd nur noch ein ausgeliehenes früheres Armeezelt vor meiner Behausung aufzustellen, um zumindest beim Schüsseltreiben vor unlieb-samen Wetterüberraschungen geschützt zu sein, und einen aus-reichenden Holzvorrat für das Feuer zu organisieren.

Leider erhielten wir am Morgen vor der Jagd noch zwei Ab-sagen von fest eingeplanten Schützen, so dass wir unseren Ansitz-plan noch umstellen und straffen mussten. Insgesamt waren wir nun zwölf Schützen und ebenso viele Treiber, die sich zum größten Teil aus Reinhards Verwandtschafts- und Bekanntschaftskreis rekrutierten.

Bei der Begrüßung gab es frohe Gesichter, als ich neben der gesamten jagdbaren Niederwildpalette auch starke Keiler und Rot-wild bis hin zum Rotspießer freigab. Ältere Hirsche waren im Hegering nicht mehr frei. Allerdings wies ich darauf hin, dass rau-schige Keiler vom Schützen zum Normalpreis übernommen wer-den müssten! Dies wurde grinsend akzeptiert, da jeder einsah, dass es doch wohl nicht sein könne, dass der Schütze glücklich mit der Trophäe nach Hause marschiert, und der Jagdherr möglicherweise das nicht verwertbare Wildbret »entsorgen« muss.

Nachdem ich die für die Feldmark vorgesehenen Schützen – in der Regel unerfahrenere Jäger mit noch etwas längerer »Reaktionszeit« – auf ihre Kanzeln gebracht hatte, musste ich mich beeilen, um noch rechtzeitig an meinen Stand in der Mitte des großen Waldes, aber an der Grenze zum Nachbarrevier, zu kommen, bevor die Treiber von der Straße her losgingen. Bei der Treiberwehr gab es ärgerliche Mienen, hatte doch Reinhards junger Neffe Christoph, der stolz in seiner orangeroten Treiberweste unter der Obhut des Vaters seine erste Drückjagd mitmachen durfte, sofort nach der Ankunft im Wald Reinhards Jagdterrier Atze, der ihm an der Leine anvertraut worden war, arglos geschnallt. Die Folge war, dass das kleine Energiebündel bereits laut kläffend durch die Dickungen fegte, als noch kein Schütze seinen Stand erreicht hatte. Reinhard, der mit den Treibern durchgehen wollte, war der Verzweiflung nahe.

So blieb uns nichts anderes übrig, als die für die hinteren Waldpartien vorgesehenen Schützen eiligst in die Wagen zu packen, und in halsbrecherischem Tempo über die zerfurchten Waldwege zu ihren Ständen zu kutschieren. Als ich endlich meinen Stand, eine etwa zwei Meter hohe eiserne Halbkanzel an einem schmalen Weg zwischen einem Birkenwäldchen und trockenem Kiefernaltholz erreicht hatte, sah ich bereits beim hastigen Hinaufklettern zwischen den Kiefern einen starken Fuchs, der auf etwa achtzig Schritt parallel zum Weg meinen Stand passieren wollte. Der hastig hingeworfene Schuss aus der Repetierbüchse ging leider knapp drüber und brachte Reineke erst so richtig in Schwung.

Das war ja kein gutes Omen für den weiteren Verlauf. Inzwischen waren aber aus nahezu allen Richtungen einzelne Schüsse zu vernehmen, Musik in den Ohren des einladenden Jagdpächters, der ja nichts mehr fürchtet, als wenn seine Gäste nicht zu Schuss kommen. Mehrmals vermeinte ich auch, Kugelschlag zu hören. Bei mir kam außer hochflüchtigem Rehwild erst einmal nichts. Die erstaunlich gut ausgerichtete Treiberkette – Reinhard hatte seine Truppe vorzüglich im Griff – war bereits vorüber, so dass ich auch nicht mehr mit viel Anblick rechnete. Ich saß entspannt auf meinem bemoosten Sitzbrett und freute mich über die immer wieder zu mir herüberhallenden Schüsse, als ich ganz rechts – praktisch

schon hinter mir in den Birken – eine Bewegung wahrnahm. Eine Riesensau kam hochflüchtig gerade auf mich zu.

Nur nicht zu hastig die Büchse hochnehmen, dachte ich noch, da hatte ich den Schwarzkittel bereits im Zielfernrohr, das vorsorglich auf dreifache Vergrößerung heruntergedreht war. Die Sau, die weiterhin in großen Sätzen genau in Richtung meiner Kanzel galoppierte, hatte ein eisgraues, wenn nicht schon weißes Haupt, allerdings konnte ich keine Waffen sehen. Von vorn, direkt auf das Haupt zu schießen, wollte ich nun wirklich nicht, also hieß es warten, bis die Sau mich passieren würde. Dann war sie auch schon da. Mühsam versuchte ich das Absehen auf den Körper zu bringen, als sie, nach wie vor in voller Fahrt, nicht mehr als drei Meter entfernt unter mir durchflüchtete. Ich sah nur schwarz im Zielfernrohr. Aber anstatt die Richtung beizubehalten und vor mir den Weg zu überfallen, drehte die Sau plötzlich spitz von mir weg und setzte ihre rauschende Fahrt wenige Meter parallel zum Weg fort. Nun hätte ich ihr nur noch ins Waidloch schießen können. Als ich fieberhaft überlegte, was aus dieser verfahrenen Situation noch zu machen sei, drehte das riesige wilde Schwein scharf nach links ab, um hinter dem Weg den Kiefernwald anzunehmen. Der Schuss fiel, als die Sau mitten auf dem Weg war. Aber anstatt zu rollieren oder wenigstens deutlich zu zeichnen, sah ich sie, zwar etwas langsamer werdend, zwischen den trockenen Kiefernästen verschwinden.

Mit gespitzten Ohren versuchte ich das Fallen und Schlegeln wahrzunehmen, was nun wirklich langsam erfolgen musste, da es für mich völlig außer Frage stand, dass die Sau getroffen war. Es war aber nichts zu hören. Nach einer guten Viertelstunde hielt mich nichts mehr auf dem Sitz und ich begab mich zum nahen »Anschuss«, keine vierzig Schritt entfernt. Mir war bewusst, dass bei Drückjagden der Stand keinesfalls verlassen werden darf, hier bestand aber keinerlei Gefahr, da die Nachbarschützen weit weg postiert waren. Auf dem Weg war zwar kein Schweiß zu finden, aber die Eingriffe der Sau waren deutlich sichtbar, ich konnte sie auch ohne Schwierigkeiten etliche Meter in den Bestand verfolgen. Dann brach ich ab, um mich erst einmal wieder auf meine Kanzel zu begeben. Das Weitere würde der Schweißhund des Försters erledigen. Ein letzter Blick noch zu der Stelle, wo die Sau den Weg überfallen hatte, und dann sah ich das Desaster: Ein etwa dreißig Zentimeter langer Kugelriss und eine frisch durchschossene Wurzel waren mitten auf dem Weg klar zu erkennen.

Nun war die Stimmung doch merklich verhagelt. Erst der Fehlschuss auf den Fuchs und jetzt auch noch das. Ich hatte meine Chancen gehabt und beide Gelegenheiten kläglich vergeben. In hohem Maße sauer auf mich selbst ließ ich mich zerknirscht wieder auf meiner Halbkanzel nieder, um in Ruhe noch die letzte Stunde unserer Drückjagd abzuwarten. Punkt zwölf Uhr sollte Hahn in Ruh sein. Ich tröstete mich etwas mit den zahlreichen Schüssen, die in unserem Revier gefallen waren. Hauptsache die Gäste haben guten Anblick gehabt und sind zu Schuss gekommen. Während ich mich solch noblen Gedanken hingab, erschien plötzlich Atze zwischen den Birken, trottete auf meinen Sitz zu und schielte mit schiefgehaltenem Kopf zu mir hoch. Dann schien er die Saufährte zu erschnuppern, folgte ihr bis zum Kugelriss auf dem Weg, drehte sich – mitleidig wie es schien – zu mir um, als wenn er sagen wollte:»Mit dir ist auch nichts mehr los«, schüttelte den Kopf und humpelte müde von dannen, ohne den auffälligen Eingriffen, die in das Kiefernholz wiesen, auch nur ein Schnüffeln zu gönnen.

Es musste merklich kälter geworden sein. Oder lag es daran, dass die Spannung und Aufregung sich bei mir nun gelegt hatte? Immer öfter schaute ich zur Uhr und freute mich auf das heiße Gulasch am wärmenden Feuer, zumal mittlerweile der Magen knurrte. Als ich zehn Minuten vor zwölf wieder einmal auf die Uhr blickte, hörte ich schräg hinter mir Bewegung im trockenen Laub. Beim Umdrehen erkannte ich ein Stück Rotwild, einen Rotspießer, der, elegant wie ein Zirkuspferd bei der Hohen Schule in der Manege, mit hocherhobenem Haupt am Rande des Birkenbestands entlang zum Weg hin trollte, an dem meine Halbkanzel stand. Wenn er die Richtung beibehielt, musste er etwa siebzig bis achtzig Schritt von mir entfernt den Weg überfallen. Bereits mit dem Zielfernrohr ansprechend, konnte ich deutlich sehen, dass die Spieße mal gerade lauscherhoch waren, ein Abschusshirsch, wie aus dem Lehrbuch also. Durch den dichten Birkenbestand war beim Trollen der größte Teil des Wildkörpers fast immer verdeckt, so dass an Schießen nicht zu denken war. Ich musste also bis zum Weg warten. Kurz vor Erreichen der Schneise stoppte der Hirsch abrupt. »Jetzt ist er in den Wind des etwa zweihundert Meter weiter sitzenden Nachbarn gekommen«, fuhr es mir durch den Kopf. Nun musste es schnell gehen. Während der Spießer sich langsam drehte, wahrscheinlich wollte er zur Dickung hinter den Birken zurückwechseln, zeigte er kurz das Blatt, hielt aber in der Drehung nicht inne. Ich hatte, auf der Halbkanzel stehend, den Hirsch immer im Zielfernrohr und zog, als er einen Augenblick halbspitz von hinten verharrte und nicht durch Birkenstämme abgedeckt war, den Flintenabzug durch, als der Zielstachel kurz vor der linken Keule stand. So musste die Kugel die Kammer erreichen. Hören des Kugelschlags und Erkennen des auffälligen Zeichnens waren eins. Dann sah ich den Hirsch mit gesenktem Haupt in höchster Fahrt zurück zur Dickung flüchten, aus der er auch gekommen war. Auf der Flucht rannte er noch einige Birken an, bevor er krachend in der etwa zweihundert Meter entfernten bürstendicken Fichtenschonung verschwand.

Während ich tief durchatmete und merkte, wie sich der Puls langsam wieder beruhigte, hörte ich, wie die Jagd abgeblasen wurde. Beim Hinunterklettern von der Kanzel zitterten mir immer noch die Hände. »Merkwürdig«, dachte ich, »dass bei dir das Jagdfieber immer erst nach dem Schuss kommt.« Wieder einmal wurde mir bewusst, dass ich vor der Schussabgabe normalerweise ziemlich ruhig bin, es sei denn, die Schussabgabe verzögert sich erheblich.

Am Anschuss, den ich ohne viel zu suchen fand, leuchtete mir dicker roter Lungenschweiß entgegen. Die gesamte Schweißfährte bis hin zur Dickung war wie mit der Gießkanne geschüttet. Angerannte Birken schimmerten signalrot. Ich war ziemlich sicher, dass der Hirsch die Dickung nicht mehr verlassen würde. So holte ich den Rucksack, marschierte zu meinem Geländefahrzeug und fuhr zum Sammelplatz. Schon von weitem sah ich, dass dort die Stimmung wohl nichts zu wünschen übrig ließ. Beim Aussteigen bereits war zu hören, wie fast jeder seine Erlebnisse lautstark verbreitete. Fast alle redeten mit Händen und Füßen, fast keiner hörte dem anderen zu! Die wahren Helden schienen die Treiber gewesen zu sein, sie waren ja schließlich herumgekommen und hatten am meisten mitgekriegt. Zufrieden sah ich bei etlichen Schützen schweißrote Hände, also war auch aufgebrochen worden. Langsam verdichteten sich die Meldungen, etliche Schützen waren noch mit dem Aufbrechen beschäftigt und deshalb noch nicht anwesend.

Als bereits der Rücktransport zu meiner Behausung organisiert werden sollte, stoppte ich die angeregte Korona mit der Mittei-

lung, vor Abfahrt müsse noch mal die große Dickung vor dem Wildacker abgestellt werden, darin stecke ein von mir gerade beschosse-
ner Hirsch! Das schlug ein wie eine Bombe. Voller Begeisterung
sprang alles in die Fahrzeuge, und Reinhard und ich dirigierten
diese von beiden Seiten vor die Dickung. Wir stellten die Schützen
direkt am Rand der Schonung ab, mit der Maßgabe, nur nach
außen zu schießen. Dann folgte Manfred, einer unserer Jagdfreunde, zwar noch jung an Jagdjahren, dafür aber mit großer Passion
ausgestattet, mit seiner gut ausgebildeten Rauhhaarteckelhündin
der Schweißfährte in die bürstendichte, unten schon trockene Fich-
tendickung. Eine ganze Weile tat sich nichts, dann aber hörten wir
einen Schuss, und kurz danach den erlösenden Ruf: »Hirsch tot!«
Jetzt erst legte sich bei mir der letzte Rest von Anspannung. Ich war
zwar ziemlich sicher gewesen, dass wir den Hirsch bekommen
würden, etwas Ungewissheit bleibt aber auch in solchen Situationen. Wie lange läuft er noch? Geht er vielleicht sogar noch über die
Grenze? Nach den bitteren vorangegangenen Erfahrungen des
Tages war ich doch sehr froh, dass sich nun alles in Wohlgefallen
aufgelöst hatte.

Vor dem aufgebauten Zelt und neben dem Feuer wurde die
Strecke gelegt. Zwölf Schützen hatten einen Hirsch, einen vierjährigen, nicht rauschigen Keiler, eine Überläuferbache, einen
(allerdings schwer laufkranken) Bock, eine Ricke, zwei Bockkitze,
fünf Rickenkitze und einen Hasen erlegt. Alle hatten reichlich
Anblick gehabt und waren zu Schuss gekommen, wenn auch nicht
immer mit Erfolg, was einigen Sauen die Schwarte gerettet hatte.
Die Stimmung war somit kaum zu überbieten, jeder war auf sich
und die gesamte Mannschaft stolz, zumal in letzter Zeit die Ergebnisse der Jagden in der Umgebung nicht gerade berauschend gewesen waren. Besonders glücklich war Manfred, unser Jagdfreund aus
dem Dorf, der mit seinem Hund den Hirsch zur Strecke gebracht
hatte. Er freute sich über die Leistung seiner jungen Hündin und
besonders darüber, dass ich ihm die Trophäe des nachgesuchten
Hirsches anbot. Es war schließlich sein erster.

Als Reinhard damit beginnen wollte, die Brüche zu überrei-

chen, fiel mir plötzlich ein, dass ich vergessen hatte, für den Jagdkönig eine Medaille zu besorgen. Alles war gut geordnet abgelaufen, und nun das. Aber auch diese Panne löste sich von selbst, da
ich nicht verhindern konnte, als Schütze des Hirsches selbst zum
Schützenkönig ernannt zu werden. Somit fiel keinem mein Missgeschick auf. Der Rest des Nachmittags und der Abend wird vielen
in guter Erinnerung geblieben sein. Gulasch und Rotkohl schmeckten vorzüglich, und auch an Getränken mangelte es nicht. Besonders habe ich mich darüber gefreut, dass es sich die Ehefrauen
unserer Jagdfreunde nicht hatten nehmen lassen, für reichlich wärmenden Glühwein zu sorgen und ständig mit Tabletts voll damp-
fendem Nachschub unterwegs waren.

Noch lange saßen wir vor dem lodernden Feuer und betrach-
teten die mit Fackeln beleuchtete Strecke. Selbst die mittlerweile
eingetretenen Minustemperaturen konnten uns nichts anhaben.
Reinhard und ich waren sehr froh darüber, dass ausnahmslos diszipliniert geschossen worden war, die Sicherheitsvorschriften
genau beachtet wurden, und nur sorgfältig angesprochenes Wild
auf der Strecke lag. Besonders freuten wir uns, dass vier der erlegten Kitze sehr schwach waren. Besser hätten wir unseren restlichen
Rehwildabschuss auch nicht vom Ansitz aus erledigen können.
Allen Beteiligten war klar, dass eine derartige Strecke in der heutigen Zeit schon etwas Besonderes darstellt und nicht als Norm für
zukünftiges Waidwerken angesehen werden kann. Nur wenn eine
Vielzahl von Faktoren zusammenkommt, kann es so »passen«. Vor
allem aber muss Diana lächeln!

Einige Tage später traf ich den Getränkehändler, der uns bei
der Jagd beliefert hatte. Er erzählte mir eine fast unglaubliche
Geschichte, die aber im Nachhinein durch mehrere Augenzeugen
verifiziert worden ist: Am Tage der Jagd, so gegen halb zwölf,
näherte er sich unserem Dorf auf der Landstraße. Kurz vor dem
Ortsschild musste er stoppen, weil drei Hirsche, ein starker Kronenhirsch und zwei Rotspießer, die aus einem kleinen Feldgehölz
nicht weit von der Straße herausgelaufen kamen, kurz vor seinem
Wagen die Straße überquerten. Sie sprangen in den Gemüsegarten

unseres Mitjägers Rainer ein, durchquerten diesen und drangen dann in das Gelände des Reiterhofs am Ortsrand vor. Von dort sprangen sie in die Pferdekoppel des Bauern Mikosch ein und wandten sich hochflüchtig, drei Pferde des Bauern in vollem Galopp hinter sich, in Richtung meiner Behausung, die mit Blick auf die Feldflur am äußersten Ende des Dorfes liegt. Direkt vor meiner Hütte überfielen sie den Stacheldrahtzaun der Pferdekoppel und trollten im Abstand von nicht einmal zehn Metern am grünen Zelt vorbei, das wir für das Schüsseltreiben aufgebaut hatten, in Richtung Dorfstraße. Nachdem sie den Garten eines dort wohnenden Rentners durchquert hatten, erreichten sie über die belebte Bundesstraße das weitläufige Gelände der Agrargenossenschaft. Wie mir der Pensionär Wilfried, der neben mir wohnt, versicherte, hätte ich gar nicht zur Jagd zu fahren brauchen, den Kronenhirsch hätte ich von meiner Terrasse aus auf dreißig Meter erlegen können. Mit gutem Schuss hätte er dann genau an der Stelle fallen können, wo am Nachmittag die Strecke gelegt wurde!

Vor den Ställen der Agrargenossenschaft trennten sich dann die Hirsche. Während der Vierzehnender und der gut veranlagte Spießer durch den weiträumigen Komplex der Genossenschaft in Richtung Dorfmitte trabten, lief der geringe Spießer gute zwei Kilometer über die Feldflur – an meinem Düsseldorfer Freund Rüdiger vorbei, dem ein paar Minuten zum Ansprechen fehlten, um sich zum Schuss zu entschließen – überquerte schließlich den Seitenarm der Spree und tauchte in den Wald ein. Dort wurde ein Schütze, den er überraschend passierte, ebenfalls nicht schussfertig, so dass es der Spießer bis zu mir schaffte. Den Rest habe ich bereits geschildert.

Die übrigen beiden Hirsche drangen mitten im Dorf von hinten in das Grundstück eines Bekannten von Reinhard ein, zertrampelten dabei einen Gartenzaun und fanden sich vor dem Haus des Bürgermeisters, neben der Kirche, auf der gepflasterten Dorfstraße wieder. Über dem Bürgersteig fegten sie dann entlang der Straße dem Ortsausgang zu, ließen den Friedhof unbeachtet links liegen und verschwanden endlich – hinter dem Friedhof – in den angrenzenden Gemeindewald der Nachbarjagd. Die wenigen Augenzeugen auf der Dorfstraße konnten nun erleichtert aufatmen, ihren geparkten Autos war trotz dicht vorbeipreschender Geweihstangen nichts passiert!

Nach zwei Jahren getrennten Jagens fanden es unsere Nachbarn wie auch Reinhard und ich an der Zeit, unsere jährlichen Drückjagden wieder gemeinsam abzuhalten. In einer sachlichen Aussprache wurden unsere Kritikpunkte akzeptiert und der Ablauf sowie die brauchtumsbedingten »Zeremonien« so festgelegt, dass nunmehr alle Beteiligten zufrieden sein können. Eine erste, harmonisch verlaufene und sehr erfolgreiche Jagd hat gezeigt, dass wir nun auf dem richtigen Weg sind und allen Grund haben, zukünftigen Gemeinschaftsaktionen hoffnungsvoll entgegen zu sehen. Vielleicht freut sich ja auch Diana darüber, dass ausgewachsene Grünröcke, die sich aus ziemlich nichtigem Anlass entzweit hatten, wieder zur Gemeinsamkeit und damit zur Vernunft zurückgefunden haben. Ist das kein Grund für die Jagdgöttin, auch weiterhin zu lächeln?

Der Untergrund-rammler

Die bejagbare Fläche des Spreewald-Dorfes, in dessen Gemarkung Reinhard und ich waidwerken, setzt sich aus zwei größeren Jagdbögen zusammen, die durch die Bundesstraße, welche das Dorf durchschneidet, getrennt werden. Wir haben mit den Pächtern der anderen Gemeindejagd ein freundschaftliches Verhältnis, das schon durch die regelmäßigen – mehr oder minder feuchtfröhlichen – Veranstaltungen der Jagdgenossenschaft immer wieder neu gefestigt wird. Neben zwei einheimischen Jägern sind an dem Nachbarrevier auch zwei Pächter aus Ostfriesland beteiligt, die außerdem regelmäßig zahlreichen »jagdlichen Anhang«, wie es so schön heißt, mitbringen. Dadurch ist bei unseren Nachbarn häufig eine beeindruckende »Feuerkraft« versammelt, die natürlich auch Ziele benötigt und Jagddruck erzeugt, den Reinhard und ich durch behutsamere Bejagung auf unserer Seite zu vermeiden bemüht sind.

So bringen wir es trotz großer Anstrengung meist nur auf eine eher mäßige Zahl von Füchsen im Jahr, während bei den Nachbarn durch häufige Baubejagung in der Gruppe sowie Fallenstellen eine höhere Strecke erreicht wird. Das liegt sicherlich auch daran, dass einer der friesischen Mitpächter beruflich in der Bisambekämpfung tätig ist und dadurch – oft noch unterstützt durch Jagdgäste, die Kollegen von ihm sind – hervorragende Fähigkeiten auf dem Gebiet der Raubwild- und Raubzeugbejagung besitzt. Ratten-Karle, wie ihn die Dorfbewohner wegen seines Berufes auch grinsend nennen, genießt infolgedessen in meinen Augen bezüglich der Niederwildjagd im Allgemeinen und der Raubwildbejagung im Besonderen höchste Autorität.

Aus diesem Grund sagte ich auch freudig zu, als Karl mir im

Dezember, als wir beide um den Vollmond herum in unsere Reviere angereist waren, anbot, an der für den nächsten Tag geplanten Fuchsjagd in seinem Revier teilzunehmen. Er hatte wieder einmal seinen Bisamjäger-Kollegen Lukas dabei, der für das geplante Fuchsdrücken seine beiden Rauhhaarteckel mitgebracht hatte. Verstärkt wurde unsere kleine Truppe am nächsten Morgen noch durch Marko, einen Jungjäger-Anwärter aus dem Dorf, dessen Vater ebenfalls an der Nachbarjagd beteiligt ist. Da auch Marko seine Rauhhaarteckeline aus der Zucht von Lukas zum Einsatz bringen wollte, hatten wir einschließlich Anja, der ungarischen Vorstehhündin von Karl, insgesamt vier Hunde zur Verfügung.

Für meine – allerdings überwiegend theoretischen – Begriffe reichlich laut zogen wir anschließend durch dürre Kiefernwaldstücke von Fuchsbau zu Fuchsbau. Nirgends zeigten die Teckel allerdings Interesse. Wir revidierten in den nächsten zwei Stunden gut zwei Dutzend Baue in Karls Gefilden, keiner schien angenommen. Obgleich ich wegen des ständig lauten Geschreis und Gepfeife nach den Hunden, einer war immer verschwunden, keinen großen Erfolg erwartete, wären uns frische Spuren sicherlich nicht verborgen geblieben. Die Hunde zeigten aber rein gar nichts an. Die Stimmung fiel immer mehr, jeder behauptete, so etwas noch nie erlebt zu haben.

Um wieder etwas Schwung in die allmählich verzagende Truppe zu bringen, schlug ich schließlich vor, es bei einigen großen Bauen in unserem Revier zu versuchen. Beim Rehwildansitz hatte ich oft genug Füchse in ein kleines Waldstück schnüren sehen, in dem ich zwei größere Baue wusste. Erleichtert wurde mein Vorschlag sofort akzeptiert, und so marschierten wir wieder etwas beschwingter zu unseren Geländewagen, um zu meinem Revier hinüberzufahren. In gebührendem Abstand ließ ich halten, und relativ leise stelzte der kleine Verein mit neuer Hoffnung hinter mir her. Glücklicherweise fand ich beide Baue in dem mit dichtem Unterwuchs bewachsenen Wäldchen auf Anhieb. Es wäre mir doch etwas peinlich gewesen, wenn ich vor Karl, der mir gerade Dutzende von Bauen vorgeführt hatte, länger hätte herumsuchen müssen.

Doch zu meiner großen Enttäuschung waren beide Baue zur Zeit wohl auch nicht befahren.

Während wir schon etwas trübsinnig in Richtung Waldrand auf unsere Autos zutrotteten, hielt mich Karl plötzlich am Ärmel fest. Jetzt sah auch ich den dicken Hasen, der dicht an einen Kiefernstamm gepresst, keine fünf Schritt von uns entfernt in seiner

Sasse lag. Es war vorher schon abgesprochen worden, dass einzelne Hasen geschossen werden könnten. Da wir in beiden Revieren schon seit Jahren auf Treibjagden verzichtet hatten, schien uns die Erlegung einzelner Küchenhasen durchaus vertretbar. So nickte ich nur, und wir bemühten uns alle drei, die Flinten möglichst lautlos wieder zu schließen. Karl und ich waren noch gar nicht schussbereit, als der Hase wie ein Blitz aus der Sasse fuhr und versuchte, in Richtung Waldrand seinen Balg in Sicherheit zu bringen. Doch Lukas war schneller. Nach wenigen Sätzen erreichten seine Schrote den unglücklichen Mümmelmann, so dass die Wolle stiebte. Doch der Hase rollierte nicht, sondern lief, wenn auch merklich verlangsamt, beständig weiter, bis wir ihn nach Passieren unserer Fahrzeuge aus den Augen verloren.

Reichlich bedeppert guckten wir uns an. Ausgerechnet jetzt hatte Karl seine Vorstehhündin im Wagen gelassen, nachdem sie vorher die ganze Zeit nur im Wege gewesen war. So war ihr nichts anderes übrig geblieben, als vor Wut schrill aufheulend hinter der Scheibe auf dem Sitz herumzuspringen, als der Hase in nur wenigen Schritt Abstand an ihr vorbeigehumpelt war. Die drei Teckel, die immer noch völlig ruhig um uns herumtrippelten, interessierte

der Hase dagegen nicht die Bohne, leidenschaftslos beschnupperten sie seine Wolle, da sie nur auf Fuchs geprägt waren.

Karl rannte zu seinem Auto, riss die Tür auf, und Anja raste laut aufjaulend auf der Hasenspur in den lichten Kiefernwald hinter dem Weg. Nach wenigen Sekunden hörten wir sie wieder Laut geben. Dann, nach einer Weile, erschien sie am Waldrand, jedoch ohne Hasen im Fang. Karl verstand augenscheinlich die Welt nicht mehr. Auf sein lautes Kommando »such verloren, Apport!« setzte sich die Hündin zögernd abermals in Bewegung und verschwand – wie zuvor – hinter den Kiefern. Als sie nach einer Weile wiederum ohne Hase auftauchte, gingen wir ihr entgegen, und Karl rüdete seine Anja nochmals an. Mit tiefer Nase trottete sie etwa vierzig Schritt in das Wäldchen, blieb vor einer Röhre stehen, die augenscheinlich zu einem Fuchsbau gehörte, und schlug mehrmals an. »Da ist der Hase drin!« Für Karl gab es keinen Zweifel, er vertraute seiner erfahrenen Hündin. »Mag sein«, rutschte es mir nun dummerweise heraus, »wenn er nicht da oben in der Astgabel der Eiche sitzt«. An Karls empörtem Blick konnte ich erkennen, dass meine Bemerkung wohl doch nicht so witzig gewesen war. Deshalb beeilte ich mich, die Meinung von Karl nun ernsthaft in Erwägung zu ziehen, obgleich ich innerlich noch immer nicht von dieser Möglichkeit überzeugt war.

In den nächsten Minuten versuchten wir mit Engelszungen, wenigstens die drei Rauhhaarteckel davon zu überzeugen, dass in dem Bau interessante Geheimnisse auf ihre Entdeckung warteten, selbst wenn Anja sich in der Zwischenzeit gelangweilt abgewandt hatte. Aber auch die Teckel zeigten wenig Lust, in das enge schwarze Loch hinabzutauchen. Schließlich fasste sich Markos Teckeline ein Herz und verschwand kopfüber in der engen Röhre. Schon kurz darauf hörten wir tief unten ein dumpfes Jiffen. Bedeutungsvolle Blicke in der Expertenrunde über der Erde! Nach einer längeren Weile versuchte Marko, der ob des Wegbleibens seines Lieblings zunehmend unruhiger wurde, seine Hundedame herauszurufen. Weder Rufen noch Pfeifen zeitigten irgendeinen Erfolg. Die beiden übrigen Teckel hatten inzwischen einen interessanten

Zeitvertreib entdeckt: Sie krabbelten immer wieder in die enge Röhre, um nach wenigen Sekunden völlig »versandet« aus einer nahegelegenen Seitenröhre wieder zum Vorschein zu kommen. Nach kräftigem Schütteln begann dies schöne Spielchen immer wieder von vorn. Nur Markos Daisy kam nicht wieder zum Vorschein, ab und an hörten wir sie jedoch tief unten fiepen.

Nach einem weiteren Viertelstündchen ohne Änderung der Lage war uns allen klar, dass nun etwas geschehen müsse. »Na, dann hole mal die Spaten«, meinte Karl zu Marko, während er ihm seinen Wagenschlüssel zuwarf. Schneller als erwartet war Marko mit dem »Schanzzeug« zur Stelle, die Sorge um seine Hündin hatte ihm augenscheinlich Flügel verliehen. Dann begann das große Buddeln. Während ich mich mit Rücksicht auf meinen Rücken und mein reiferes Alter dezent im Hintergrund hielt und versuchte, die Motivation der wühlenden Truppe durch salbungsvolle Reden und In-Aussicht-Stellen von gekühltem Flaschenbier aufrechtzuerhalten, flog vor mir der märkische Sand in derartigen Mengen aus der ständig wachsenden Grube, dass der alte Hennecke, dereinst Begründer der Aktivistenbewegung der verblichenen DDR, mit Sicherheit vor Neid erblasst wäre, wenn er das noch erlebt hätte. Besonders Marko und Karl schufteten wie die Wilden, auf Lukas allerdings hatte mein Beispiel wahrscheinlich ansteckend gewirkt, auch er hielt sich merklich zurück. Immerhin reichte er den beiden Hauptakteuren bei der Ablösung hilfsbereit die Spaten hinunter.

Obgleich die Grabung so angelegt war, dass die Wurzeln der beiden nächstgelegenen Kiefern kaum stören konnten, und das ausgehobene Erdloch in einem knappen Meter Tiefe auf die Röhre treffen musste, in der Daisy verschwunden war, sah es unter der Erde dann doch anders aus. Mehrere zähe Wurzeln mussten mühsam abgestochen werden, und auch, als die spatenschwingenden Akteure gerade noch über den Rand der Grube sehen konnten, war von der angepeilten Röhre noch nichts zu bemerken. Die Steigung der Röhre war wesentlich stärker als erwartet. Schließlich kam das enge Rohr im nachrutschenden Sand aber doch zum Vorschein. Der Hund war allerdings immer noch nicht zu sehen. Dann hörten

wir ein leises Schniefen. Daisy hatte wohl mitbekommen, dass Hilfe nahte. Während Marko mit der rechten Hand versuchte, die Röhre vorsichtig zu erweitern, hielten wir ihn am linken Arm fest, um ihn bei einem eventuellen Nachgeben der sandigen Seitenwand sofort herausziehen zu können. Plötzlich ein Freudenschrei, Marko hatte mit der rechten Hand die Rute seiner Hündin erwischt. Strahlend zog er das zappelnde kleine Energiebündel aus dem engen Verlies. Kaum war der Sand notdürftig aus dem Fell geschüttelt, wollte das passionierte Hundevieh schon wieder abtauchen. Das konnte Lukas aber gerade noch rechtzeitig verhindern.

Nachdem der Hund wieder da war, hatte sich die Lage – im Vergleich zu vorher – kaum geändert. Zwei durchgeschwitzten Tiefbau-Aktivisten war es gelungen, eine beeindruckende Grube in den sandigen Waldboden zu buddeln, vom Hasen war jedoch nach wie vor kein Haar zu sehen. Insgeheim wähnte ich Mümmelmann schon längst über alle Berge. Doch Karl ließ nicht locker. Da er mit der Hand nicht tief genug in die Röhre hineinreichen konnte, gab ich ihm meinen Zielstock, den ich meist im Auto liegen habe. Und dann ereignete sich das, was ich bis zuletzt nicht für möglich gehalten hatte: Karl stocherte mit dem Zielstock den verendeten Hasen aus der Röhre! Der fette Rammler war wahrscheinlich vor Anja in den Fuchsbau geflüchtet und lag in gut zwei Meter Tiefe in einer Endröhre fest. Daisy musste die ganze Zeit vorgelegen haben, denn am »Achtersteven« war der Balg fast kahlgerupft.

»Jetzt weiß ich auch, warum man bei euch keine Hasen sieht,« meinte Lukas lakonisch, »die sitzen alle unter der Erde!«

In der nun einsetzenden Hochstimmung bot ich an, den Hasen gemeinsam am nächsten Tag zu verspeisen. Da ich wusste, dass Karl und Lukas auch vor dem Küchenherd gute Figur machen, besonders, wenn es sich um Wildbret handelt, hoffte ich auf eine positive Reaktion. Begeistert wurde mein Vorschlag aufgenommen, und Karl spendete zusätzlich eine der am Vorabend von seiner Crew geschossenen Wildgänse. Am folgenden Mittag fand also in meiner »Jagdklause«, einem ehemaligen spartanischen Umkleidegemäuer des früheren Dorfsportplatzes, und deshalb von lästernden Freunden auch als »Sportpalast« bezeichnet, das große Festmahl statt. Vier strahlende Dianajünger schwelgten bei Kerzenschein und altem spanischen Rioja von den (selbst zubereiteten) himmlischen und unterirdischen Genüssen, die unsere Spreewälder Reviere denjenigen zu bieten in der Lage sind, die sich nicht scheuen, auch einmal an ungewöhnlichen Stellen nach ihnen zu suchen.

STERNSTUNDEN
BEI MONDSCHEIN

Als ich Anfang Dezember nach langen, kalten Ansitznächten meine Sachen für die Heimfahrt packte, da ein mittlerweile vollkommen bedeckter Himmel und der schon stark abnehmende Mond weiteres Ausharren im Revier zwecklos erscheinen ließ, spürte ich einige Frustration. Seit Wochen, ja seit Monaten lief ich nun bereits einem jagdlichen Erfolgserlebnis hinterher. Obwohl ich unverdrossen immer wieder und bei nahezu jedem Wetter im Revier gewesen war, erinnerte ich mich kaum noch daran, wann es bei mir zum letzten Mal geknallt hatte. Dabei konnte ich mich eigentlich gar nicht beschweren, immerhin hatte ich in dieser Jagdsaison sechs schwache bis mittelprächtige Böcke und – bereits im Juni – einen Überläuferkeiler zur Strecke gebracht. Das alles schien aber bereits Welten zurückzuliegen.

Unsere diesjährige Ansitz-Drückjagd im November, erstmals seit Jahren wieder mit dem Nachbarrevier zusammen durchgeführt, war ein grandioser Erfolg gewesen. Elf Schützen hatten allein bei uns insgesamt zehn Sauen, darunter einen fünfjährigen Erntekeiler mit prächtigen Waffen, elf Stück weibliches Rehwild und Kitze sowie vier Füchse erlegen können. Obgleich Reinhard und ich für unsere Seite Rotkahlwild und sogar Hirsche bis hin zum Achter freigegeben hatten, und auch neben einem mittelalten Kronenhirsch drei schwächere Abschusshirsche im Treiben gesichtet wurden, konnte sich leider keiner unserer Gäste zum Schuss entschließen, wohl auch aus Furcht, beim gemeinsamen Schüsseltreiben mit den Nachbarn als eventueller Jagdkönig durstige Jäger und Treiber in Kompaniestärke tränken zu müssen! Die im Nachhinein quasi als Entschuldigung angeführten Argumente, man wolle den Pächtern nicht die Hirsche wegschießen, klangen zwar edel, gingen aber insofern ins Leere, als Rotwild bei uns nur selten bei Tageslicht austritt und deshalb eigentlich – sofern es sich nicht um jagdbare Hirsche handelt – am besten bei Drückjagden angesprochen und erlegt werden kann.

Ich selbst hatte bei diesem glorreichen Unternehmen nahezu als einziger auf unserer Seite »in die Röhre geguckt«. Eine Riesenrotte Sauen war mir bereits beim Angehen außerhalb der Schussweite hochflüchtig vorbeigedonnert, dann musste ich tatenlos mit ansehen, wie es einem kopfstarken Rudel Rotkahlwild gelang, sich unbeschossen durch die abgestellten Schützen zu mogeln. Immerhin konnte ich deutlich beobachten, wie mein Standnachbar einen Fuchs rollieren ließ. Obgleich mein Lauf blank geblieben war, erfasste mich die allgemeine Euphorie dieses außergewöhnlichen Jagdtages genauso wie unsere Mitjäger. Nichts kann für die Einladenden schließlich schöner sein als begeisterte Gäste, wenn man einmal von der höchst lukrativen Strecke selbst absieht, durch die auch der Abschussplan beim Rehwild zu großen Teilen erfüllt war.

Trotz dieses neuerlichen hervorragenden Resultats der diesjährigen Ansitz-Drückjagd verstärkte sich bei der Anreise zur Dezember-Mondjagd bei mir immer mehr die Auffassung, dass ich nun eigentlich auch mal wieder »dran« wäre. Meinen letzten Bock hatte ich irgendwann im September geschossen, danach war für mich jagdlich nur noch totale Ebbe zu verzeichnen gewesen. Doch auch der Dezember begann enttäuschend. Tagelang war kaum etwas vom Mond zu sehen, so dass ich teilweise nachts ganz auf den Ansitz verzichtete. Auch die Abendansitze bei reichlich Wind, Regen und Kälte waren alles andere als ein Vergnügen. Außerdem wirkte das Revier seit der Drückjagd wie ausgestorben. Noch nicht einmal Fährten von Rot- oder Schwarzwild waren zu finden. Obgleich das eigentlich nicht verwunderlich war, ärgerten wir uns dennoch, da selbst auf den abgeernteten und noch nicht gepflügten und frisch bestellten Maisschlägen offensichtlich noch keinerlei »Buddelaktivitäten« der Sauen stattgefunden hatten. In den Vorjahren hatten diese auf der Suche nach abgefallenen Maiskolben wahre »Bombentrichter« gegraben. Wahrscheinlich hielt die gute

Eichelmast in diesem Jahr das noch vorhandene Schwarzwild überwiegend im Wald. Als es dann noch zu einem knackigen Kälteein-
bruch kam, der nachts das Thermometer auf minus fünfzehn Grad
sinken ließ, war meine Geduld zu Ende. Statt vor meinem eisernen
Kaminofen hocken und kontinuierlich Holzkloben sowie Briketts
hinein wuchten zu müssen, beschloss ich missmutig, lieber in
Richtung Heimat zu rollen.

Die nächste Vollmondphase datierte Anfang Januar. Selten
habe ich einen so schönen Vollmond erlebt, allerdings abends bei
zwanzig Grad im Straßencafé auf Teneriffa. Erstaunlicherweise
hielten sich bei herrlich frischem Fisch und entsprechenden Wein-
quantitäten jagdliche Entzugserscheinungen in Grenzen. Wahrscheinlich hat nach den bisherigen dürren Saujagd-Ergebnissen
auch eine gewisse Resignation hierzu beigetragen. Sehr gefreut
habe ich mich aber, als ich nach der Rückkehr von Reinhard erfuhr,
dass es ihm nachts auf der Pirsch im verschneiten Hochwald gelungen war, zwei Frischlinge zu überlisten, und dass ein Jagdfreund
von uns ebenfalls an einem Abend zwei weitere Frischlinge erlegen
konnte. So langsam normalisierte sich also die Schwarzwildjahres-
strecke doch noch.

Mit neuer Hoffnung machte ich mich dann Ende Januar wieder auf den Weg gen Osten. Obgleich bei meiner Ankunft im Spreewald alles noch grün, oder besser bräunlich-grau, wirkte, ließ der
stark bedeckte Himmel baldige Schneefälle ahnen. Pünktlich zum
ersten Abendansitz begann es auch schon zu schneien. Ich war
behutsam zur Kanzel am Wildacker gepirscht, da ich hoffte, der
immer noch prächtig stehende Markstammkohl aus der Wildackermischung, die wir im Frühjahr dort gesät hatten, würde seine
Anziehungskraft auf das Rotwild nicht verfehlen. Wenige Tage vor
Ende der Jagdzeit wurde es langsam Zeit, den immer noch offenen
Rotwildabschuss zu erfüllen. Während dicke Schneeflocken die
Fläche vor mir langsam weiß färbten, war von Wild erst einmal
nichts zu bemerken. Als die Dämmerung die Konturen der umliegenden Dickungen und Waldränder schon deutlich verwischte,
traten links vor mir eine Ricke mit ihren zwei kräftigen Kitzen zur

Äsung aus. Bock- und Rickenkitz waren bislang offensichtlich hervorragend durch den Winter gekommen und standen in der Größe ihrer Mutter kaum noch nach. Dann hörte ich im angrenzenden Hochwald ein deutliches Knacken. Würde doch noch Rotwild auf der Bildfläche erscheinen? Allmählich war an sorgfältiges Ansprechen kaum noch zu denken, problematisch besonders deshalb, weil Reinhard mich gewarnt hatte, dass zu dem fünfköpfigen Rudel, welches er mehrmals in der Nähe des Wildackers gefährtet und auch schon im Anblick gehabt hatte, ein sehr gut veranlagter Rotspießer gehöre. Mittlerweile war es schon fast unmöglich geworden, derartige Einzelheiten zu erkennen. Doch ich kam gar nicht erst in Versuchung. Das Rudel schien sich zu verziehen. Wahrscheinlich hatte der leichte Wind wieder etwas geküselt.

Als ich bereits die Büchse, die schussbereit in der Fensteröffnung gelegen hatte, zum Abbaumen aufnehmen wollte, bemerkte ich vor der Kiefernschonung rechts eine Bewegung. Ein Fuchs, wie mir das Nachtglas deutlich verriet. Da das Rotwild ohnehin weggezogen war, entschloss ich mich zu schießen. Obwohl wir eigentlich hier, im Herzstück des Reviers, »unnötige« Schüsse wenn möglich zu vermeiden suchen, schienen mir meine lange Erfolglosigkeit wie auch die Tatsache, dass bisher erst relativ wenig Füchse im Revier zur Strecke gekommen waren, Grund genug für eine Ausnahme. Ich zielte sehr sorgfältig und sah mit Freude, dass der immerhin bald hundert Meter entfernte Räuber im Knall zusammensank. Leider verhinderte der doch recht gewaltige Ausschuss eine sinnvolle Verwertung des Balges. Immerhin, ein erfolgreicher Anfang war getan. Mit mir zufrieden tuckerte ich langsam durch die weiße Landschaft zu meinem »Sportpalast«, wo im Ofen glücklicherweise noch genügend Glut glimmte, um daraus umgehend ein prasselndes Feuer in Gang zu setzen.

Das ungewohnte Erfolgserlebnis beflügelte mich derart, dass ich viel früher als eigentlich geplant zum Nachtansitz ausrückte. Obwohl der Mond noch nicht sichtbar am Himmel stand, ließ die spärliche Schneedecke schon genügend Schusslicht erwarten. Als ich aus meiner Kemenate trat, spürte ich den eiskalten Wind genau im Gesicht. Es war inzwischen nicht nur merklich kälter geworden, auch die Windrichtung hatte genau auf West gedreht, für den Ansitz im Wohnwagen unter der alten Eiche in den Wiesen die ideale Windrichtung. Gegen die Kälte hatte ich ausreichend vorgesorgt: Neben einer zweiten langen Unterhose unter Jagdhose und Ansitzüberhose verursachten dick gefütterte alte Moonboots sowie ein weiterer kuschliger Fleece-Pullover unter dem warmen, langen Ansitzlodenmantel ein regelrechtes »Astronautenfeeling«. Ich hatte jedenfalls Schwierigkeiten, meine Beine über den hohen seitlichen Karosserierand meines silbergrauen (ohne Bundeswehr-Vergangenheit!) Iltis zu hieven. Als unter den hohen Eichen am Weg die Zufahrt zum weitläufigen Wiesengelände erreicht war, beschloss ich aus Faulheit, die sechs- bis siebenhundert Meter am Graben entlang bis zum Ansitz nicht – wie sonst meist üblich – per pedes zurückzulegen, sondern mit meinem Vehikel über diverse Maulwurfhaufen hinweg bis direkt unter die Eiche zu rumpeln. Das ersparte zumindest ein sonst wahrscheinliches Durchschwitzen auf dem Anmarsch mit der unangenehmen Konsequenz, stundenlang in klammen Dessous der Kälte trotzen zu müssen.

Da der Barhocker im Wohnwagen, durch eine darunter geschobene Obstkiste mittlerweile auf die richtige Höhe gebracht, unter dem hochgestemmten Hubdach ohne allzu große Verrenkungen eine fast perfekte Rundumsicht ermöglichte, thronte ich – bis zu den Augen warm eingemummelt – trotz des eiskalten Windes im Gesicht froh und zufrieden auf dem kleinen Hügel unter der riesigen Eiche. So ließ es sich aushalten. Mittlerweile war auch der Mond ab und an zwischen den Wolkenpaketen zu ahnen. Obgleich die Sicht nicht berauschend war, konnte ich den langen Waldrand links von mir ganz gut erkennen. In weiter Entfernung nahm ich deutlich drei äsende Rehe wahr. Dann würde es mit Schwarzwild in Schussentfernung wohl auch keine Probleme geben.

Während ich sorgfältig abglasend eine erste Rundum-Bestandsaufnahme versuchte, wurde mir wieder einmal der besondere Reiz dieses Ansitzplatzes bewusst. Die Waldränder, wo das Wild in die Wiesen hineinwechselt, sind jeweils mehrere hundert

Meter entfernt. Ebenso verhält es sich mit den restlichen Begrenzungen der ausgedehnten Wiesenflächen. Auch diese Hecken, mit Büschen und Bäumen gesäumte Feldwege oder breite Gräben liegen von unserem »Feldherrnstand« weit entfernt. So weit jedenfalls, dass hier vor allem das Auge bei der Wahrnehmung des Wildes gefragt ist. Stärkeres Wild, wie Rotwild oder Sauen müssen im Bestand schon stärkere Äste »zerdonnern«, wenn die akustische Wahrnehmung vor der optischen Erfassung liegen soll. Durch das in der Regel lautlose Erscheinen des Wildes kommt es daher zu immer neuen Überraschungen. Bei jeder neuen »Drehung« kann Wild bereits mitten in den Wiesen stehen. Da die Wiesen auch Entwässerungsgräben und leichte Bodenwellen aufweisen, habe ich oft erlebt, dass besonders Füchse sich bereits bis fast auf Schrotschussweite genähert haben, bevor man sie überhaupt bemerkt. Obgleich mich die »normale« Situation bei Nachtansitzen immer wieder fasziniert, wenn man in der Regel das Wild erst hört, bevor man Anblick hat und dadurch die Phantasie so herrlich in Schwung kommt (trotz der bedauerlichen Realität, dass es nach vielen akustischen Wahrnehmungen gar nicht erst zum Anblick kommt), empfinde ich die »stillen« Ansitze hier im weitläufigen Wiesengelände als ebenso reizvoll. Das Wild erscheint in der Regel »ohne Vorwarnung«.

Viel schneller als »gefühlt« verging die Zeit. In regelmäßigen Abständen rotierte ich auf meinem gepolsterten Hocker und betrieb sorgfältige »Rundum-Aufklärung«. Außer ein paar Rehen war jedoch in den mal mehr und mal weniger vom Mondlicht bestrahlten Wiesenflächen nichts zu erkennen, was zu erhöhter Pulsfrequenz hätte Anlass geben können. Ein Blick auf die Uhr zeigte, dass es bereits auf ein Uhr zuging, ich also bereits seit über drei Stunden auf meinem eigentlich jagduntypischen »Hochsitz« gekauert hatte. Ich überlegte kurz, ob jetzt nicht doch ein Schluck Rotwein vor dem Bullerofen die bessere Alternative sei, verwarf diese dekadente Idee jedoch umgehend. Dann fiel mir ein, dass Reinhard die Auto-Batterie im Wohnwagen gerade neu aufgeladen hatte, so dass die Innenbeleuchtung und auch das im Wandschrank

eingebaute Autoradio wieder funktionieren mussten. Nun wurde es richtig romantisch: Leise Schmusemusik zu weiß verzuckerten Wiesen und Wäldern im fahlen Mondlicht!

Während ich mit offenen Augen träumend auf meiner hohen Warte hockte und gerade bedauerte, nicht doch einige gute Zigarillos eingesteckt zu haben, bemerkte ich links von mir, in der Fläche mit den vertrockneten Maisstängeln, die die Agrargenossenschaft auf unsere Bitte stehen gelassen hatte, etliche dunkle Punkte. Ein Blick durch das Glas bestätigte meine Vermutung. Fünf Sauen grubberten zwischen den größtenteils abgeknickten braunen Stängeln umher. Verblüfft stellte ich fest, dass die Schwarzkittel kaum hundert Schritt entfernt waren und langsam im Mais auf mich zu zogen. Aus meiner behaglichen Ruhe aufgeschreckt kam ich glücklicherweise erst einmal auf die gute Idee, die halblaute Radiomusik beschleunigt abzudrehen. Danach konnte ich die Sauen im Mais nicht gleich wiederfinden, obwohl Reinhard in seiner praktischen Art mit dem Geländewagen kreuz und quer durch die Reihen gekurvt war und so den Stängelwirrwarr ziemlich gelichtet hatte.

Als es direkt vor mir in den vertrockneten Blättern raschelte und grunzte, gelang es mir endlich, die Rotte wieder ins Nachtglas einzufangen. Neben zwei stärkeren Bachen waren drei geringere Stücke zu erkennen. Dummerweise zog der gesamte Verein nach rechts, also von mir weg. Außerdem wurde es ausgerechnet jetzt merklich dunkler. So stocherte ich – still fluchend – eine ganze Weile mit dem Zielfernrohr in den fahlbraunen Maisstängeln herum, ohne mehr als ungewisse Schemen zu erahnen. Doch dann sah ich durch die Zieloptik eine lichtere Stelle, welche die Rotte eigentlich passieren musste, sofern sie ihre grobe Richtung beibehielt. Wenig später zog auch schon ein starkes Stück, gefolgt von einem schwächeren, auf die Lücke. Sofort, als der Zielstachel die geringere Sau erfasst hatte, knallte es auch schon.

Aus dem schrillen Aufklagen war abzuleiten, dass ich kaum gefehlt haben konnte. Ich hörte die Rotte nach dem Schuss nach allen Seiten auseinanderspritzen, danach rauschte sie prasselnd durch die trockenen Maisreste zum Waldrand zurück. Nichts war mehr zu vernehmen, nur mein Herzschlag ähnelte in Lautstärke und Frequenz wahrscheinlich einem Presslufthammer. Nach geraumer Zeit schlich ich vorsichtig in Richtung Anschuss, den ich mir anhand einer auffälligen Baumkrone im Hintergrund genau eingeprägt hatte. Obwohl es mittlerweile ziemlich dunkel geworden war, fand ich die Lücke auf Anhieb. Tiefe Eingriffe und reichlich Schweiß trieben das Stimmungsbarometer umgehend in die Höhe. Ich folgte der deutlichen Schweißspur etwa dreißig Meter und stand dann am Rand der Maisfläche. Dahinter waren etwa hundert Meter Feldfläche bereits gepflügt und geeggt. Seltsamerweise waren auf dem Acker weder Fährten noch Schweiß feststellbar, die deutliche Schweißfährte endete abrupt an der Feldgrenze.

Nachdem ich bereits mehrere Minuten ratlos über den Acker gestolpert war, um vielleicht doch noch eine Fährte wiederzufinden, hörte ich plötzlich ein Rascheln am Rand des Maisfelds, allerdings gute fünfzig Schritt weiter in Richtung Waldrand. Im Licht der Taschenlampe sah ich, wie eine Sau mühsam versuchte, sich aus dem Mais heraus auf den Acker zu schieben. Offensichtlich versagten die Vorderläufe, da sie vorn ständig einbrach. Ich hastete sofort hin und gab ihr den Fangschuss hinter den Teller. Dabei ging erst einmal ein Schuss aus kürzester Entfernung daneben. Für mich eine neue Erfahrung, wie schwierig es sein kann, gleichzeitig zu leuchten, und gezielt zu schießen. Froh über den doch noch glücklichen Ausgang der Sucherei betrachtete ich die knapp dreißig Kilo schwere Frischlingsbache und stellte dann überrascht fest, dass eine weitere deutliche Schweißspur vom Fundort bis zum Anschuss zurückführte. Sofort fürchtete ich, vielleicht unbemerkt einen Doppeltreffer angebracht zu haben, die zwei unterschiedlichen Schweißfährten vom Anschuss zum Feldrand warfen zumindest Fragen auf. Da musste am nächsten Morgen unbedingt noch einmal mit dem Hund nachgesucht werden. Vorerst reichte es mir jedoch, mein Fahrzeug heranzuholen, die Sau aufzubrechen, in den Transportkorb auf der Anhängerkupplung zu wuchten, und zu Hause vor Reinhards altem Stallgebäude zum Auskühlen aufzuhängen. Gegen drei Uhr fiel ich schließlich todmüde ins Bett.

Die Anschusskontrolle am nächsten Morgen brachte keine neuen Ergebnisse. Sowohl Reinhards Wachtelhündin Polly als auch später die hervorragend auf Schweiß arbeitende Kleine Münsterländerhündin des benachbarten Revierförsters fingen am Ende der ersten Schweißfährte an zu faseln. Die Sau musste, als sie die offene Feldfläche erreicht hatte, wohl umgedreht und zum Anschuss zurück sein, um dann in Richtung Waldrand wiederum bis zum Maisfeldrand zu flüchten. Dort war dann offensichtlich Endstation gewesen.

Gemessen an den eher kläglichen Ergebnissen meiner jagdlichen Bemühungen in den letzten Monaten hatte ich mein »Soll« bei diesem Besuch bereits am ersten Jagdtag erfüllt. Dementsprechend zufrieden und gut gelaunt meinte ich, die weitere Jagerei etwas lockerer angehen zu können. Deshalb freute ich mich am nächsten Tag auf das nun bereits schon zur Tradition gewordene Zanderessen in der Dorfwirtschaft im Nachbarort, auf welches ich bei keinem Besuch im Spreewald mehr verzichten möchte. Da es während des gesamten Tages regnete und auch keine Wetterbesse-

rung zu erwarten war, legte ich mein Fischessen auf den Abend, an
Jagd war bei diesen Sichtverhältnissen in der Nacht eh nicht zu denken. Nach einem gemütlichen Mittagsschläfchen auf dem Sofa vor
dem Ofen »juckte« es aber doch schon wieder. Vor der Dämmerung
etwas frische Luft auf einer unserer wenigen überdachten Halb-
kanzeln zu schnappen, konnte eigentlich nicht schaden. Hatte
nicht Reinhard verlauten lassen, er brauche für einen Bekannten
unbedingt noch ein Schmalreh für ein Familienfest? So machte ich
mich trotz Regen und Wind auf – und schoss eine halbe Stunde
später an einer Kieferndickung ein allein ausgetretenes Schmalreh
mit wildbretschonendem Trägerschuss (was ich sonst eigentlich
kaum praktiziere!). Reinhard schüttelte ob meines plötzlichen Jagd-
erfolgs nur grinsend den Kopf, und ich trank voller Begeisterung
später zum Zander ein Gläschen mehr als sonst.

In der Nacht war es sehr kalt geworden, und ich beeilte mich
am Morgen, den Ofen schnell wieder richtig in Gang zu kriegen.
Durch die Kälte hatte sich der Regen in Schnee verwandelt, der
auch liegengeblieben war. Gute Aussichten für die Nacht, zumal
auch der Mond mittlerweile schon fast kugelrund aussehen musste.
Im Dorfgasthaus sollte am Abend der jährliche Faschingsball stattfinden. Obwohl mein Erscheinen (besonders an der Theke) bei derartigen gesellschaftlichen Großereignissen immer recht gern gesehen wird, zog es mich bei diesen Wetter- und Sichtverhältnissen
aber mit Macht in den Wald. Da der Wind für die Kanzel am Wildacker günstig wehte, ließ ich mich bereits kurz nach acht auf dem
frisch geölten und dadurch endlich nicht mehr quietschenden
Schreibtischsessel auf der Kanzel nieder. Gegen die Kälte wiederum
dick verpackt ließ es sich hier eine ganze Weile aushalten. Lang-
weilen würde ich mich sicherlich nicht, wie ich aus Erfahrung
wusste. Selbst mit geschlossenen Augen war eigentlich ständig mit
»Beschäftigung« zu rechnen, da durch die geringe Entfernung zu
den Wald- oder Dickungsrändern Bewegungen oder Lautäußerungen im Bestand kaum ungehört bleiben konnten.

Meine Geduld wurde auf eine lange Probe gestellt. In den
ersten zwei Stunden tat sich so gut wie nichts. Zwar meinte ich

einige Male, im Bestand irgendwelche Bewegungen zu hören, doch zu sehen war trotz regelmäßigen Abglasens der gesamten Fläche vor mir nicht der Schimmer eines Lebewesen. Einmal fuhr ich allerdings erschrocken zusammen, als irgend etwas Eulenartiges keine zwei Meter vor meiner breiten Luke nahezu lautlos vorüberschwebte. Die Sicht schien besser als tags zuvor, obwohl auch an diesem Abend der Mond hinter der Wolkendecke nur zu ahnen war. Ich saß völlig entspannt und lautlos auf meinem bequemen Polsterstuhl und war zufrieden. Immer wieder stelle ich fest, wie sehr ich diese besondere Situation genießen kann, wenn der Körper – nahezu untätig – kaum noch wahrnehmbar ist, alle Sinne dagegen hellwach nach außen gerichtet sind, während unter dem Jagdhut die Gedanken frei und ungehemmt »wandern« können. Auf diese Weise vermag ich stundenlang auszuharren, ohne dass mich auch nur eine Sekunde Langeweile überkommt. Manchmal muss ich dann schmunzelnd an den alten Kalauer aus fernen Luftwaffenzeiten denken, wonach nur derjenige die Obergefreitenprüfung besteht, der fünf Minuten auf einem Stuhl sitzend zum Fenster hinausschauen kann, ohne an etwas zu denken! Auf dem Hochsitz jedenfalls würde ich wohl auch heute noch bei dieser Prüfung wenig Chancen haben.

Gegen 23 Uhr stand endlich die mir bereits bekannte Rehmama mit ihrem Nachwuchs wie hingezaubert am linken Waldrand. Nur sehr zögerlich trippelten Ricke und Kitze in den kniehohen, verschneiten Kohl und zupften hier und da mal an den wahrscheinlich gefrorenen Blättern. Dann sah ich ganz hinten links zwei weitere Rehe aus den silbrig schimmernden Birken heraustreten und zügig fast bis zur Mitte des Wildackers heranziehen. Auf einmal warfen beide Stücke auf und sicherten starr eine kleine Ewigkeit lang zur Kiefernschonung rechts von mir hin. Trotz äußerster Konzentration konnte ich nichts Alarmierendes wahrnehmen. Die beiden Rehe allerdings schienen anderer Meinung zu sein. Wie auf Kommando sprangen sie plötzlich hochflüchtig nach hinten in Richtung Waldrand ab und nahmen dabei die drei anderen Artgenossen mit.

Wie immer in solchen Situationen stieg blitzartig die Erwartung. Ich entsicherte schon mal die vor mir im Fensterrahmen aufliegende Büchse. Auch wenn ich die Ohren fast zur Luke hinausstreckte, konnte ich jedoch aus der Schonung nicht das geringste Geräusch aufsaugen. Nach einer Reihe ereignisloser Minuten pflegt in solchen Fällen die Spannung langsam wieder zu verebben. So auch in diesem Fall. Nach einer guten Viertelstunde glaubte ich bereits an einen Reh-Fehlalarm und lehnte mich entspannt etwas weiter zurück. Doch dann sah ich – wie aus heiterem Himmel – ganz am Ende der Schonung, wo der Kiefernjungwuchs sich dem gegenüberliegenden Birkenschlag bis auf etwa fünfundzwanzig Schritt nähert, eine dicke schwarze Kugel aus den Kiefern »herausrollen« und die schmale Schneise zügig in Richtung Birken überfallen. Es dauerte wohl keine drei Sekunden, da war das Glas aus den Händen geglitten, die Büchse an der Schulter, die Sau, die glücklicherweise vor den ersten Birken ihre Fahrt verlangsamte, im auf achtfache Vergrößerung eingestellten Zielfernrohr, und die Kugel unterwegs, wie der große Feuerball vor der Mündung zeigte. Einige Sekunden lang prasselte es lautstark unter den Birken, dann herrschte wieder Ruhe, wie zuvor. Das Ganze war rein reflexartig abgelaufen, für irgendwelche Gedanken oder Erwägungen hatte die Zeit nicht gelangt.

Langsam begann ich, meine Gedanken zu sortieren. Ganz große Fehler waren wohl nicht möglich gewesen. Um diese Zeit konnte eigentlich noch keine Bache gefrischt haben. Aber beschlagen waren ältere Bachen jetzt sicherlich, wenn es sich um eine solche handelte. So wartete ich mit gemischten Gefühlen noch eine knappe halbe Stunde ab, stieg leise von der Kanzel und begab mich langsam zum Anschuss. Zwischen Kiefernschonung und Birkenwald verlief ein Wechsel, wahrscheinlich hatte die Sau diesen angenommen. Deshalb suchte ich dort gezielt nach Schweiß, da auch der Anschuss – es war allerdings nur zertrampelter Schnee zu erkennen – nach meiner Erinnerung vor dem Wechsel gelegen hatte. Dann, nach wenigen Metern das erste Erfolgserlebnis: ein Tropfen blasiger Schweiß. Da in dem Birkenwäldchen aufgrund der spärlichen Schneedecke einigermaßen Sicht vorhanden war, beschloss ich, der Schweißfährte rund hundert Schritt zu folgen. Dies gelang auch ohne große Mühen, obgleich nur alle paar Meter ein Tropfen aus dem Schnee leuchtete. Als ich meinte, das mir selbst gesetzte Limit langsam ausgeschöpft zu haben, sah ich wenige Meter vor mir, auf einer Art Damm, die Sau liegen, bereits verendet, wie sich schnell herausstellte. Zu meiner großen Freude handelte es sich um einen zwei bis dreijährigen Keiler, recht stark im Wildbret, wie mir schien. Der Schuss auf immerhin gut einhundertzwanzig Meter saß genau auf der »Zehn«, aus dem Ausschuss war reichlich schaumiger Schweiß ausgetreten.

Während ich – nachts um eins im dämmerigen Bestand – voll Dankbarkeit die schon ansehnlichen Waffen betastete, war mir klar, dieses Trumm von Sau konnte ich unmöglich allein bergen. Auch mit dem Iltis war hier nicht ranzukommen, die Bäume standen einfach zu dicht. So verblendete ich erst einmal das Borstenvieh und marschierte querbeet durch den Bestand zu meinem Fahrzeug. Danach fuhr ich beschwingt durch den nächtlichen Wald und die verschneiten Felder zum Dorf zurück, wo ich schon weit vor dem Gasthof amüsiert feststellen konnte, wie etliche junge Beihirsche wohl mit Erfolg willige Schmaltiere vom Großrudel im Saal separiert hatten und nun daran gingen, den Lohn ihrer Bemühungen einzuheimsen. Vor dem Dorfkrug bat ich einen Luft schnappenden Jungmann, mir meinen Kompagnon Reinhard vor die Tür zu holen, da ich in meinem zünftigen Ornat fürchtete, bei Auftauchen im Saal sofort kostenpflichtig an der Theke zu stranden.

Reinhard erschien auch bald in – vor allem seitlich – raumgreifendem Schritt. Obgleich er mit dem Vollmond um die Wette zu strahlen schien, merkte ich sofort, dass ich mit ihm an diesem Abend nicht mehr rechnen konnte. Glücklicherweise tauchte aber auch einer unserer jagdlichen Mitstreiter auf, der seit Ablegen der Jägerprüfung bei uns einen Revierteil betreut. Es gibt noch Dankbarkeit im Leben: der passionierte Dianajünger erklärte sich sofort bereit, mit mir auf der Stelle die Sauberung anzugehen. So standen wir kurz darauf, mein Mitstreiter hatte lediglich Arbeitszeug über seinen Trachtenanzug geworfen, wieder vor der erlegten wilden Sau. Mit vereinten Kräften hatten wir eine halbe Stunde später den Keiler zu Hause hängen. Jetzt erst bemerkte ich, dass der rechte Hinterlauf wohl wegen eines Schusses im Gelenk völlig steif und auf Pampelmusengröße angeschwollen war. Deshalb also die merkwürdig rollende Fortbewegung. Nun war mein Jagderfolg auch noch zum Hegeabschuss »veredelt« worden.

»Hohe Jagd«

Wenn man als typischer Flachlandbewohner vom »Ruf der Berge« hört, dann stellen sich vielleicht Assoziationen zu Ganghofer-Romanen ein, selbst wenn man noch keinen gelesen hat, auch schuhplattlernde Lederhosenträger mit Rauschebärten kommen einem in den Sinn. Viele mögen dabei an ihren geliebten Skisport oder an das Bergwandern denken, ansonsten zaubert der etwas »tutige« Begriff höchstens ein amüsiertes Lächeln auf das Gesicht der »Uneingeweihten«. Bei den Anhängern des edlen Waidwerks, die Gamsjäger sind oder bereits einmal mit der Gamsjagd Berührung hatten, ist die Einschätzung in der Regel anders, selbst bei bergferneren Hubertusjüngern.

Wie bei mehreren meiner Jagdfreunde, die bereits auf Gams gejagt haben, steht seit vielen Jahren auch bei mir die zünftige Gamsjagd immer wieder weit oben auf der jagdlichen Wunschliste. Natürlich gibt es auch Jäger, die anders denken und an der Gamsjagd wenig Gefallen finden können. Dann hört man gewöhnlich das Argument, dass die elende Plackerei und körperliche Schinderei die Sache nicht wert sei. Diese Begründung habe ich sowohl von Jagdfreunden nach mehr oder minder erfolgreichen Pirschversuchen auf Gams als auch von reinen Ansitzjägern, denen schon der Gedanke an eine strapaziöse Bergjagd zuwider ist, gehört. Das muss man akzeptieren, jedem das seine. Für mich allerdings macht gerade das, was diese Leute verteufeln, die eigentliche Faszination der Gamsjagd aus.

Selbstverständlich genieße ich bei der Gamsjagd, sofern die Witterungsverhältnisse es zulassen, auch die meist reizvolle Berglandschaft außerordentlich, schon weil sie für mich »Flachland-Tiroler« etwas Besonderes darstellt. Das könnte ich aber auch als

Wanderer oder sogar Autofahrer. Weiterhin finde ich es herrlich, auch am Tag, im hellen Sonnenlicht jagen zu können, und nicht meine Aktivitäten nur auf den frühesten Morgen und späten Abend, also hauptsächlich auf die Dämmerung, beschränken zu müssen. Am meisten aber fasziniert mich nach wie vor, dass bei der Gamsjagd der Erfolg in aller Regel hart erkämpft werden muss, oft unter Einsatz aller verfügbaren körperlichen Reserven. Deshalb beinhaltet eine erfolgreiche Gamsjagd meist auch einen schwer errungenen Sieg über den eigenen »inneren Schweinehund«. Ich jedenfalls habe es bei meinen rund ein Dutzend Gamsjagden immer so empfunden. Dazu kommt noch, dass im Gebirge häufig sehr weit geschossen werden muss, was bei guten Treffern zusätzliche Erfolgserlebnisse liefert.

Diese besonderen Aspekte der Gamsjagd lassen bei mir die Stärke der Trophäe ziemlich in den Hintergrund treten. Natürlich freue ich mich darüber, neben einem sehr starken Bock auch mehrere uralte, von der Trophäe her nicht sehr starke Geltgeißen erlegt zu haben. Die anderen, eher unscheinbaren Krucken der Abschussböcke und -geißen sind mir aber fast genau so lieb, da die Mühen wie auch Freuden bei der Jagd die gleichen waren. Dabei habe ich keine großen Unterschiede bei der Jagd auf Wintergams oder Sommergams empfunden. Das liegt aber wahrscheinlich daran, dass meine Jagden auf den bereits verfärbten Wintergams immer Ende Oktober stattfanden, und ich dabei vorwiegend strahlendes Sonnenwetter genießen konnte. Gamsjagd bei hohem Schnee und schneidender Kälte während der Brunft habe ich noch nie erlebt.

Wie oft habe ich auf steilen Pirschsteigen im Hang, mit hämmerndem Puls und fliegendem Atem auf den Bergstock gestützt, gestanden und sinniert, weshalb ich nicht stattdessen im Liegestuhl unten am See liege. Alle derartigen Zweifel waren aber regelmäßig verflogen, wenn ich »oben« war. Häufig habe ich mich während oder kurz nach der stärksten Quälerei gefragt, ob es nicht mit zunehmendem Alter besser sei, auf weitere Gamsjagden allmählich zu verzichten, zumal ich mit meiner Länge und dem dazu passenden Gewicht sicherlich sowieso nicht der Idealtyp eines Bergjägers bin. Je mehr Zeit jedoch nach der Jagd verging, desto sehnlicher wurde aber der Wunsch, es wieder zu versuchen. Ich glaube deshalb wirklich, dass der Berg »rufen« kann, zumindest meine ich, es immer wieder zu hören!

Meine besondere Liebe zur Gamsjagd mag auch daraus resultieren, dass ein Gamsbock das erste Stück Wild war, das ich erlegen konnte. Gleich nach der aufregenden Jägerprüfung erhielt ich von einem guten Geschäftsfreund die Einladung zur Jagd auf Gamsbock und Gamsgeiß in dem großen Gebirgsrevier der Unternehmensgruppe, in der er leitend tätig war. Als wir gemeinsam Anfang Oktober nach Tirol anreisten, war es mir in der kleinen Eigenjagd meines Schwiegervaters trotz eifrigen Bemühens an allen verfügbaren Wochenenden bisher immer noch nicht gelungen, einen Rehbock auf die Decke zu legen. Zu ungeschickt hatte ich mich wohl regelmäßig beim morgendlichen Angehen der wenigen Ansitzeinrichtungen angestellt und dem häufigen norddeutschen Wind nicht die notwendige Aufmerksamkeit geschenkt, jedenfalls war der einzig schussbare Bock immer wieder mit mehr oder minder großem Schreckkonzert entweder in den großen Getreidefeldern abgetaucht oder im nahen Hochwald verschwunden. Als ich einmal beim Abendansitz meinte, einen recht weiten Schuss riskieren zu können, war vor lauter Jagdfieber der Zielstachel so hektisch um das angepeilte Böckchen herumgetanzt, dass an eine Schussabgabe überhaupt nicht zu denken war.

Entsprechend zwiespältig war meine Stimmung, als wir in dem gepflegten, urigen Jagdhaus am Fuße eines bewaldeten Steilhangs in einem engen Seitental in Tirol nach angenehmer Fahrt durch die bayrischen Alpen gegen Mittag ankamen. Einerseits freute ich mich unbändig auf die bevorstehenden Jagdtage im Gebirge, andererseits fühlte ich eine gewisse Beklommenheit. Würde ich als »Bergungewohnter« den voraussichtlichen Strapazen überhaupt gewachsen sein und – vor allem – würde ich »im Falle eines Falles« mein Jagdfieber und meine Nervosität überwinden und einen guten Schuss – noch dazu bei den zu erwartenden weiten Entfernungen – anbringen können? Meine bisherigen

fruchtlosen Bemühungen hatten nicht gerade dazu beigetragen, etwas jagdliches Selbstvertrauen, das für erfolgreiches Jagen sicherlich auch erforderlich ist, zu entwickeln.

Der kernige junge Berufsjäger, der mit mir am nächsten Morgen für zwei bis drei Tage in eine entferntere Region des riesigen Reviers aufsteigen sollte, grinste nur freundlich, als ich ihm, ziemlich verschämt, meine mir doch erheblich zusetzenden Bedenken beichtete. Das würde schon gehen, meinte er nur, etwas mundfaul, zuerst einmal wollte er sich aber durch einen Probeschuss von der Eignung meiner Büchse (und wahrscheinlich besonders von meinen Schießfähigkeiten) überzeugen. Als es mir dann gelang, gut aufgelegt auf genau zweihundert Meter Entfernung, zwei Schüsse in das Schwarze der Scheibe zu setzen, war mir – und sicherlich auch meinem Jagdführer – bedeutend wohler. Trotzdem konnte ich die Nacht vor dem Aufstieg kaum schlafen und war froh, als die Dämmerung endlich durch die angelehnten Fensterläden drang.

Der Anstieg am frühen Morgen ging zwei Stunden lang besser als erwartet. Dann merkte ich aber allmählich, dass mir bei dem – zumindest für meine Begriffe – recht strammen Tempo langsam die Luft auszugehen drohte. Immer häufiger musste ich stehen bleiben, um nach Luft zu ringen, während der Puls bis zum Halse pochte. Mein trotz seiner Jugend gewitzter Begleiter, der im Gegensatz zu mir beim Boxen höchstens als Leichtgewicht eingestuft worden wäre, bekam meine Schwierigkeiten aber augenscheinlich mit und drosselte merklich das Tempo. So erreichten wir kurz nach Mittag den von meinem Jäger angestrebten Aussichtsplatz neben einem Latschenfeld, kurz vor einer mit großen Felsbrocken eingefassten Hügelspitze, auf der einige verkümmerte Bergfichten sich wohl schon etliche Jahre gegen den starken Wind behauptet hatten. Auf unserem windgeschützten Aussichtsplatz wärmte die mittlerweile strahlende Sonne wie in den besten Sommertagen, so dass meine durchgeschwitzten Hemden bald wieder getrocknet waren. Nachdem wir uns einige Streifen Tiroler Speck abgesäbelt und einen Apfel verdrückt hatten, ging es mir so richtig gut. Der Ausblick von hier war aber auch überwältigend. Anderl, der eigentlich Andreas hieß, mein Führer, benannte voller Stolz auf seine wunderschöne Heimat einige der uns umgebenden Dreitausender, deren weiße Spitzen greifbar nahe schienen. Gamswild konnten wir von unserer Warte aus aber nicht erkennen.

Bevor das wohlige Sättigungsgefühl und der warme Sonnenschein uns vollends träge machten, entschloss sich Anderl, die Spitze der hinter uns liegenden Erhebung zu besteigen, um an der anderen Bergseite nach Gams Ausschau zu halten. Schon nach kurzer Zeit sah ich ihn hastig zurückkommen. Von oben winkte er mir, meine Siebensachen beschleunigt einzupacken, und ihm nach oben nachzufolgen. Die Höhendifferenz von knapp fünfzig Metern hatte ich bald überwunden und schob mich langsam neben ihn, während er mit dem Spektiv aufmerksam nach unten beobachtete. Flüsternd wies mein Jagdführer mich in dem recht steil unter uns sich ausbreitenden unübersichlichen Gelände ein, so dass auch ich schnell den bereits kohlschwarz verfärbten Gamsbock, der neben einem dunkelgrauen Felsbrocken stehend in der Sonne döste, in mein Pirschglas bekam. »Ein etwa sechsjähriger Abschussbock mit sehr eng gestellter Krucke«, meinte Anderl leise. »Der passt!«

Nachdem mir mein Pirschführer vorsichtig aus den Rucksäcken eine passende Auflage gerichtet hatte, berührte ich sofort den gestochenen Abzug, als der Zielstachel mitten auf dem wohl etwas über einhundert Schritt entfernten Bock stand. Das hatte mir Anderl vorher eindringlich eingeschärft. Als Anfänger solle ich nicht an Blattschuss oder ähnliche Finessen denken, sondern einfach mittendrauf halten, bei dem starken Kaliber 30.06 würde jeder Gams sofort umfallen. So war es dann auch. Während der Schussdonner noch an den gegenüberliegenden Hängen nachrollte, sah ich meinen Gamsbock – wohl bereits im Gamshimmel – einfach umkippen. Ich fühlte einen derben Schlag auf meinem Rücken, als mein Begleiter mir fröhlich Waidmannsheil wünschte.

Als wir wenig später neben unserer Beute saßen, und mein sympathischer Jagdführer nach dem Aufbrechen sorgfältig den Gamsbart rupfte, war ich einfach nur glücklich. So ähnlich hatte ich mir die Freuden der Jagd immer vorgestellt. Ich war mir jetzt außerdem ziemlich sicher, dass das gewaltige Jagdfieber, welches mich in den vergangenen Monaten derartig gequält hatte, dass ich mich kaum für fähig hielt, einen Schuss auf Wild abzugeben, wohl endgültig überwunden war. Und wirklich: Von diesem Tage an habe ich vor dem Schuss kaum noch störendes Jagdfieber verspürt; nach einem erfolgreichen Schuss häufig dafür umso heftiger.

In Hochstimmung, zumindest was mich betraf, schleppten wir den vor der Brunft noch sehr feisten Gamsbock zu der ein gutes Stück entfernten Hütte, wobei wir prustend etliche steile Stellen überwinden mussten. Das konnte mich alles nicht mehr erschüttern. Selig betrachtete ich immer wieder die zwar enggestellte, aber starke und gut gehakelte Krucke, die unten auch noch reichlich verpecht war. Heute war ich nun wirklich zum Jäger geworden. Ich empfand es als ganz besonderes Glück, dass ich meinen ersten Schützenbruch nach diesem herrlichen und für mich unvergesslichen Jagderlebnis überreicht bekommen hatte, in prachtvoller Gebirgsnatur und ehrlich verdient.

Für die Gamsgeiß am nächsten Tag musste ich mich noch erheblich mehr plagen. Obgleich wir auf der Höhe übernachtet hatten und uns deshalb den langen Aufstieg von unten ersparen konnten, spürte ich bei der Pirsch durch verschiedene Kare nahezu jeden Muskel am Körper einzeln. Ein prächtiger Muskelkater und ein von der ungewohnt harten Pritsche verspannter Rücken hemmten den Bewegungsdrang merklich. So wäre ich – erschöpft, wie ich war – gern noch eine Nacht in der Hütte geblieben, nachdem es am späten Nachmittag doch noch mit der Geiß geklappt hatte. Meinen noch nicht allzu lange verheirateten Führer zog es aber mit Macht zu seiner jungen Frau, als seine berufliche Pflicht erfüllt und der Gast erfolgreich zum Schuss gebracht war. Glücklicherweise konnten wir die geschossenen Stücke über einen Materiallift hinuntertransportieren. Wir beide schwangen jedoch an unseren langen Bergstöcken durch nicht enden wollende Kehren in Richtung Tal. Dabei lernte ich erstmals die große Bedeutung der langen, erstaunlich leichten Haselnussstöcke am Berg kennen. Seit der ersten Gebirgsjagd habe ich nie wieder auf das »dritte Bein« verzichtet, wenn es um die Überwindung größerer Höhenunterschiede ging.

Als wir endlich unten im Tal aus dem Pirschsteig heraustraten, war die Dämmerung bereits weit fortgeschritten. Ich konnte mich kaum noch auf meinen wackeligen Beinen halten und war mit meinen Kräften ziemlich am Ende. Zu meiner Überraschung hatte ich erfahren müssen, dass der Abstieg kaum weniger anstrengend als das Steigen ist und besonders die Kniegelenke stark strapaziert. Außerdem hatte wahrscheinlich die Sehnsucht nach dem liebenden Weib meinen jungen Begleiter wiederum zu einem Tempo verführt, dem ich nur noch mit größter Mühe einigermaßen folgen konnte.

Im darauffolgenden Jahr – ich war wiederum auf Gamsbock und Gamsgeiß eingeladen – glaubte ich, ein noch günstigeres Los gezogen zu haben, als mir bei Ankunft in dem herrlichen, großen Tiroler Gebirgsrevier eröffnet wurde, dass mich in diesem Jahr Anderls Vater Sepp, der Senior der Jägerschaft, führen würde. Da Sepp, der mit seinem markanten Schnurrbart und eisgrauem Haarschopf in jeden Luis-Trenker-Film gepasst hätte, über sechzig Jahre zählte, rechnete ich, vom Lebensalter her genau zwischen Sepp und seinem Sohn Anderl stehend, mir für die bevorstehende Hochgebirgspirsch ein etwas gemütlicheres Tempo und damit hoffentlich etwas weniger Schweißvergießen als im Vorjahr aus.

Diese Hoffnung kam am nächsten Morgen nach dem Probeschuss, als wir zu Fuß vom Jagdhaus aufbrachen, schon sehr schnell ins Wanken. Nur wenige hundert Schritt vom Haus entfernt deutete

Sepp plötzlich auf die linke Wand des engen Tals und meinte, dort oben läge sein Revierteil. Ich betrachtete etwas verunsichert die sicherlich gut fünfhundert Meter hohe steile Felswand und fragte Sepp, von wo denn der Weg nach oben abginge, da ich mir beim besten Willen nicht vorstellen konnte, die Wand direkt anzugehen. Doch Sepp zeigte nur gleichmütig auf den vor uns liegenden Steilhang und begann mit langsamen, stetigen Schritten in die untere Geröllhalde einzusteigen. Mir war nicht ganz wohl, als ich ihm zögernd folgte, und ich bemühte mich, dicht an ihm dran zu bleiben.

Obwohl, zumindest für meine Begriffe, der kaum erkennbare Steig mörderisch steil war, merkte ich doch nach wenigen Minuten, dass Sepp, der stetig vor mir her stapfte, wohl genau das richtige Tempo angeschlagen hatte, denn ich konnte ihm ohne größere Mühen folgen. In unzähligen kleinen Kehren zogen wir, nur ab und zu kurz rastend, die Steilwand hinauf. Durch das gleichmäßig langsame Marschtempo kam ich nicht einmal außer Atem, wenn auch die Oberschenkel langsam immer schwerer wurden. Nur hinunterblicken konnte ich kaum, da mir regelmäßig schwindelig wurde, wenn ich mir die gerade durchstiegenen Stellen von oben ansah. Als wir nach gut zwei Stunden stetigen Steigens den Felshang endlich geschafft hatten, war die Schinderei aber noch nicht beendet. Eine gute weitere Stunde arbeiteten wir uns durch einen dichten Gebirgswaldgürtel, der von unten gar nicht zu erkennen gewesen war, da die steile Wand den weniger steilen Baumgürtel überriegelt hatte. Im oberen Teil des Waldgürtels trafen wir schließlich auf die kleine Hütte, die für die nächsten beiden Tage Ausgangspunkt für die jagdlichen Streifzüge in den umliegenden Karen sein sollte.

Unsere Unterkunft lag wirklich idyllisch. Versteckt unter Zirbelkiefern war die kleine Hütte, die neben einem Kochherd nur zwei schmale Pritschen enthielt, kaum zu erkennen. In dem zu einem Trog ausgehöhlten Baumstamm, durch den ein kleiner Bach geleitet war, wuschen wir uns mit herrlich kaltem und klaren Wasser den Schweiß ab, bevor wir uns in dem Unterschlupf einrichteten und erst einmal unter großer Qualmentwicklung den Herd anheizten. Die Nudeln mit kräftigem Gamsgulasch aus Sepps Rucksack schmeckten in dieser Höhe einfach himmlisch, zumal Petrus uns von oben mit herrlichem Sonnenschein verwöhnte. Als ich dann auch noch auf dem nahe gelegenen luftigen Örtchen einige Jagdzeitschriften aus den zwanziger Jahren entdeckte, deren vergilbtes Papier dort hinterlistigen Zwecken dienen sollte, erhöhte sich das Wohlbefinden – allerdings auch die Verweildauer – noch weiter.

Da wir aber zum Jagen und nicht zum Lesen von Jagdgeschichten heraufgestiegen waren, brachen wir bald zum ersten Pirschgang auf. Schon nach den ersten Schritten hörte ich ein zischendes Pfeifen und sah gleich darauf eine Kehre höher auf unserem in weitem Bogen aus dem Bergwald herausführenden Pirschsteig einen starken Gams, der uns aufgeregt musterte. »Das ist der Hausbock, ein hervorragend veranlagter Zukunftsbock«, erklärte mir Sepp, der wohl meine begehrlichen Blicke bemerkt hatte, »der wird nicht geschossen!« Dem Bock schien diese Entscheidung bekannt zu sein. Mehrere Minuten noch sprang er aufgeregt um uns herum und blieb erst zurück, als wir aus dem Wald heraustraten.

Bereits nach wenigen Schritten drehte sich Sepp, der mit seiner Tiroler Bracke voranging, hastig zu mir um und winkte mich, während er ebenfalls in sich zusammensank, energisch in die Down-Lage. Es dauerte einige Sekunden, bis ich die vier Gams im Blickfeld hatte, die knapp zweihundert Meter vor uns zwischen einigen einzeln stehenden kümmerlichen Kiefern ruhig am harten Berggras herumzupften. Ich hatte mich in dem mir ungewohnten Gelände noch nicht »eingesehen«, zumal mir der Anblick von Gamswild in »Sommergarderobe«, das sich auf Grund seiner gelblich-braunen Färbung kaum von den gleichfalls von der Sonne verbrannten bräunlichen Matten abhebt, noch nicht vertraut war. Wir krochen vorsichtig wenige Meter bis zu einem kleinen Busch, um in der ziemlich deckungslosen, welligen Hochebene wenigstens etwas Sichtschutz zu haben. Sepp zog langsam aus seinem geräumigen Rucksack das Spektiv hervor und musterte alle vier Gams nacheinander sehr sorgfältig. »Alles jüngere Abschussböcke«, flüsterte er, während er das Spektiv wieder zusammen schob, »wir nehmen den zweiten von links.« Dann stapelte er mit ruhigen Bewegungen unsere Rucksäcke über einander, um eine sichere Auflage für die Büchse zu schaffen, zupfte noch einige störende Grashalme ab und schob mich hinter das bereits in Stellung gebrachte Gewehr. Die Auflage passte hervorragend, auch die Ellenbogen hatten sicheren Halt. So ging ich mit dem Zielstachel von unten in den Gamsbock hinein, betätigte den Deutschen Stecher und wollte vorsichtig nach dem Abzugszüngel angeln, als der Schuss auch schon donnernd losging. Völlig erschrocken konnte ich aber durch das Zielfernrohr noch erkennen, dass es den Bock nach oben gerissen hatte, und der Gams nach einem Überschlag wohl lag. »Waidmannsheil!« hörte ich von meinem Begleiter, »das ging aber hastig!«

Mir war klar, dass dieser Jagderfolg nur einem glücklichen Zufall zu verdanken war, ich hatte »Gamsdusel« gehabt. Zum ersten Mal hatte ich aber auch klar und deutlich gemerkt, dass das System des »Deutschen Stechers« – jedenfalls für mich – nicht der Weisheit letzter Schluss sein konnte. Nachfolgende ähnliche Erlebnisse und die Tatsache, dass ohne Einstechen der Abzug unbrauchbar hart stand, führten zu der Überlegung, in meinen Steyr-Mannlicher einen Flintenabzug mit Rückstecher einbauen zu lassen. Diese Überlegung wurde endlich in die Tat umgesetzt, als ich versehentlich mit der Bockbüchsflinte in der Eigenjagd meines Schwiegervaters ein Tierkalb mit Schrot schoss, weil ich, wie beim Deutschen Stecher gewohnt, mit dem hinteren Abzug den Kugellauf einstechen wollte. Seit dem Auswechseln des Abzugsystems habe ich mit bestem Erfolg bei meinem Steyr-Mannlicher wie bei den übrigen Repetierbüchsen fast nur noch den trocken stehenden Flintenabzug benutzt und verwende den Rückstecher eigentlich nur noch bei den Kipplaufwaffen.

Nachdem der – erstaunlicherweise auch noch mit gutem Schuss – erlegte Gamsbock versorgt und vor der Hütte aufgehängt war, saßen Sepp und ich bei einigen Gläschen Obstler noch lange zusammen, und es war – wie so oft – faszinierend zu hören, wie treffend und klar Menschen, die fernab von Wirtschaft und Politik ein »einfaches« Leben führen, die komplexen Probleme der heutigen Zeit beurteilen können und eine eigene, auf eigener Lebenserfahrung und Moralvorstellung beruhende Meinung vertreten. Welch ein Unterschied zu den zahlreichen informationsüberfluteten, halbgebildeten Großstadtschwätzern, ging es mir beim Einschlafen auf der schmalen Pritsche durch den Kopf, während Sepp und seine Brackenhündin, die sich genüsslich zwischen uns eingerollt hatte, bereits um die Wette schnarchten.

Der nächste Tag verlief mühsam. Wir krabbelten durch alle erreichbaren Kare, arbeiteten uns teilweise auf den Knien zu immer neuen Aussichtspunkten heran und waren gegen Mittag, obwohl wir den Haupthöhenunterschied bereits am Vortag bewältigt hatten, ziemlich erschöpft von den diversen kleineren An- und Abstiegen. Gamswild hatten wir eigentlich immer im Anblick, nur eine »passende« Geiß schien nicht darunter zu sein. Als um die Mittagszeit der am Morgen bedeckte Himmel zunehmend aufklarte, und sich allmählich eine phantastische Fernsicht entwickelte, ließen wir uns auf einem kleinen mit hartem, gelblichen Gras bestandenen Berghang nieder, um nach einer ausgiebigen Jause bei gutem Sichtschutz die nächsten Stunden in der Sonne liegend abzuwarten, bis das Gamswild am Nachmittag wieder rege würde. Wie wir durch unsere Gläser erkennen konnten, hatten sich auch die Gams weitgehend niedergetan. Nur einige Kitze sprangen scheinbar unermüdlich spielend um ihre Mütter herum.

Nachdem Sepp mir die Namen einiger markanter Bergspitzen um uns herum genannt – ich habe sie leider umgehend wieder vergessen – und mir die bei der herrlichen Sicht in weiter Ferne erkennbare Zugspitze gezeigt hatte, fielen ihm in der warmen Sonne langsam die Augen zu. Herr und Hund schnorchelten friedlich vor sich hin und ergänzten mit ihren regelmäßigen Atemgeräuschen das beruhigende Summen der gemächlich herumschwebenden Hummeln. Ich konnte und wollte auch nicht einschlafen. Mit offenen Augen nahm ich das uns umgebende Hochgebirgspanorama in mich auf, wissend, dass diese wenigen Stunden hoch im Berg, weit ab von Wanderwegen mit ihren

rot bestrumpften Spaziergängern kaum einem meiner Groß-
stadt-Mitmenschen je beschieden sein würden. Wie so oft empfand
ich das Jäger-Sein als kostbares Privileg. Nur gut, dass den zahlreichen Jagdgegnern wie auch den Uninteressierten gar nicht bewusst wird, was ihnen entgeht, sonst würde sich der meist ideo-
logisch begründeten Abneigung auch noch der Neid auf uns Jäger
hinzugesellen.

Am frühen Nachmittag wurden die weit um uns herum
befindlichen Gams wieder hoch, um ihre Hauptbeschäftigung, das
Äsen, wieder aufzunehmen. Zeit für uns, uns ebenfalls wieder auf
die Socken zu machen. Doch – wie am Vormittag – ein Waidmannsheil wollte sich nicht einstellen. Alle jagdbaren Geißen führten Kitze, oder wir waren nicht in der Lage, uns dem betreffenden
Rudel genügend zu nähern. Etwas enttäuscht schlugen wir daher
den Rückweg zu unserer Hütte ein. Kurz vor Erreichen des Waldsaums hatte Diana dann wohl doch Mitleid mit dem Flachland-
Jäger. In einem schmalen Nebental standen gut hundert Schritt
unter uns mehrere Gams, von denen Sepp einen als alte Geltgeiß
ansprach. Hastig versuchten wir eine Auflage für den Schuss zu
schaffen, mussten zu unserem Leidwesen aber mit ansehen, wie
sich die gesamte kleine Gesellschaft plötzlich hinter einer Rinne
unseren Blicken entzog. »Teifi«, grantelte Sepp, »so schön dicht bei
der Hütten, das wär's gewesen.«

Als wir uns danach in Richtung Hütte in Marsch setzen wollten, sah ich völlig überrascht, dass die Gams gerade begannen, in
kaum achtzig Schritt Entfernung auf unserer Höhe aus der Rinne
herauszusteigen. Sofort lagen wir in Stellung. Jetzt musste es
schnell gehen. So schoss ich liegend freihändig, mit dem Rucksack
auf dem Rücken, auf das dritte Stück, welches Sepp mir als die alte
Geiß angezeigt hatte. Im Schuss konnte ich erkennen, wie die
schwache Geiß hinter einen Felsbrocken rutschte, und der übrige
Verein hochflüchtig das nächste Kar zu erreichen suchte. Während
ich tief durchatmete, um das Jagdfieber abklingen zu lassen, sah ich
Sepp neben mir strahlen. Voller Freude wünschte mir der alte
Berufsjäger Waidmannsheil.

Beim Herantreten an die Beute konnte ich mein Glück immer noch nicht fassen. So schnell hatte sich das Blatt gewendet. Die schon ziemlich abgekommene Geiß zeigte vierzehn Jahresringe an ihrer unscheinbaren, kaum gehakelten Krucke. »Die hätte den Winter wohl nicht mehr überlebt«, meinte Sepp, der über diesen Hegeabschuss hoch befriedigt war.

Dann bekamen Sepp und ich uns aber doch noch fast in die Haare. Als wir vor der Hütte den Abstieg vorbereiteten, wollte Sepp, der schon in jungen Jahren dem damaligen Jagdherrn, einem alten Fürsten, als Revierjäger gedient hatte, partout beide Gams in und auf seinem Rucksack zu Tale tragen, so habe er es schließlich gelernt! Ich musste etwas lauter werden, um meinen Anteil übernehmen zu können. Dann ging es abwärts. Ich weiß heute noch nicht, wie ich den steilen, felsigen Hang mit einem Gams im Rucksack hinuntergekommen bin. Ich kann mich nur daran erinnern, dass bei jeder Kehre der Rucksack ein Eigenleben entwickelte und immer geradeaus wollte, und dass Sepp bei besonders kniffligen Stellen mit seinem Bergstock eine Art Geländer für mich errichtete. Im unteren Geröllhang bin ich dann auch noch ausgerutscht und habe mir ziemlich das linke Schienbein aufgeschlagen. So lief mir, als wir endlich unten waren, nicht nur der Gamsschweiß durch den Rucksack und das Jagdhemd den Rücken runter, sondern auch noch der eigene Lebenssaft durch den Kniestrumpf in die Bergschuhe. Im Jagdhaus unter der Dusche waren dann aber alle Wehwehchen vergessen, und ein tiefes Glücksgefühl machte sich breit. Für nichts in der Welt hätte ich die Erlebnisse der letzten Tage eintauschen mögen.

Nach weiteren – meist erfolgreichen – Gamsjagden in Tirol hatte ich in den folgenden Jahren Gelegenheit, auch in der Steiermark, in Slowenien (damals noch Teil des alten Jugoslawiens), in der Nähe des Katschbergs und, in den letzten Jahren, in Osttirol, in unmittelbarer Nähe des Großglocknermassivs, das Gamswild zu bejagen. Neben den immer wieder faszinierenden Gebirgslandschaften haben mich vor allem die in der Regel prächtigen, ortsverbundenen Jagdführer beeindruckt, ohne deren besonnene Führung eine Gamsjagd für den »Nicht-Bergbewohner« mir kaum möglich erscheint. Man kann sich nicht oft genug vor Augen halten, dass man als Jagdgast eigentlich nur den mehr oder minder guten Schuss auf das Wild abgibt, nachdem es dem Jagdführer – manchmal recht mühsam und mit großem Aufwand – gelungen ist, den meist bergungewohnten Mitläufer nahe genug an das Wild heranzubringen. Außerdem muss der Führer das Wild in der Regel allein ansprechen, da der Gast dazu mangels ausreichender Übung meist nicht in der Lage sein wird. Gejagt, in des Wortes voller Bedeutung, hat also vor allem der Jagdführer!

Eine ganz entscheidende Rolle bei der Gebirgsjagd spielt bekanntlich das Wetter. Wie sehr im Hochgebirge der Jagderfolg vom Wetter abhängt, und wie schnell sich die Situation verändern kann, habe ich in Osttirol erfahren. Durch meinen guten Freund Dieter, der seit vielen Jahren regelmäßig zum Wanderurlaub nach Osttirol fährt, wurde mir in der großen Gemeindejagd seines Urlaubsorts ein Gamsabschuss vermittelt. Der Onkel seines langjährigen Gastgebers, einer der erfahrensten und passioniertesten Jäger weit und breit, willigte freundlicherweise ein, mich zu führen. So fuhren Reinhard und ich Anfang Oktober erwartungsfroh gen Süden, um noch vor dem großen Wintereinbruch das Unternehmen anzugehen. Ich freute mich sehr über die Begleitung von Reinhard, der vorher noch nie im Gebirge gewesen war und sich Freuden und Leid der Gamsjagd, von denen ich ihm bislang so viel berichtet hatte, nun mit eigenen Augen ansehen wollte. Vorweg bemerkt: Auch bei ihm hat der Funke sofort gezündet, und die erste Krucke hängt mittlerweile an seiner Trophäenwand!

Unser Jagdführer Lois, ein zäher und ruhiger Gebirgsjäger vom alten Schlag, vor dessen kapitalen Gams- und vor allem Steinbocktrophäen wir fast vor Ehrfurcht erstarrten, wiegte wegen des Wetters bedenklich seinen ergrauten Kopf. Angesichts der Tatsache, dass wir von so weit gekommen waren, nur eine begrenzte Zeit zur Verfügung hatten und die in Österreich für Gastjäger unverschämt teure Jagdkarte (die dafür auch nur für ein Bundesland gültig ist!) schon gelöst hatten, willigte er aber schließlich doch ein, am nächsten Tag mit uns einen Versuch zu wagen.

Als wir gegen acht Uhr am darauf folgenden Morgen »gerüstet« vor das Haus traten, waren die steilen Hänge des Talkessels, der den kleinen Ort umschließt, vor Nebel kaum zu erkennen. Dann lichtete sich der Nebel jedoch zusehends und hin und wieder waren sogar kleinere blaue Flecken am Himmel zu ahnen. So stopften wir tatendurstig Rucksäcke, Bergstöcke, Waffen und schließlich uns selbst in Lois kleinen geländegängigen japanischen Flitzer, der uns über einen steinigen Forstweg einige hundert Meter höher bis zur Waldgrenze bringen sollte. Schon während dieser kurzen Fahrt wurde uns die »Variabilität« des Wetters im Hochgebirge deutlich vor Augen geführt. Sonnenbeschienene Bereiche wurden nach der Kehre von fahlen, undurchdringlichen Nebellöchern abgelöst, neblig-regnerische Strecken mündeten etwas höher wieder im Sonnenschein. Während südlichere Hanglagen noch sommerlich grün schimmerten, lag um die Ecke herum schon pappiger Schnee von ersten Wintereinbrüchen. Lois schaffte es noch, sein Fahrzeug über eine enge Zufahrt, die an eine steile Felswand geklebt schien und noch nicht vereist war, in den Taleingang eines weiten Hochtals zu steuern, dann mussten wir den Wagen abstellen, da der weiterführende Weg durch herüberrinnendes Wasser eines kleinen Bachs teilweise schon stark vereist und damit unpassierbar geworden war.

In dem weitläufigen Talkessel, der sich über gut einen Kilometer vor uns in Richtung Großglockner erstreckte, waren in den Hängen keine Gams zu sehen. So beschloss Lois, mit uns in den rechten Hang einzusteigen, da er hinter dem Grat Wild vermutete. Der schräg am Hang hinaufführende Trampelpfad war nicht allzu steil, so dass unsere kleine Gruppe gut voran kam. Uns war bewusst, dass drei Mann und ein Hund auf der Pirsch im ziemlich deckungslosen Gelände nicht gerade eine ideale Konstellation verkörpern, wo doch gerade beim Pirschen schon der zweite Mann oft zuviel ist. Wir bemühten uns aber wenigstens, möglichst ohne zu reden, beieinander und dicht hintereinander zu bleiben.

Kaum hatten wir die knapp zweihundert Höhenmeter bis zum Kamm, ohne allzu viel zu schwitzen, überwunden, als Lois uns auch schon energisch niederwinkte. In einem Geröll-Loch nebeneinander hockend musste er uns »Bergfremde« erst mühsam einweisen, bevor wir die drei Gamsböcke, die etwa zweihundert Meter entfernt in einem schieferfarbigen Felshang vertraut ästen, in unsere Pirschgläser bekamen. Die schon fast verfärbten Gams hoben sich kaum vor dem Hintergrund ab. Nach ausgiebiger Begutachtung durch das Spektiv gab mir Lois schließlich den mittleren zum Abschuss frei. Sollte die langersehnte Gamsjagd so schnell und »unspektakulär« zu Ende gehen? Bei guter Auflage im Anschlag liegend, wurde meine Geduld dann jedoch auf eine harte Probe gestellt. Während die beiden Gefährten meines »auserkorenen« Gamsbocks wunderschön breit standen, zeigte mir der mittlere längere Zeit nur seinen Spiegel. Dann kam endlich Bewegung in den Abschusskandidaten. Kaum hatte sich der Bock etwas gedreht, da war die Kugel auch schon aus dem Lauf und donnerte knapp über dem Rücken des anvisierten Gams in die felsige Wand, dass die Splitter nur so stiebten.

Ich hätte mich am liebsten in den Körperteil gebissen, dessen Erwähnung in feineren Gesellschaftskreisen verpönt ist, zumal Reinhard, wohl in Erinnerung an meine dramatischen Gamsjagderzählungen, ziemlich anzüglich grinste. Auch Lois blickte nicht gerade bewundernd. Die drei Gamsböcke waren im besten Sinne des Wortes inzwischen über alle Berge. So nahmen wir schweigend das Gepäck wieder auf, und es ging weiter. Lois führte uns über einen sanft ansteigenden Grat bis zu einem kleinen, ebenen Hochplateau, von wo aus man das weite Tal, aus dem wir aufgestiegen waren und – auf der anderen Seite – ein anschließendes weites Kar, das in ausgedehnte bewaldete Hänge abfiel, gut überblicken konnte. Die kleine Fläche, vielleicht von der Größe eines Tennisplatzes, die Lois erst einmal zum Vespern ausgewählt hatte, war dicht mit Edelweiß bestanden. Zu beiden Tälern ging es steil über mehr als hundert Meter hinab, so dass Reinhard und ich nur mit gehörigem Respektsabstand an die Kante herantreten konnten. Der Grat fiel hinter dem kleinen Plateau über eine schmale, stark zerklüftete Felsbrücke wieder ab und gab den Weg in das benachbarte Kar frei.

Während wir noch staunend die herrliche Weitsicht genossen, zog sich auf einmal in Windeseile das weitläufige Tal, aus dem wir aufgestiegen waren, mit dichtem Nebel zu. Wir trösteten uns mit der guten Sicht in das Nachbarkar und begannen, uns aus dem Rucksack zu stärken, da ja frische Luft immer für guten Appetit sorgt. Nach den ersten Bissen saßen wir auf einmal in dichtem Schneegestöber, das innerhalb weniger Minuten für eine dünne, geschlossene Schneedecke sorgte. Auch die Temperatur war plötzlich merklich gefallen. Nach kurzer Zeit blinzelte jedoch die Sonne schon wieder durch die Wolken.

Da wir von hier oben kein Wild sehen konnten, schlug Lois vor, er wolle über die schmale Felsbrücke in das Kar hinunterklettern, da unten hinter zahlreichen Buschgruppen oder in Rinnen und Spalten überall Gamswild stehen könne, für die Sicht von oben überriegelt. Wir sollten oben warten, in Sichtkontakt mit ihm bleiben und gegebenenfalls zurück über den Grat von der anderen Seite auf einfachere Weise in das Kar hinuntersteigen.

Während Lois mit seiner jungen Tiroler Bracke Ines über die Felsbrücke kletterte – uns wurde schon vom Zusehen schwindelig – machten wir uns auf unserer Felsbastion auf eine längere Wartezeit gefasst. Nach einer Viertelstunde entschwand Lois auf einmal unseren Blicken, dichter Nebel hatte inzwischen das gesamte Kar überzogen. Dafür stellten wir überrascht fest, dass auf der anderen Seite das weitläufige Tal in strahlendem Sonnenschein lag. In ähnlicher Weise verliefen die beiden nächsten Stunden. Ständig wechselten die Sichtverhältnisse. Mittlerweile saßen wir beide im Sonnenschein und vom Schnee, der noch vor kurzem alles eingehüllt hatte, war nichts mehr zu sehen. Dann deutete Lois tief unten aus dem Kar durch Winken an, dass er sich mit uns am unteren Grat treffen wolle. Als wir dort nach einer Weile wieder zusammenkamen, herrschte kurz darauf dicker Nebel.

Lois hatte im Kar einige einzelne jüngere Böcke gesehen, so dass uns der Nebel für die Annäherung gerade recht war. Während wir noch versuchten, an einen größeren Felsbrocken heranzukommen, in dessen Nähe Lois einen passablen Bock ausgemacht hatte, wurde der Vorhang wie von Geisterhand plötzlich aufgezogen, so dass wir dem Bock auf nicht einmal hundert Schritt unverhofft gegenüberstanden. In diesem Augenblick wehte eine weitere Nebelwand in das Kar, und wir konnten nur noch das Abspringen des Gams hören. Lois winkte uns im Nebel hastig hinterher. Hinter einer Steingruppe bezogen wir dann Stellung und vertrauten darauf, dass die durch das Kar fegenden Nebelfetzen wieder einmal die Sicht frei geben würden.

Nicht allzu lange mussten wir warten. Der Nebel lichtete sich, und der Bock stand auf einmal nur etwa fünfzig Schritt entfernt auf einem größeren Felsbrocken. Als ich blitzartig den Schutz vom Zielfernrohr riss, bekam ich mit, wie Reinhard geistesgegenwärtig die junge Hündin gegriffen hatte, die voller Passion aufjaulend dem Bock entgegenspringen wollte, und ihr den Fang zuhielt. Ich war sofort im Anschlag und ... im gleichen Augenblick der Verzweiflung nahe. Ich sah nämlich vor Kondenswasser überhaupt nichts, außerdem blendete direkt hinter dem anvisierten Bock die Sonne mörderisch. Es half nichts, ich musste wieder absetzen, um wenigstens mit dem Finger über die Linsen zu wischen. »Was ist denn nun schon wieder los?« hörte ich Lois, der den Bock durch das Glas beobachtete und gespannt auf den Schuss wartete, genervt brummeln. Mittlerweile konnte ich fast körperlich spüren, wie es pressierte. Der Bock war kurz vor dem Abspringen, hinter mir hörte ich den Hund schnaufen, und neben mir steigerte sich Lois' Aufregung. So flog die Büchse wieder an die Schulter, und als der Zielstachel in etwas verschwommenem Schwarzen herumwackelte, riss ich den Abzug durch. Es knallte, und, oh Freude, neben dem Zielfernrohr vorbei blinzelnd, sah ich, wie der Gams hinter den Stein sackte.

Meine beiden Begleiter sahen sich etwas ratlos an und schüttelten die Köpfe. »Das war letzte Eisenbahn«, meinte Reinhard, »warum hast du denn nicht früher geschossen, schöner kann ein Stück doch gar nicht stehen!« Ich reichte ihm die Büchse und bedeutete ihm, durch das Zielfernrohr zu sehen. Weitere Erläuterungen waren nicht mehr nötig.

Es war mittlerweile später Nachmittag geworden, und Lois drängte zum Rückmarsch. Da er nicht das ganze Kar mit dem Gams wieder hinaufkraxeln wollte, um über den Grat wieder zum Fahrzeug zu gelangen, beschloss er, mit uns auf der anderen Seite des Berges in schnurgerader Richtung bis zur Straße weit unten im Tal abzusteigen. Reinhard und ich hielten das zuerst für eine gute und logische Entscheidung. Bald wurden wir jedoch eines Besseren belehrt. Während Lois drahtig mit dem aufgebrochenen Gams am Seil scheinbar mühelos vor uns den steilen, grasbewachsenen Hang hinunterfederte, stelzten wir Schritt für Schritt in fortwährenden Kehren mühsam hinter ihm drein. Der Abstand zwischen ihm und uns wurde immer größer. Bald fühlten wir Knie-, Oberschenkel- und Wadenmuskeln kaum noch, und die Ausrutscher, die regelmäßig zur Landung auf dem Hintern mit mehr oder minder langen Rutschpartien führten, häuften sich.

Wir werden wohl beide diesen grausamen Rückmarsch, bei dem fast tausend Höhenmeter überbrückt werden mussten, so schnell nicht vergessen. Ich erinnere mich aber auch daran, dass wir mehrmals mit fast gefühllosen Beinen taumelnd im Hang standen und über unseren desolaten Zustand laut lachen mussten, wobei wir scherzhaft erwogen, im Hangwald zu übernachten, nur um nicht weiter stolpern zu müssen. Unten, kurz vor der Straße, schon in vollständiger Dunkelheit, wartete eine letzte schwere Prüfung, wir mussten unsere kraftlosen Beine noch über einen Stacheldrahtzaun hieven.

Obgleich mich der steile Abstieg mehrere blaue Zehennägel gekostet hatte, wie sich beim Duschen herausstellte, war die Stimmung beim abendlichen Rotwein kaum noch zu überbieten. Wir hatten uns fürchterlich plagen müssen, aber trotzdem unter Beweis stellen können, dass auch Schreibtischmenschen aus der Großstadt am Berg noch einigermaßen ihren Mann stehen können, wenn sie nur wollen.

Hochsitz-Besetzer

Eigentlich beabsichtigte ich diesmal gar nicht zu jagen. Ich hatte nur deshalb die lange Bahnfahrt aus dem Rheinland zum Spreewald schon wieder auf mich genommen, weil meine Frau ein einwöchiges Seminar besuchen wollte, und ich keine Lust verspürt hatte, eine ganze Woche lang alleine zu verbringen. Da außerdem das Dach meiner Jagdunterkunft, des besagten »Sportpalastes«, eine Teerung gut gebrauchen konnte, war ich – kurz entschlossen – schon wieder in den Zug gestiegen, obgleich ich die ersten beiden Maiwochen, die noch nicht einmal vierzehn Tage zurücklagen, bereits mit gutem Erfolg im Revier verbracht hatte. Während dieser Zeit waren zwei recht gute Böcke und ein schwacher Knopfer zur Strecke gekommen und danach bei mir die Überzeugung gereift, es jagdlich erst einmal etwas ruhiger angehen zu lassen. Schließlich sollte ja auch in der Blattzeit noch etwas »Aktionsspielraum« übrig sein, wenn auch in unserem Revier, nach Abernten der riesigen Getreideschläge, die älteren Kämpen wieder häufiger sichtbar werden. Die Zeit ab Juni bis zum Beginn der Blattzeit ist auch bei uns erfahrungsgemäß ohnehin jagdlich eher unergiebig, da das Rehwild zum großen Teil im hochgeschossenen Getreide steckt, und die Frischlinge noch kein vernünftiges »Schussgewicht« aufweisen.

So besorgte ich mir einige Eimer Teerfarbe und die erforderlichen Anstreichutensilien und machte mich einen Tag nach der Ankunft voll guten Willens an die Arbeit. Ich mühte mich redlich, die zähe, schwarze Brühe möglichst gleichmäßig auf das schwach geneigte Dach zu verteilen, wobei mir die sonst nicht übermäßig geräumig erscheinende Wohnfläche nun doch gar nicht so gering vorkam. Die Sonne brannte regelrecht aus dem wolkenlosen Himmel herunter, was dazu führte, dass sich in meiner Arbeitskleidung allmählich Schweiß und von außen eindringende Teerfarbe zu einer nicht besonders wohlriechenden Mixtur vereinigten. Als an den Händen bereits die ersten Blasen aufsprangen, machte sich auch noch der durch ständiges Bücken malträtierte Rücken höchst unangenehm bemerkbar. Kurzum, ich roch mittlerweile nicht nur wie eine Wildsau sondern sah wahrscheinlich – teerverschmiert und durchgeschwitzt – auch ähnlich aus. Doch was nützt Selbstmitleid und Bejammern des eigenen Schicksals, hier musste ich wohl oder übel durch. Nachdem ich allerdings erleichtert festgestellt hatte, dass schon ungefähr drei Viertel der Fläche bearbeitet, also eingeschmiert waren, ging ich mit neuer Motivation in den Endspurt: Ich beschloss, mich nach Fertigstellung der »schwarzen« Schinderei durch einen geruhsamen Ansitz – natürlich auf Schwarzwild in diesem Falle – selbst zu belohnen. Mir war klar, dass die Erfolgsaussichten nicht allzu üppig standen, schließlich hatten wir in letzter Zeit kaum Schwarzwild gefährtet, und außerdem war zu dieser Jahreszeit ein Schuss eigentlich nur auf Keiler vertretbar, aber auf der Jagd ist bekanntlich alles möglich.

Als ich mich endlich mit Hilfe von viel Wasser, Seife und Terpentin wieder »rezivilisiert« hatte, ging es schon gegen acht Uhr. Wohin setzen? Obgleich auf mehreren größeren Schägen gerade in den letzten Tagen Mais gelegt worden war, erschien der Ansitz dort – während der Neumondphase – ziemlich sinnlos. Wenn überhaupt, würden die Schwarzkittel hier erst in der Dunkelheit erscheinen. Also zum großen Wildacker mitten im Wald. Dort war die eingebrachte Wildackermischung inzwischen gut aufgelaufen, und außerdem führen etliche, besonders vom Schwarzwild gut angenommene Wechsel direkt über die Fläche. In den letzten Jahren hatten wir hier mehr als ein Dutzend Sauen – meist noch bei gutem Büchsenlicht – auf die Schwarte legen können. So stellte ich wenig später mein Fahrzeug gut hundert Schritt entfernt auf dem Zufahrtsweg ab und betrat leise den Pirschweg, der zwischen zwei Kiefernreihen hindurch zur Kanzel angelegt ist. Der leichte Wind passte hervorragend, die langsam durch die Luft segelnden Pollen und Kiefernsamen trieben direkt auf die Kanzel zu. Nachdem ich

behutsam die Leiter hinaufgeklettert war, zwängte ich mich leise
durch die enge Kanzeltür und schob mich auf den bequemen alten
Armlehnenstuhl. Dann wollte ich die im Spreewald unentbehrliche
Autanflasche gegen alles, was beißt und sticht, auf die Eckkonsole
rechts hinter mir stellen und kriegte am Rande meines Blickfelds
gerade noch mit, dass dieser Platz schon belegt war. Vier halbflüg-
ge Jungvögel, ich tippte auf Bachstelzen, musterten mich angstvoll,
während sie sich so tief wie möglich hinter den Nestrand duckten.

Etwas enttäuscht und verärgert kletterte ich von der Kanzel. Im letzten Jahr hatte uns hier ein großes Hornissennest monatelang von der Jagd abgehalten, bis es Reinhard schließlich zu bunt wurde, und er – als der brummige Flugverkehr bereits weitgehend eingestellt war – das papierene Bauwerk tief vermummt abgefackelt hatte. Jetzt machten schon wieder unerwünschte »Mieter« die Eigennutzung unmöglich. Na ja, bald würden die Jungvögel sicherlich ausfliegen. »Was mache ich nun mit dem angebrochenen Abend?« fragte ich mich, als ich zu meinem Geländefahrzeug zurück schlenderte. Die einzige vernünftige Lösung schien die Leiter an der Suhle zu sein, nicht weit entfernt und mit einigermaßen günstigem Wind. Ich musste einen größeren Bogen fahren, um gegen die Windrichtung die Leiter zu erreichen. Da es schon fast halb neun war, und ich mit Wildanblick nun eigentlich wegen der späten Störung kaum noch rechnete, fuhr ich bis fast auf Steinwurfweite an die offene, gegen eine knorrige Kiefer gelehnte Leiter heran, so dass mein Fahrzeug nahezu frei auf der Schneise von allen Seiten sichtbar war. Mir ging es nur darum, die malerische Waldkulisse um mich herum noch eine Weile – bis zur Dunkelheit – zu genießen und mich nach der rückenstrapazierenden Abdichtungsaktion in der Hitze auf dem Dach hier in der angenehmen Abendkühle zu entspannen.

Während ich auf dem geräumigen Leitersitz mit dem Rücken an die Kiefer gelehnt mehr lag als saß, fielen mir schon fast die Augen zu. Nur eine besonders aufdringliche Mücke, die mit aller Gewalt immer wieder versuchte, in das rechte Ohr einzudringen, verhinderte das Einnicken. »Dann machst du eben wieder auf Imker«, dachte ich und tastete den Inhalt der weiten Außentasche meiner Jagdjacke nach dem Mückenschleier ab. Hierzu musste ich mich etwas aufrappeln, so dass der Blick über die Gewehrauflage vor dem Sitz hinausging. Dabei sah ich sie, oder besser gesagt, sie »fiel mir regelrecht ins Auge«, eine rabenschwarze Sau, keine fünfzig Schritt entfernt und ein herrlicher Kontrast zu den dichtstehenden Birken und dem sattgrünen Adlerfarn um sie herum.

Ich erstarrte in der Bewegung, Mücke samt Mückenschleier waren auf der Stelle vergessen. Wo kam die denn her? Außer beruhigendem Vogelgezwitscher hatte ich in den letzten Minuten nichts gehört. Im vorsichtig hochgenommenen Jagdglas glaubte ich, ein Gesäuge zu erkennen, zumindest einen Strich. »Schade, wahrscheinlich eine Überläuferbache«, dachte ich, während die Spannung schlagartig nachließ. Irgendwo mussten doch die Frischlinge sein; merkwürdig, dass sie nach nun schon mehrminütiger Betrachtung der Sau, die zwischen den Birken mit dem Wurf kurz über dem Boden intensiv herumsuchte, immer noch nicht aufgetaucht waren. Dann drehte sich das Schwein und machte einige Trippelschritte in meine Richtung. Dabei kamen mir zwei grau schimmernde Wülste am Oberkiefer nun doch komisch vor. »Das haben doch nur Keiler wegen der Haderer«, ging es mir durch den Kopf. Als die Sau vor einer Birke endlich breit stand, sah ich deutlich, dass es sich bei den von mir angenommenen Strichen um den Pinsel handelte. Also doch ein Überläufer-Keiler!

Während ich sofort betont langsam zur Büchse griff, schnellten Puls und Blutdruck wieder in die Höhe. Was für ein Glück, dass ich aus alter Gewohnheit nach dem Besteigen der Leiter das Gewehr durchrepetiert hatte, so brauchte ich nun nur noch leise zu entsichern. Dummerweise hatte sich der Keiler inzwischen gedreht und schien langsam wieder den Rückzug in den dichten Fichtenverhau hinter den Birken antreten zu wollen. Sekundenlang war er durch die Birkenstämme fast verdeckt. Dann erkannte ich zwischen zwei V-förmig gewachsenen Stämmen eine halbmeterbreite Lücke, in der mein Keiler erscheinen musste, wenn er die eingeschlagene Richtung beibehielt. Wenige Augenblicke später war es so weit. Als die Sau hinter dem weißen V auftauchte, brach der Schuss. Ich merkte noch, dass ich wohl gut abgekommen war, als der Keiler auch schon abging wie eine Kanonenkugel. Zum Nachrepetieren kam ich gar nicht erst, deshalb versuchte ich, die rasende, »Zickzack-artige« Flucht so lange wie möglich im Auge zu behalten und mir besonders die Stelle des Eintauchens in die Dickung einzuprägen. Kurz nachdem er – wohl mittlerweile knappe hundert Schritt entfernt – zwischen den unregelmäßig stehenden, halbhohen Fichten verschwunden war, hörte ich es gewaltig prasseln. Ein kurzes Schlegeln, ein leises Stöhnen, dann war Ruhe.

Ich atmete erst einmal ruhig durch, um die unerwartete Entwicklung meines anfangs so geruhsamen Abendansitzes zu verdauen. Langsam konnte ich den Ablauf rekonstruieren. Der Keiler hatte aller Wahrscheinlichkeit nach in der bürstendicken Fichtengruppe gelegen, an deren Rand entlang ein Hauptwechsel zur nahen Suhle ausgetreten ist. Oft haben wir hier tagsüber, beispielsweise bei Drückjagden, auch Rotwild angetroffen. Nach des Tages Hitze hatte die Sau wohl Lust auf ein Schlammbad in der Suhle verspürt. Da noch volles Tageslicht herrschte, hatte sie wahrscheinlich noch nicht gewagt, die vor der Suhle gelegene Schneise zu überqueren, war unschlüssig etwas herumgetreten, um dann doch sicherheitshalber erst einmal wieder in die Dickung zurückzuwechseln. Dieses an sich schlüssige Verhalten hatte für das wilde Schwein nur deshalb zum Fiasko geführt, weil die Eltern der blaugrauen Nestlinge ausgerechnet unsere Wildacker-Kanzel mit ihrem Nestbau besetzt und damit vorübergehend außer Betrieb gesetzt hatten!

Meines Erfolges recht sicher fuhr ich beschwingt zum »Sportpalast« zurück, um Reinhard zum Bergen und Aufladen zu holen. Dabei fiel mir ein, dass dieser jetzt eine gute Gelegenheit haben würde, seine neueste Errungenschaft, ein taschenlampengroßes Infrarot-Suchgerät, das er sich, technikverliebt wie immer, von seinen Freunden zum runden Geburtstag hatte schenken lassen, erstmals unter »Frontbedingungen« ausprobieren zu können. Reinhard war glücklicherweise auch zu Hause, strahlte ob meiner Nachricht, schnappte sich das bewusste Wundergerät, griff noch – für alle Fälle – seinen jungen Dackel Ingo und hüpfte auf den Beifahrersitz meines Iltis. Da es schon langsam dunkel wurde, beeilten wir uns, so schnell wie möglich zur Suhle zu kommen. Ich fand auch sofort den Anschuss, wo wir Lungenschweiß und Leberpartikel vorfanden. Eine klare, schnelle Sache, meinten wir beide. Aber es sollte anders kommen.

Zuerst einmal musste Reinhards High-Tech-Suchgerät gemäß Gebrauchsanweisung eingestellt und programmiert werden. Als wir endlich die ersten Signale zu empfangen glaubten, war es fast dunkel geworden. Außerdem mussten wir feststellen, dass wir lediglich Ingo orteten, der sich während der Fummelei am Gerät unbemerkt selbständig gemacht hatte und jetzt munter im hohen Adlerfarn herumstöberte. Nachdem wir das unternehmungslustige Hündchen wieder im Griff hatten, stellte sich aber heraus, dass die Nachsuchenleine zu Hause liegengeblieben war. So ließ Reinhard seinen jungen Hund, der immerhin schon bei der Nachsuche von einigen Stücken Rehwild recht erfolgreich gewesen war, notgedrungen frei suchen. Doch Ingo hatte augenscheinlich mit dem ihm noch unbekannten Schwarzwild nicht viel im Sinn. Er interessierte sich für alles mögliche, nur nicht für die Schweißfährte. Wir setzten ihn deshalb ins Auto und versuchten, elektronisch ans Ziel, also an den Keiler, zu kommen. Nach halbstündigem Hin- und Her-Gerenne im mittlerweile stockdunklen Wald mussten wir jedoch einsehen, dass auch hier Theorie und Praxis nicht besonders harmonierten. Das Gerät zeigte wahrscheinlich von der Haselmaus bis zum Waldkauz alles an, nur den Keiler fanden wir nicht. Dummerweise hatten wir auch nur meine kleine Taschenlampe zur Verfügung, da wir beim schnellen Aufbruch nicht an vernünftige Lampen gedacht hatten. Es half nichts, wir mussten zurück, um brauchbare Leuchten zu holen. Uns war klar, der Keiler musste unter allen Umständen geborgen werden, bei der herrschenden Temperatur würde er am Morgen unweigerlich verhitzt sein.

Ein halbes Stündchen später standen wir wieder am Anschuss, diesmal mit frisch aufgeladenen Halogenstrahlern ausgerüstet. Wenn es nicht gelänge, die Schweißfährte mit Hilfe der Lampen auszugehen, wollten wir per Handy den Förster im Nachbardorf mit seinem bewährten Nachsuchenhund heran bitten. Da wir das, nach den bisherigen Versuchen, doch als blamabel empfunden hätten, setzten wir nun alles daran, auch allein zum Ziel zu kommen. So folgten wir der Fährte mühsam von Schweißtropfen zu Schweißtropfen. Manchmal brauchten wir Minuten, um den

Fortgang zu erkennen. Von Mücken umschwirrt kamen wir Meter um Meter voran und fanden auch, wie ich es ungefähr in Erinnerung hatte, die Stelle, wo die Sau in der Dickung verschwunden war. Dann, nach weiteren zwanzig Metern standen wir vor einem riesigen Reisighaufen. Hier irgendwo musste der Keiler liegen, schließlich hatte ich es lautstark prasseln hören. Reinhard versuchte nochmals, sein teures Wundergerät in Einsatz zu bringen und empfing auch aus entgegengesetzter Richtung starke Signale. Bevor uns diese neue Richtung jedoch in neue Verwirrung stürzen konnte, fand ich den Keiler etwa zwei Meter vor uns, tief in das Reisig eingeschoben.

Als wir dann später, nach dem Aufbrechen und schweißtreibendem Abtransport des starken Überläufers, notdürftig gereinigt bei einem Bier vor meiner Behausung saßen, war uns beiden wieder einmal klar geworden, dass technische Hilfsmittel, wenn man sie denn einzusetzen versteht, auch bei der Jagd ganz nützlich sein mögen, dass aber letztlich die Beherrschung des jagdlichen Handwerks viel wichtiger ist. Hierzu gehört natürlich auch die sachgerechte Ausbildung eines geeigneten Hundes, was uns gerade an diesem Abend einige Mühen erspart hätte.

Der unerwartete Erfolg beflügelte mich derart, dass ich auch am nächsten Abend wieder ins Revier zog. Diesmal hatte ich mir eine entlegene Ecke ausgesucht, eine kleine mit Schilf und saurem Gras bewachsene, moorige Wiese, nicht weit von der Spree entfernt. Da hier ab und an Sauen auftauchten, hat Reinhard an den Rand der Blöße, die wir Nierenwiese nennen, einen uralten, verrosteten Ansitzwagen gezogen, der wohl dereinst das Vorderteil eines gewaltigen Anhängers gewesen war, mit dem sich wahrscheinlich schon Generationen volkseigene Traktoristen herumgeärgert hatten. In dem ziemlich vergammelten Oldtimer sitzt man jedoch auf einer alten Autobank ganz gemütlich und, da fast alle Scheiben inzwischen herausgefallen oder herausgeschlagen sind, schön luftig. Als ich an den Rand der kleinen Wiese kam, um die knapp hundert Schritt an einer dichten Hecke entlang zum Ansitzwagen zu gehen, bemerkte ich vor dem Vehikel ein äsendes Reh. Ein Blick durch das Glas zeigte, dass es sich um einen Bock handelte, der, nachdem er endlich zum Sichern aufgeworfen hatte, auch recht stark wirkte. Nach längerer Beobachtung kam ich zu der Überzeugung, dass es sich um einen ungefähr dreijährigen Sechser handeln könne, einen, wie es schien, typischen Zukunftsbock.

Der Bock äste völlig sorglos und machte überhaupt keine Anstalten weiterzuziehen. So kam ich auf die Idee, einmal auszuprobieren, wie weit er mich unbemerkt heranlassen würde. Schritt für Schritt stiefelte ich also mit knarrenden Bergschuhen in die Wiese hinein, während mein Bock weiterhin friedlich äste. Als uns nur noch knapp zwanzig Schritt trennten, nahm ich langsam die Büchse von der Schulter, um zu testen, ob auch diese Bewegungen unbemerkt blieben. Durch das Zielfernrohr konnte ich erkennen, dass das Manöver ebenfalls keine Folgen ausgelöst hatte, denn der bereits völlig verfärbte Rehbock ließ sich bei seiner Mahlzeit nicht im geringsten stören. Jetzt ritt mich der Teufel. »Bumm!« schrie ich laut in die friedliche Natur. Der Bock hob langsam sein Haupt, äugte verwundert in meine Richtung und setzte nach noch nicht einmal einer halben Sekunde in aller Ruhe seine Mahlzeit fort. »Das gibt es doch gar nicht«, dachte ich und rief meinem Gegenüber lautstark zu: »Du bist jetzt eigentlich tot!« Ruckartig kam nun das Haupt hoch. Als das gemütvolle Tier jedoch nach mehreren Sekunden gelangweilt wieder zu äsen anfing, hüpfte ich aus dem Stand senkrecht in die Höhe. Das war dann doch zu viel. Der Bock sprang endlich in die nahe liegende Deckung ab und fing dort lautstark zu schrecken an. An der noch relativ »jungen« Stimme konnte ich erkennen, dass ich mit meiner Altersschätzung wohl richtig lag. Belustigt kletterte ich die kurze Leiter des Ansitzwagens hinauf, vielleicht würde sich ja doch noch irgend etwas anderes sehen lassen. Während ich die Tür aufstieß, flatterte eine Bachstelze – diesmal konnte ich sie sicher erkennen – aus dem gegenüber liegenden offenen Schiebefenster. »Wieder das selbe wie gestern«, dachte ich sofort, musterte kurz den Innenraum und fand hinter einem verblichenen Schaumgummikissen ein Nest mit sechs Eiern. Wie am Tag zuvor blieb mir nur noch der Rückzug.

Lange überlegte ich, wohin ich mich jetzt setzen könnte. In dieser entlegenen Revierecke gibt es eigentlich kaum »aussichtsreiche« Möglichkeiten. Dann fiel mir doch noch eine Leiter in der Nähe ein, die wohl seit Jahren keiner mehr benutzt hat. Mir war das enge, mit harter Segge bestandene sumpfige Tal jagdlich völlig unbekannt. Da auch Reinhard dort immer nur zwei Stück weibliches Rehwild gesichtet hatte, war ich bislang gar nicht auf die Idee gekommen, es dort einmal zu versuchen. Doch jetzt, zu schon fortgeschrittener Zeit, bot sich diese Möglichkeit förmlich an. Außerdem schätze ich den ersten Ansitz an einer Stelle immer besonders, da der Überraschungsfaktor hoch ist, und ich es interessant finde, eine neue Umgebung erstmals jagdlich zu »erarbeiten«. Ich schob mich also durch das hohe, nasse Gras entlang einem Entwässerungsgraben langsam auf die Leiter zu, die direkt über dem Graben, dicht vor einer Fichtenschonung aufgestellt ist. Dabei sprangen kurz vor mir aus dem oberschenkelhohen Bewuchs zwei Stück weibliches Rehwild, die ich überhaupt nicht gesehen hatte, über den Graben in die Fichtenschonung ab. Aha, Reinhards Rehe.

Nachdem ich auf die erstaunlich bequeme Leiter geklettert war, genoss ich erst einmal das wunderschöne Panorama, das sich vor mir ausbreitete. Sattgrüne feuchte Wiesen, eingerahmt von Eichen und der dunklen Fichtenschonung hinter mir. Von meiner höheren Warte aus konnte ich entlang dem Graben hier und da frische Brechstellen erkennen. Die Sauen kannten dieses schöne Fleckchen also auch. Dann sah ich auf einmal links von mir, dort, wo Ricke und Schmalreh gerade entschwunden waren, in der Wiese, direkt neben dem Graben, eine rotbraune Stelle, einen Bock, wie sich gleich danach herausstellte. Dummerweise wurde er durch den tief herabhängenden Ast einer dicht neben meiner Leiter stehenden Birke ziemlich verdeckt. Immer wieder waren Birkenblätter im Wege, und der Bock machte auch keinerlei Anstalten, etwas weiter in die Wiese hinauszuziehen. Das ging fast eine Viertelstunde so. Inzwischen hatte ich gesehen, dass es sich um einen stärkeren ungeraden Sechser mit unten dicken Stangen handelte, der dem

Jünglingsalter schon lange entwachsen schien. Hier gab es kein Zweifeln mehr, diesen Abschussbock wollte ich haben, zumal die Reviergrenze auch nicht allzu weit entfernt lag. Immer wieder spekulierte ich durchs Zielfernrohr, an Schießen war aufgrund der Abdeckung nicht zu denken. Wegen der zunehmenden Dämmerung wurde ich auch nicht gerade ruhiger. Dann sah ich, wie der Bock beim Äsen einen Schritt nach rechts machte. Jetzt befand er sich genau über einer Astgabel. »Wenn ich ihn bei aufgestützten Ellenbogen im Jagdglas frei habe, müsste er doch auch im Zielfernrohr ohne Abdeckung erscheinen, sofern ich den linken Arm im Ellenbogen aufstütze«, dachte ich und griff zur Büchse. So war es auch. Allerdings ergab sich keine besonders ruhige Schussposition, da ich mit hoch aufgerichtetem Oberkörper, nur steil auf den linken Ellenbogen aufgelegt, schießen musste. Ich konzentrierte mich so gut es ging und zog den Flintenabzug durch, als ich meinte, gerade besonders kleine Kreise mit dem Zielstachel um das Blatt des anvisierten Bockes herum zu zirkeln. Im Schussknall war der Bock verschwunden, eigentlich musste er liegen.

Wie immer, wenn man nach dem Schuss die beschossene Beute nicht mehr erkennen kann, lassen sich, so jedenfalls meine Erfahrung, gewisse Zweifel am Erfolg nicht ganz vermeiden. Deshalb watete ich mit etwas zwiespältigen Gefühlen durch das hohe Gras in Richtung Anschuss. Doch dann löste sich alles in Wohlgefallen auf. Der Bock lag mit gutem Schuss inmitten einer »Flachstelle«. Jetzt wurde mir klar, warum sich das Reh kaum von der Stelle gerührt hatte. In dem hohen Bewuchs war, wie mit dem Rasenmäher abgemäht, eine mehrere Quadratmeter große Stelle vollständig abgeäst, wo sich zartes, junges Gras und Klee entwickelt hatten. Es schien, als ob der Bock sich in dem hohen, harten Bewuchs eine kleine Plantage angelegt hätte! Meine Freude über die unerwartete Beute war riesig. Ein goldrichtiger Abschuss in diesem entlegenen und nahezu unbeachteten Revierteil! Das Gehörn des wohl gut fünfjährigen Bockes hielt, was es im Fernglas versprochen hatte, die unten dicken, schwarzen Stangen zeigten lediglich schwache Vereckungen.

Beim Nachhausefahren ging mir die Duplizität der Ereignisse durch den Kopf: Wie auch am Tage zuvor hatte ich gefiederten Hochsitz-Besetzern stattliche Jagdbeute zu verdanken. Ich nahm mir deshalb vor, zukünftig allen fliegenden Mitwesen der Gattung Vogel bereitwillig in unseren Ansitzeinrichtungen Asyl zu gewähren, wobei mir allerdings bewusst war, dass wohl nur wenige gewillt sind, davon Gebrauch zu machen. Hierzu zählen glücklicherweise mit Sicherheit nicht die Rabenvögel!

JAGDLICHE SÜNDEN

Wohl jedem passionierten Waidmann unterlaufen in einem mehr oder minder langen Jägerleben eine Reihe von jagdlichen Schnitzern. Selbst noch so umsichtige Vertreter der grünen Zunft sind vor jagdlichem Fehlverhalten nicht gefeit, da es manchmal eben anders kommt, als selbst bei sorgfältiger Beachtung der Regeln sachgerechten Waidwerkens eigentlich vorgesehen. Nun lässt sich die Häufigkeit auftretender Pannen sicherlich etwas steuern. Schusshitzigen Draufgängern werden in der Regel mehr Fehler anzukreiden sein als besonneneren, sorgfältig abwägenden Zeitgenossen. Aber – wie schon das alte Sprichwort sagt – wo gehobelt wird, fallen Späne. Keine Fehler macht nur der, welcher gar nichts tut.

Obgleich ich mich immer bei der Jagd um Waidgerechtigkeit bemüht habe, sind mir dennoch im Laufe der Jahre einige Pannen passiert, die mir ziemlich peinlich waren, sofern es mir nicht gelang, den unrühmlichen Vorgang mehr oder minder zu vertuschen. Wie die Erfahrung lehrt, lernt man am besten aus Fehlern, auch wenn man sie nicht selbst zu vertreten hat. Aus diesem Grund möchte ich hier auch einige weniger ruhmreiche Taten nicht verschweigen, selbst wenn sie meinem jagdlichen Ansehen nicht gerade förderlich sein mögen.

Jagdliche »Bolzen« haben wohl in der Mehrzahl der Fälle etwas mit dem Ansprechen der potenziellen Jagdbeute zu tun. Schon die jagdlichen Vorfahren überlieferten eine – auf den ersten Blick triviale – Weisheit, wonach man nicht totschießen solle, was man nicht zweifelsfrei identifiziert und angesprochen habe. Wie schnell man selbst mit dieser »Binsenwahrheit« über Kreuz kommen kann, habe ich selbst erlebt.

Bei einem guten Freund im Bergischen Land war ich durch

einen Begehungsschein zur Hälfte an dessen landschaftlich sehr schöner, aber durch die Großstadtnähe leider sehr durch Spaziergänger, Hundehalter und Reiter überlaufenen Pachtjagd beteiligt. Die Zeit der später einsetzenden »Schwarzwildschwemme« war damals noch nicht gekommen, so dass sporadisch auftauchende Schwarzkittel für uns jedes Mal fast eine Sensation darstellten. Deshalb war ich sofort Feuer und Flamme, als mein Partner mir vor-

schlug, mich in einer der ruhigeren Ecken unseres Reviers in der Nähe einer Rübenmiete anzusetzen, da er um die Miete herum zwei Sauen gefährtet hatte.

Erwartungsfroh zog ich noch bei gutem Licht am selben Abend zur beschriebenen Miete und hockte mich, da auch der Wind günstig war, auf den Sitzstock neben einen Zaunpfahl. Wer weiß, wie bequem ein Sitzstock für einen mehrstündigen Ansitz ist, kann ermessen, dass mich nur die Verlockung, mal wieder eine Sau zu erlegen, bis tief in die Dunkelheit hinein auf meinem harten und wackeligen Sitz hielt. Als nur noch wenig zu erkennen war, und mein Spiegel bereits erbärmlich drückte, rang ich mich endlich dazu durch, das wohl erfolglose Unterfangen – zumindest für diesen Tag – aufzugeben. Wie immer in solchen Fällen versuchte ich mir zusätzlich, mit einem letzten Rundblick durch das Nachtglas, die endgültige Legitimation zu verschaffen, den Ansitz wegen mangelnden Anblicks abbrechen zu können.

Während ich das Glas gerade absetzen wollte, sah ich hinter der Miete plötzlich zwei dicke, dunkle Klumpen herumwuseln. Mir war völlig klar, das waren die beiden Sauen, die Gerhard gefährtet hatte. Der schmerzende Hintern war sofort vergessen, und ich merkte, wie Puls und Blutdruck zu jubilieren begannen. Jetzt nur ruhig Blut bewahren! Langsam brachte ich meine Büchse in Stellung und begann, angestrichen am Zaunpfahl, mit dem Absehen die in etwa achtzig Meter Entfernung ziemlich unruhig herumtretenden vermeintlichen Schwarzkittel zu suchen. Das Licht reichte gerade noch aus, um den Zielstachel auf einen der Klumpen zu platzieren. Ich musste jedoch noch abwarten, da das Ziel spitz zu mir stand. So stach ich schon mal ein, um den Schuss sofort nach einer Drehung der »Sau« abgeben zu können. Diese drehte sich auch nach einigen langen Sekunden, hatte aber plötzlich merkwürdig helle Flecken auf der Schwarte. Glücklicherweise war jetzt das Hirn doch schneller als der Finger, was einem munteren, schwarzbunten Kälbchen, das, wie ich am nächsten Tag vom Bauern erfuhr, mit einem Kumpanen aus der nicht weit entfernten Kälberkoppel ausgebüchst war, das junge Leben rettete.

Seit diesem Erlebnis habe ich Verständnis für die armen Waidgenossen, denen das klassische und für höchsten Spott garantierende Missgeschick unterlaufen ist, eine Kuh erlegt zu haben. Ein gütiges Schicksal hat mich in letzter Zehntelsekunde vor ähnlichem Desaster bewahrt.

Den meisten »Jagdbeflissenen« wird ein weiteres »Ansprechphänomen« bekannt sein, wenn nämlich zwar die Wildart richtig angesprochen wurde, beim Herantreten an die Beute aber zwischenzeitlich wohl eine Metamorphose stattgefunden hat. Hierzu zählen die berühmten Fälle, wenn einem Schmaltier überraschend unversehens »Hörner« gewachsen sind. Genau dies ist mir leider auch schon passiert.

In der Anfangsphase meiner jägerischen Laufbahn bejagte ich mit großer Begeisterung die kleine Eigenjagd meines Schwiegervaters in der Lüneburger Heide. Neben Rehwild hatten wir jedes Jahr auch ein Stück Rotwild frei. Da bei uns das Hochwild aber fast nur in der Nacht auf die Felder austrat, war es ziemlich schwierig, den Abschuss zu tätigen. Viele Morgen und Abende hatte ich schon vergeblich angesessen, bis eines Morgens, Anfang November, Hubertus wohl doch Mitleid bekam und in aller Herrgottsfrühe, noch in ziemlicher Dunkelheit, einen »Rotwildkleinverband« vor den Hochsitz schickte. Tier, Kalb und Schmaltier – wie ich glaubte – wollten aus der Feldflur in die Tageseinstände zurückwechseln.

Ich muss gestehen, dass ich gar nicht auf die Idee kam, dass das Stück, welches hinter Tier und Kalb heranzog, auch ein Schmalspießer sein könnte. So suchte ich mir das vermeintliche Schmaltier aus, welches nach dem Schuss auch nur noch wenige Fluchten machte. Ich habe wahrscheinlich nicht sehr intelligent ausgesehen, als ich die – allerdings extrem kurzen – Spieße an meiner Beute bemerkte. Glücklicherweise war noch ein IIIer Hirsch im Rotwildring frei, und ich bekam sogar eine Belobigung für das »gute Ansprechen«, welches bei diesem absolut abschussnotwendigen Hirsch bestimmt nicht leicht gewesen sei! Ich gebe zu, dass ich mich bemühte, dieses Kompliment einigermaßen lässig entgegenzunehmen und darauf verzichtet habe, die wahre Geschichte offenzulegen. Mir ist dieses Malheur, welches nach außen hin sogar eine positive Wirkung erzielte, jedoch fortan eine heilsame Lehre gewesen. Eingedenk dieser Erfahrung habe ich später bei der Rotwildjagd einige Male den Finger lieber gerade gelassen, wenn ich nicht völlig von der Richtigkeit meines Ansprechens überzeugt war.

Ein besonders dummer Ansprechfehler ist mir während einer Jagd in Südafrika unterlaufen, obwohl es eigentlich noch mehr der Fehler meines Jagdführers war. Wir fuhren nach der morgendlichen Pirschfahrt mit dem Geländefahrzeug wieder zum Camp zurück, als mein ansonsten sehr erfahrener und kompetenter White Hunter plötzlich das Fahrzeug abrupt stoppen ließ, nach links vorn deutete und mir zurief: »Schakal, schieß!« Da Schakale das einzige Wild sind, welches ich bei meinen diversen Jagden in verschiedenen Ländern des südlichen Afrikas vom Wagen aus geschossen habe, da sie sonst kaum zu erwischen sind, griff ich sofort zur Büchse, legte an, zielte und schoss »in einem Rutsch«, als ich das bereits flüchtige Raubwild im Absehen hatte.

Während ich schon das Abzugszüngel durchzog, kam mir der vielleicht in einhundertzwanzig Metern Entfernung fluchtende Schakal etwas sonderbar vor, der Kopf ähnelte mehr einer Hyäne. Im lauten Schussknall meiner schweren 9,3x64 sah ich, dass sich das anvisierte Wesen überschlug und lag. Mein Führer grinste etwas unsicher. »Das war wohl kein Schakal«, gab ich ihm zu bedenken, worauf er nur die Schultern zuckte. Als wir vor der Beute standen, stellten wir fest, dass ich einen Erdwolf erlegt hatte, einen schakalgroßen, nützlichen Insektenvertilger, der in der Tat wie eine kleine Hyäne aussieht. Das Missgeschick war nicht weiter schlimm, da Erdwölfe nicht besonders geschützt sind, weil sie fast überall im südlichen Afrika vorkommen. Geärgert hat es mich aber doch, weil ich ohne sorgfältiges Ansprechen übereilt abgedrückt und dadurch ein Tier ohne »vernünftigen Grund« totgeschossen hatte. Schakale dagegen werden in Afrika – wie bei uns der Fuchs – besonders auf Farmen als Schädlinge des Kleinwilds und der Vogelwelt scharf bejagt.

Der gegerbte Balg des hübsch gestreiften Erdwolfs hängt jetzt über dem Ledersofa in meinem Arbeitszimmer und erinnert mich immer wieder an die herrliche afrikanische Wildbahn, aber auch daran, dass überhastetes Schießen leicht zu völlig ungewollten Strecken und damit zu einer ziemlichen Beeinträchtigung der Freude am Jagen führen kann

Wenn es um jagdliche »Sünden« geht, denken viele vor allem an die Schwarzwildbejagung, schon weil die Bestände der Sauen im Vergleich zu früheren Jahren fast überall stark angestiegen sind. Aber auch der Umstand, dass viele Sauen während der Nacht beschossen werden, lässt die Abschussfehler bei dieser Wildart nahezu zwangsläufig in die Höhe schnellen. Dazu kommt, dass beim Schwarzwild keine Abschusspläne existieren und selbst freiwillige Selbstbeschränkungen, wie beispielsweise im Lüneburger Modell dokumentiert, im Rahmen der Schweinepestbekämpfung sogar durch die Obrigkeit außer Kraft gesetzt werden. So muss es fast notwendigerweise zu jagdlichen »Todsünden« kommen, wenn etwa die erfahrene Bache vor den noch gestreiften Frischlingen weggeschossen wird oder wenn – mehr oder minder – versehentlich Leitbachen erlegt werden.

Beides ist mir glücklicherweise – aber auch durch stetes Bemühen – noch nicht passiert. Allerdings kam ich mir wie ein armer Sünder vor, als mir erstmals im Januar beim Aufbrechen einer schwachen Überläuferbache mehrere bereits gut entwickelte Föten aus der Tracht entgegenpurzelten. Diese unliebsamen Überraschungen haben nach meiner Erfahrung in den letzten Jahren stetig zugenommen. Das Sozialgefüge scheint durch harte und teilweise falsche Bejagung in vielen Rotten derart gestört zu sein, dass von einer Synchronisierung der Rauschzeit aller Bachen und Überläuferbachen einer Rotte durch die Leitbache kaum noch ausgegangen werden kann. Auch die Tatsache, dass schon fast zu allen Jahreszeiten Frischlinge verschiedensten Alters im Revier herumstreifen, spricht für diese Annahme.

Was kann man also tun? Wenn man auf die Bejagung von Schwarzwild, welches in Rotten zieht und im Januar oder Februar die bereits aufgelaufene Wintersaat auf der Suche nach Maiskolben des vergangenen Jahres regelrecht umpflügt, nicht ganz verzichten will, muss man wohl oder übel in Kauf nehmen, dass weibliche Stücke – und das schließt sogar in Mastjahren weibliche Frischlinge ein – bereits Embryos in der Tracht haben. Mittlerweile nehme ich diese Tatsache als gegeben hin und meine, dass es besser ist, eine beschlagene Sau zu erlegen, als die ohnehin schon stark angestiegenen Bestände weiter ausufern zu lassen. Trotzdem habe ich aber immer noch ein schlechtes Gewissen, wenn ich nach dem Aufbrechen vor einer Reihe halb ausgebildeter Föten stehe. Aber auch das gehört zur Jagd. Vielleicht tragen derartige Erlebnisse beim Erlegen dazu bei, dass die allgemeine jagdliche Disziplin wieder ansteigt, wodurch sich die Sozialstruktur der Rotten stabilisieren könnte. Sind nicht viele Sauen vorhanden und fällt damit auch wenig Schaden an, braucht man ja nicht zu schießen. Auf jeden Fall sollte immer das schwächste Stück einer Rotte erlegt werden.

Wenn wieder mehr Ordnung in die Sozialstruktur des Schwarzwilds käme, würde auch die Anzahl der – glücklicherweise nicht allzu häufigen – Fälle eingeschränkt werden können, wo man vor einer erlegten Überläuferbache steht, die schon Frischlinge führte, also selbst bereits als Frischling beschlagen wurde. Mir ist dieses Missgeschick leider auch nicht fremd. Ich hatte aus einer Rotte meist stärkerer Bachen, um die eine Vielzahl gestreifter Frischlinge herumtollte, ein einzelnes, schwächeres Stück, eine nicht führende Überläuferbache, wie ich glaubte, beschossen und musste dann feststellen, dass doch zwei Zitzen angezogen waren. Nun ist ein derartiges Malheur beim Schwarzwild nicht ganz so schlimm wie beispielsweise beim Rotwild, da die mutterlosen Frischlinge im Rottenverband bleiben und sogar bei anderen Bachen eine Portion Muttermilch abbekommen, richtige Freude über ein derartiges Waidmanns»heil« kommt allerdings bei verantwortungsbewussten Erlegern wohl kaum auf.

Ein anderes Mal hat mich nur Vorbeischießen vor einem gravierenden Lapsus bewahrt. Bei einem Frühsommer-Ansitz glitten bei letztem Büchsenlicht zwei schwächere Sauen aus einer dichten Kieferndickung in die davor liegende Wiese und begannen sofort zu brechen. Da das Gras recht hoch stand, waren nur die Rümpfe zu sehen. Als nach mehreren Minuten die beiden Schwarzkittel immer noch keine Verstärkung erhalten hatten, war ich ziemlich sicher, zwei Überläuferkeilerchen vor mir zu haben. So nahm ich den, der gerade breit stand, aufs Korn und schoss, glücklicherweise, wie sich gleich danach herausstellte, vorbei. Denn nach dem Schuss schien die Dickung nahezu zu explodieren. Ein riesiger Verband rauschte quiekend und blasend durch die mannshohen Kiefern ab. Nur der Fehlschuss hatte mich wahrscheinlich davon abgehalten, eine Reihe von Frischlingen zu Waisen zu machen.

Ein hoher Anteil vorkommender Ansprechfehler bezieht sich auf das Alter des angesprochenen Stücks. Während bei weiblichem Wild das Alter eine geringere Rolle spielt, wurde früher bei männlichem Wild, und hier vor allem bei trophäentragendem Schalenwild, ein Falschabschuss, also der Abschuss eines – innerhalb seiner Klassifizierung – noch nicht ausgereiften Trophäenträgers, nicht mehr als entschuldbares Versehen sondern als schwerwiegender jagdlicher Fehler angesehen. Jeder Jäger, der etwas auf sich hielt, fürchtete daher die dafür vergebenen roten Punkte auf der Trophäe des falsch geschossenen Stückes wie der Teufel das Weihwasser.

Nun hat sich (was, wie ich finde, zu begrüßen ist) bezogen auf Rehwild, mittlerweile eine gewisse Toleranz entwickelt. Bei Rot- und Damhirschen, die eine dem sogenannten Hegeziel entsprechende Entwicklung aufweisen und zu Erntehirschen heranzureifen versprechen, wird jedoch nach wie vor darauf geachtet, dass die Erlegung nicht vor einem exakt definierten Reifealter erfolgen sollte. Diese Regelung kann man nur unterstützen, da sonst überhaupt keine reifen Trophäen mehr heranwachsen würden.

Das Erlegen eines gut veranlagten, aber zu jungen so genannten Zukunftshirsches stellt folglich ein besonderes »Glanzlicht« in der Reihe »jagdlicher Untaten« dar. Wenn es hier schon um jagdliche Sünden geht, kann ich nicht verschweigen, dass auch mir bei der Hirschjagd leider ein kapitaler (um in der Jägersprache zu bleiben) Fehler passiert ist.

Nach der sogenannten Wende versuchte man in den neuen Bundesländern, die weit überhöhten Schalenwildbestände kräftig zu reduzieren. So bewarb ich mich bei der Forstbehörde in der Nähe meines neuen Jagdreviers im Spreewald erfolgreich um den Abschuss eines reifen Damschauflers. Obgleich der zuständige Revierförster, der mich führen sollte, fest davon überzeugt war, dass wir problemlos zum Erfolg kommen würden, zog sich die Angelegenheit doch unerwartet in die Länge. Entweder spielte das Wetter nicht mit, oder die Schaufler waren unerklärlicherweise nicht dort, wo sie sonst immer zu finden waren. Mehrere Tage war ich schon morgens in aller Frühe und am späten Nachmittag zum gut vierzig Kilometer entfernten Staatsrevier gefahren, ohne auch nur einmal eine echte Chance geboten zu bekommen. So wurden wir beide langsam nervös, zumal der freundliche, ältere Forstbeamte in der kommenden Woche keine Zeit mehr für mich haben würde.

Als wir am letzten Morgen wieder bereits über zwei Stunden lang vergeblich durch die kahlen, sandigen Kiefernbestände, in denen sich das Damwild merkwürdigerweise so wohl fühlen soll, gestapft waren, schien sich das Blatt plötzlich zu wenden. Der Förster erkannte auf einer schmalen, spärlich begrünten Schneise ein Rudel Damwild, bei dem sich auch ein respektabler Schaufler aufhielt. Da ja Damwild ausgezeichnet äugt, war es praktisch unmöglich, noch näher heranzukommen, und ich musste durch die eng stehenden Kiefernstämme aus ziemlicher Entfernung auf den Schaufler schießen, von dem ich aus meiner Schussposition nur einen Teil des Rumpfes erkennen konnte. Ich zirkelte und zirkelte, bis ich nach langen Sekunden den Abzug betätigte, um sofort zu bemerken, dass ich den Schaufler unterschossen hatte. Aus und vorbei, das war es dann wohl.

Nachdem wir einige Meter hinter dem vermeintlichen Anschuss den Kugelriss gefunden und das nur leicht angestauchte Geschoss aus dem sandigen Waldboden geklaubt hatten, waren wir wenigstens sicher, dass der Schaufler nichts abbekommen hatte. Enttäuscht, missmutig, müde und hungrig trotteten wir anschließend in Richtung meines Fahrzeugs. Wie immer in solchen Fällen empfand ich eine lähmende Leere und haderte mit meinem Schicksal.

Als das Auto bereits in Sicht war, stieß mich mein Begleiter überraschend an und wies auf ein (das?) Rudel Damwild, welches von links durch den dichten Kiefernbestand auf unseren Steig zuwechselte. Ich erkannte im Rudel sofort einen Schaufler, der die übrigen Junghirsche an Stärke weit übertraf. Nach einem Blick auf meinen Begleiter, der jedoch eher unschlüssig wirkte, ließ ich die Büchse von der Schulter gleiten, strich an einer Kiefer an und schoss sofort, als ich den Schaufler im Absehen hatte. Während das übrige Rudel hochflüchtig abging, machte der Schaufler noch einige taumelnde Fluchten und brach dann zusammen.

Ich war reichlich benommen und musste erst einmal um Fassung ringen. Unerwartet schnell hatte sich die Situation gewandelt. Gleichzeitig kamen aber erste Zweifel auf. Den Schuss zu riskieren, war ausschließlich meine Entscheidung gewesen. Ohne sorgfältig anzusprechen und mich bei meinem erfahrenen Begleiter rückzuversichern, hatte ich einfach »draufgehalten«, als sich unerwartet noch eine Chance zu ergeben schien. Der Hirsch war mir zwar in den Sekundenbruchteilen, die ich mir zum Ansprechen und Zielen Zeit genommen hatte, stark vorgekommen; zumindest hatte ich zwei breite Schaufeln gesehen. War er aber alt genug?

Da ohnehin nichts mehr zu ändern war, marschierten wir schweigend zu meiner Beute. Dort sahen wir sofort, dass es sich nicht um den gefehlten Schaufler handelte. Vor uns lag, wie wir betreten feststellen mussten, ein fünf bis sechsjähriger Zukunftshirsch, der wahrscheinlich einmal ein kapitaler Schaufler geworden wäre. Mein sympathischer Begleiter nahm den klassischen Fehlabschuss gelassen. »Hier sind fast alle Hirsche so gut veranlagt«, meinte er nur, »da wir ohnehin den Bestand reduzieren müssen, ist die Sache nicht besonders tragisch«.

Trotz dieses nett gemeinten Trostes hatte die selbst verschuldete Fehlleistung meine Stimmung inzwischen auf den Tiefpunkt gebracht. Das Vergnügen, welches mir die zahlreichen Pirschgänge in dem großen, mir inzwischen vertrauten Revier bereitet hatten, war fast vergessen. Durch eigene Unzulänglichkeit hatte ich erreicht, dass die Jagdausübung, sonst Erfüllung und Bereicherung, nun zu tiefer Enttäuschung und Niedergeschlagenheit geführt hatte. Doch dann fragte ich mich, was denn der hervorragend veranlagte Damhirsch dazu könne, dass er zu früh geschossen worden war. Sein immerhin schon stattliches Schaufelpaar verdiente die gleiche Achtung wie die Kopfzier älterer, »richtig« erlegter Hirsche. Gleichzeitig fiel mir ein, dass in den nordamerikanischen Staaten beispielsweise mein Hirsch »richtiger« gewesen wäre, als ein uralter, ausgereifter Hirsch, da das Wildbret in jüngeren Jahren zweifellos »richtiger« ist als bei Veteranen. Sind auch jagdliche Sünden manchmal nur eine Frage des Standpunktes des Beurteilenden?

Ich merkte, wie meine verworrenen Rechtfertigungsversuche begannen, mich selbst zu amüsieren. Warum sollte ich mir eigentlich die Freude auch an dieser Jagd selber zerstören? Der Fehlabschuss war nicht zu bestreiten, nun musste ich auch dazu stehen. Das sauber aufgesetzte Geweih hängt deshalb mit an meiner Paradewand, als Erinnerung an interessantes Jagen im »Märkischen Sand« und gleichzeitig – wie der Erdwolf aus Südafrika – als ständige Mahnung, die Zügel der Jagdleidenschaft möglichst fest im Griff zu behalten und nicht unkontrolliert durch die Finger gleiten zu lassen.

Ein Traum wird wahr

»Das war's dann wohl!« dachte ich, bereits recht wehmütig, als der Schuss aus der 7-Millimeter-Remington-Magnum Patrone noch dumpf von den steilen Felswänden des mit nassem Schnee bedeckten Talkessels zurückhallte. Doch meine spontane Gefühlsregung kam zu früh. Erst mit dem zweiten Schuss, als ich direkt unter der Rückenlinie des stoisch stehen gebliebenen Steinbocks angehalten hatte, schien sich ein Erfolg abzuzeichnen. »Ich glaub, ich kann dir Waidmannsheil wünschen«, brummelte Lois und wischte zum wiederholten Male den angewehten Schnee von den Objektiven seines Fernglases.

Der – wie Lois zu erkennen glaubte – ziemlich tief und hinten getroffene Steinbock stand nach wie vor regungslos wie ein Denkmal auf dem knapp haushohen Felskogel vor der Steilwand, während die übrigen sieben Artgenossen erst jetzt langsam nach rechts in Richtung eines nach oben führenden Kanals zogen. Vor dem Einstieg blieben sie – aufgereiht wie Perlen einer Kette – wieder bewegungslos stehen und äugten unverwandt in unsere Richtung. Sie wussten wohl, dass die Gefahr vorüber und für heute nichts mehr zu befürchten war.

Ich lag im pappigen, angetauten Schnee hinter einer leichten Bodenwelle und bemühte mich, mit klammen Fingern den Verschluss meiner Blockbüchse, die ich mir speziell für diese Jagd gekauft hatte, nach unten zu öffnen, um die leere Hülse aus dem Patronenlager zu ziehen und eine weitere Magnumpatrone in den 68-Zentimeter-Matchlauf zu schieben. Meine Situation kam mir völlig irreal vor. »Eigentlich müsstest du doch jetzt hier Freudentänze aufführen«, ging es mir durch den Kopf. Doch an Stelle von Glück und Begeisterung fühlte ich nichts anderes als eine ermüdende Leere in mir. Meinen beiden Begleitern schien es ähnlich zu gehen. Während Lois, ein Jagdführer, wie man sich keinen besseren wünschen kann, immer noch wortkarg mit seinem Glas den beschossenen Steinbock betrachtete, bemühte sich Reinhard – wie bereits seit Stunden – seine neue Videokamera mit dem postkartengroßen Sucherbildschirm einigermaßen vor Schnee und Regen abzuschirmen. Wir waren alle drei ziemlich fertig von den Strapazen der vergangenen Stunden, so dass – zumindest bei mir – die bange Frage:»Wie kommst du eigentlich unbeschadet hier wieder runter?« die Freude über den jagdlichen Erfolg nahezu verdrängte.

»Jetzt tut er sich nieder!« hörte ich unvermittelt Lois sagen, während ich gerade mit der Feststellung beschäftigt war, dass nicht nur seit Stunden in jedem Schuh ungefähr eine Tasse eisiges Wasser gluckerte, sondern dass jetzt wohl auch meine Goretex-Hose kapituliert hatte. Irgendwo musste die kalte Brühe Einlass gefunden haben, denn die bislang nur schweißfeuchten Unterhosen verwandelten sich gerade zu kaltnassen Lappen.

Wieder vergingen einige Minuten, ohne dass sich etwas tat. Ich musste mich regelrecht zwingen, meine Lethargie abzuschütteln und mich auf die jagdliche Situation zu konzentrieren. Immerhin war der beschossene Steinbock ja noch nicht verendet. Mit viel Mühe gelang es mir endlich, nach geduldiger Einweisung von Lois, den im Wundbett sitzenden Steinbock ins Pirschglas zu bekommen. Wegen des ständigen Regens hatte ich bereits vor Stunden entnervt meine Brille eingepackt und erstmalig seit vielen Jahren ohne Sehhilfe gepirscht. Da außerdem ständig dicke Tropfen und wässrige Schlieren auf allen freiliegenden Linsen von Pirschglas wie auch Zielfernrohr klebten, fühlte ich mich in der Sicht doppelt beeinträchtigt.

Lois riet in Anbetracht des schon späteren Nachmittags und der immer schlechter werdenden Witterungsverhältnisse dazu, noch einen Schuss auf das sitzende Wild abzugeben. Das war leichter gesagt als getan. Ich brauchte eine kleine Ewigkeit, bis ich den grauen Wildkörper vor der grauen Felswand in deutlich über dreihundert Meter Entfernung endlich in das Duplex-Absehen des auf neunfache Verstärkung gedrehten amerikanischen Zielfernrohrs gebracht hatte. Auf zwei Rucksäcken aufgelegt stand das Fadenkreuz ruhig direkt auf der Rückenlinie, als der Schuss brach. Der Steinbock bäumte sich auf, fiel aus dem Fels und rutschte, sich ständig überschlagend, gute hundert Meter in das schneebedeckte Kar hinunter. Erst jetzt löste sich die Spannung ein wenig. Lois und Reinhard grinsten müde, und wir umarmten uns wortlos. Spontane Begeisterung brach jedoch bei Polly, Reinhards braver Wachtelhündin aus. Den ganzen langen Tag hatte sie sich äußerst diszipliniert verhalten, jetzt musste sie ihre Freude zeigen. Voller Passion Laut gebend jagte sie den Hang hinauf in Richtung Steinbock, als Herrchen sie endlich geschnallt hatte.

Nur langsam fing ich an zu begreifen, dass mein jahrelanger Traum von einer Steinbockjagd Wirklichkeit geworden – damit aber auch ausgeträumt war. Freude über den an diesem Tag schon lange nicht mehr erwarteten Erfolg und Trauer über die nun »ärmeren« Zukunftsaussichten schienen in einer merkwürdigen Melange miteinander verbunden. Seit vielen Jahren hatte ich bereits mit einer Jagd auf Steinwild geliebäugelt. Wer die Jagdpresse verfolgt und damit auch über die diversen internationalen Jagdangebote etwas informiert ist, weiß, dass eine Steinbockjagd für Jäger, die es ab und an über die Grenzen ihres heimischen Betätigungsfeldes hinauszieht, durchaus im Bereich des (finanziell) Möglichen liegt. Die Kosten sind jedenfalls meist nicht mit denen von exklusiven Wildschafjagden zu vergleichen sondern liegen im Rahmen von gepflegten Hirsch- oder Saujagden in europäischen Nachbarstaaten. Ostasiatische Jagdländer wie die Mongolei, Kasachstan und Kirgisien öffnen Gastjägern bereitwillig ihre Pforten, auch in der Türkei und in Spanien lässt sich problemlos eine Steinwildjagd arrangieren. Wer das Spezielle sucht, kann beispielsweise im Kaukasus auf Turjagd gehen. An Alpensteinböcke wagt »Otto-Normal-Auslandsjäger« allerdings in der Regel nicht zu denken. Die wenigen möglichen Abschüsse in der Schweiz oder in Österreich etwa kommen fast ausschließlich »Landeskindern« zu Gute.

Der große Unterschied zwischen einer Steinbockjagd und einer Hirsch- oder Saujagd beispielsweise liegt darin, dass es sich bei ersterer um eine Gebirgsjagd, meist sogar Hochgebirgsjagd handelt, während starke Hirsche, Sauen und viele andere Schalenwildarten ohne viel Anstrengung vom Hochsitz oder auf »bequemer« Pirsch erlegt werden können. Das bedeutet, dass der Kreis der Gebirgsjäger wegen der zu erwartenden hohen körperlichen Anstrengungen begrenzt ist. Individuelle Kondition wie auch das

Lebensalter des Jägers spielen eine entscheidende Rolle. Rekordhirsche können auch von gesunden Achtzigjährigen vom Ansitz aus gestreckt werden. Dagegen kommt mancher Mittfünfziger bereits ins Grübeln, ob er sich die Strapazen des Hochgebirges noch zumuten soll. So ging es auch mir. Zwar hatte ich mir den Glauben an die eigene Bergtauglichkeit durch regelmäßige, fast immer auch erfolgreiche Gamsjagden einigermaßen aufrecht erhalten, doch im Hinterkopf tauchten die ersten Zweifel auf, wie lange es denn wohl noch ginge, zumal eine Steinbockpirsch auch weit höher hinaufführen kann, als man es bei der Gamsjagd gewohnt ist. So hatte ich Gedanken an eine Turjagd im Kaukasus bereits seit längerem aufgegeben. Auf jeden Fall wurde mir immer bewusster, dass es langsam Zeit wurde, wenn sich der Gedanke an eine Steinbockjagd nicht ganz erübrigen sollte.

Ziemlich unbewusst und mehr auf »Nebenwegen« tastete ich mich an die Realisation meines großen jagdlichen Ziels heran. Es fing damit an, dass ich mir im Frühjahr anlässlich einer Amerikareise in einem sogenannten factory-outlet-center in Kalifornien ein Paar neue, wunderbar leichte und vor allem – wegen meiner langen Füße – übergroße Bergschuhe kaufte, die dort als das wasserdichte Non-Plus-Ultra eines Trekkingstiefels angepriesen wurden. Meine durchaus noch brauchbaren deutschen Exklusivtreter hatten mir oft genug beim steilen Abstieg blaue Fußnägel beschert. Einige Probemärsche in den luftgepolsterten Neuerwerbungen überzeugten mich von der Richtigkeit meines Überseekaufs.

Als nächstes »schlug ich« – wie bereits erwähnt – spontan »zu«, als ich in der Gebrauchtwaffenwerbung eines großen Jagdversenders das preisgünstige Komplettangebot einer neuwertigen Ruger-Blockbüchse im rasanten Bergkaliber 7 Millimeter Remington Magnum entdeckte. Nun fühlte ich mich – zumindest technisch – für ein Steinbock-Abenteuer schon ganz gut gerüstet. Nachdem dann auch im Sommer das tägliche Training auf dem stationären »Heimstrampelgerät« um zusätzliche Wattzahlen, höhere Geschwindigkeit und längere Fahrdauer verschärft war, und ich es mir zur Angewohnheit gemacht hatte, jeden Tag mindestens fünf-

zehn Stockwerke Treppen zu steigen, glaubte ich bereits nach wenigen Wochen, dass mich auch konditionell so schnell nichts aus der Ruhe bringen könne.

Da Reinhard und ich uns im Oktober wieder mal mit Freund Dieter in Osttirol treffen wollten und auch zwei Abschussgams bereits reserviert waren, gedachte ich dieses Unternehmen als eine Art Generalprobe für das geplante spätere Steinbockvorhaben in Angriff zu nehmen. Doch dann erfuhr ich überraschend, dass in diesem Jahr dort erstmalig eine größere Anzahl Steinwild auf dem Abschussplan stehe, darunter auch einige geringere Böcke. Der vor wenigen Jahrzehnten in der Nähe des Großglockners neu angesiedelte Steinwildbestand hat sich inzwischen so stark vermehrt, dass das Steinwild für den Gamsbestand zu ernster Nahrungskonkurrenz geworden ist und den Gams langsam den Lebensraum streitig macht. Auf meine sofortige Anfrage hin erklärte mir Lois, der mich bereits bei mehreren herrlichen Gamspirschen hervorragend geführt hat, dass vielleicht eine Möglichkeit bestünde, einen Abschuss zu ergattern.

Diese Neuigkeit brachte meine Steinbock-Zukunftsplanung völlig durcheinander. Mit der Möglichkeit, einen Alpensteinbock bejagen zu können, und noch dazu in einem vertrauten, von mir inzwischen heißgeliebten Alpenrevier, hatte ich nie gerechnet. Mir war sofort klar, dass ich nicht einen Moment zu überlegen brauchte: Wenn eine Steinbockjagd in Osttirol im Bereich des Möglichen läge, würde ich dafür gern auf die bisherige Alternative Mongolei oder Spanien verzichten. Auch wenn in den Alpen höchstwahrscheinlich eine wesentlich geringere Trophäe zu erwarten wäre als in Ostasien oder Spanien, wo Medaillentrophäen fast garantiert sind, würde ich mich dennoch ohne zu zögern für Waidwerk im »quasi-heimischen« Bereich entscheiden.

Voller Hoffnung reisten wir, als es endlich Oktober geworden war, in Osttirol bei Lois an. Der erste Dämpfer ließ jedoch nicht lange auf sich warten. Es herrschte bereits seit Tagen ein regelrechtes Sáuwetter: Regen, Wind und Nebel wechselten sich ohne Unterbrechung ab. Meine Stimmung stieg jedoch sprunghaft, als Lois mir verschmitzt einen für mich ausgestellten Begehungsschein (die Österreicher scheinen den Ehrgeiz zu besitzen, den berühmten Deutschen Bürokratismus noch zu übertreffen!) überreichte, auf dem als erlaubter Abschuss ein Steinbock der Klasse III eingetragen war. Das stellte mich durchaus zufrieden; bei der geringen Anzahl freigegebener Böcke war »mehr« ohnehin nicht zu erwarten gewesen, außerdem würde diese Jagdbeute ein nicht gar zu tiefes Loch in die Jagdkasse reißen. Da die Klasse III auch noch die schon nahezu ausgewachsenen fünfjährigen Steinböcke umfasst, kann auch ein Exemplar dieser Klasse bereits ein ansehnliches Gehörn tragen.

Wie so häufig hatten auch in diesem Fall die Götter den Schweiß vor den Erfolg gesetzt. Bevor es mit den Steinböcken ernst werden sollte, musste ich mich erst einmal zur nahe gelegenen

Bezirksstadt Lienz aufmachen, um eine Tiroler Jagdkarte zu lösen. Den Rest des Tages nutzten wir sinnvoll für ein letztes »Konditionstraining«, indem wir bei strömendem Regen einige hundert Höhenmeter zu einer noch offenen Almwirtschaft hinaufstapften, wo wir uns für diese Anstrengung mit kanonenkugelgroßen Germknödeln in Mohn- und Buttersauce belohnten. Als beim Abstieg die umliegenden Hänge immer stärker hinter dicken Nebelbänken verschwanden, ging mir so etwas wie eine Vorahnung durch den Kopf, dass die nächsten Tage es wohl in sich haben würden.

Lois wiegte bedenklich seinen ergrauten Charakterkopf, als wir früh am nächsten Morgen mit ihm zum Frühstück zusammentrafen. Noch im Morgengrauen sei der Himmel völlig klar gewesen, erzählte er, jetzt waberten allerdings in den höheren Lagen überall dichte Nebelschwaden um die Steilhänge herum. In der Hoffnung, dass der morgendliche aufsteigende Wind allmählich für Klarheit sorgen würde, beschlossen wir, dennoch umgehend aufzubrechen. Als ich sah, wie sorgfältig Lois seine wasserdichten Gamaschen schnürte, überkam mich leichtes Unbehagen. Durch Schaden klug geworden, wie ich meinte, hatte ich mir vor wenigen Wochen »absolut wasserdichte« Fleece-Gamaschen bei einem Ausrüstungsspezialisten für Extremjagd bestellt, da mich meine alten wasserdurchlässigen Bundeswehrgamaschen vor Jahren im (feuchten) Hochgebirge Neuseelands an den Rand der Verzweiflung getrieben hatten. Durch von oben in die Schuhe eingedrungenes Wasser und dadurch verursachte fürchterliche Blasen an den Füßen war ich damals fast zur Bewegungslosigkeit verdammt worden. Meine leidvolle Erfahrung konnte sich leider nicht auszahlen. Ausgerechnet die Wundergamaschen waren nicht auf Lager, wie ich erst kurz vor der Abfahrt erfuhr, und sollten erst nach der Jagd ausgeliefert werden. So musste ich wieder zu den zwar weitgereisten aber dennoch völlig unzulänglichen Barrasgamaschen greifen.

Wir fuhren durch eine enge Klamm hoch über einem brausenden Wildbach in ein langes, langsam ansteigendes Tal hinein, das noch vor wenigen Jahren durch unermüdlichen Widerstand von Umweltschützern und – wie Kenner sagen – vor allem durch

Geldmangel davor bewahrt werden konnte, als riesiger Stausee für die Wasser- und Stromversorgung zu enden. Am Talende, wo es mit dem Fahrzeug nicht mehr weiter geht, liegt zwischen riesigen Felsbrocken, die irgendwann einmal als Steinlawine von den hohen Seitenwänden heruntergekommen sein müssen, ein kleiner See mit graugrünem, eiskalt aussehenden Wasser. Hinter diesem Gewässer, das auf einem durch das Felsgeröll führenden kaum erkennbaren Steig umgangen werden kann, verengt sich das Tal zusehends, und man hat den Eindruck, sich in einer völlig weglosen Steinwüste zu befinden. Die gewaltigen, felsigen Hänge zu beiden Seiten wie auch die zum Talende hin steil ansteigenden Geröllhänge drücken regelrecht auf das Gemüt der wenigen Wanderer oder Jäger, die bis hierher in das Felswirrwarr eingedrungen sind. In dieser für den Menschen eher unwirtlichen Umgebung soll, wie Lois uns erklärte, ein beachtliches Steinwildvorkommen seinen bevorzugten Einstand haben.

Als wir das Auto abgestellt hatten, war es noch relativ trocken gewesen. Je höher wir jedoch in das Geröll einstiegen, desto mehr schien es zu regnen. Auch der Wind, den wir im Rücken spürten, frischte immer mehr auf. Nach ungefähr zwei Stunden anstrengenden Aufstiegs im stetigen Regen erreichten wir einen hausgroßen, würfelartigen Felsbrocken, von wo aus die Hänge an beiden Talseiten gut einsehbar waren, besser gesagt einsehbar sein sollten, denn mittlerweile war mit dem Wind von unten dichter Nebel heraufgezogen. Da kaum etwas zu erkennen war, hockten wir uns erst einmal frierend unter die etwas Schutz gewährende Wand, um uns aus dem Rucksack zu stärken. Missmutig mussten wir aber feststellen, dass sogar Wurst und Trockenobst inzwischen durchgefeuchtet waren.

Ab und an lichteten sich die Nebelfetzen an den Hängen etwas. Der damit jedes Mal verbundene Stimmungsaufschwung verflog jedoch stets recht schnell, wenn neue Nebelwalzen aus dem Talgrund heraufrollten. Gegen 14 Uhr hatten wir buchstäblich »die Nase voll«, das stundenlange Herumsitzen in der nassen Kälte zeigte erste Wirkung auf die Schleimhäuten. Wir beschlossen daher, die Jagd für diesen Tag abzubrechen und trotteten völlig durchnässt durch das Felsgewirr zum Auto zurück. Wir hatten den ganzen Tag nicht ein Stück Wild in Anblick gehabt, was Lois, wie er uns erzählte, in seiner jahrzehntelangen Jagderfahrung kaum jemals vorher passiert sei. Ich merkte, dass trotz zwei Paar Socken meine Füße völlig nass waren, die Gamaschen hatten das Wasser wieder wie Dochte in die Strümpfe gezogen. Gleichzeitig stellte ich fest, dass meine neuen, höchst bequemen und leichten Stiefel einen gravierenden Nachteil aufweisen: Die Sohle zeigt zwar optisch ein gutes Profil, besteht jedoch – deshalb auch das geringe Gewicht – aus weichem Kunststoff. Das mag fürs Trekking ideal sein, im unwegsamen Gelände rutscht dieser Belag jedoch – besonders auf nassem Stein – viel mehr als eine harte, dafür aber griffige Gummisohle.

Obgleich der weitgehend verregnete Tag jagdlich gesehen als ziemliche Enttäuschung abgehakt werden musste, hatten Reinhard und ich – was Lois allerdings nicht glauben wollte – das Unternehmen trotzdem genossen. Eine Pirsch in derart »gewaltiger« Landschaft, verbunden mit den ständig wechselnden Naturgewalten des Wetters war für uns Flachlandbewohner schon beeindruckend. So buchten wir die Anstrengungen auch dieses Tages gut gelaunt als weiteres Training« für den nur verschobenen »Ernstfall« ab. Außerdem hatte Reinhard nun Gewissheit, dass seine vor nicht allzu langer Zeit erworbene junge Wachtelhündin bedenkenlos mitgeführt werden konnte, da ihr das ungewohnte Gelände nicht die geringsten Schwierigkeiten bereitete, und sie allen Anordnungen ihres Führers bedingungslos folgte.

Der nächste Tag begann verheißungsvoller. Zwar nieselte es immer noch, die Berghänge um Lois Haus herum zeigten sich jedoch bis in höchste Höhen nebelfrei. Zuversichtlich stiegen wir folglich in unsere glücklicherweise in Lois Heizungskeller über Nacht vollständig getrockneten »Rüstungen«. Lois hatte für diesen Jagdtag ein anderes Hochtal in Richtung Großglockner ausgewählt. Ich sah das als gutes Omen an, hatte ich doch in den Vorjahren justament hier bereits einen jüngeren Gamsbock sowie eine kitzlose Gamsgeiß erlegen können. So saßen wir wenig später erwartungsvoll in Reinhards Geländefahrzeug, das uns über einen Privatweg die knapp fünfhundert Höhenmeter bis zum Eingang des weitläufigen Talkessels, der im Sommer als Alm genutzt wird, hinaufkutschierte.

Unsere Hoffnung wurde nicht enttäuscht, zwar war der Himmel über den Hängen rings herum in dichte, dunkle Wolken gehüllt, die Sicht war jedoch – wenigstens zur Zeit unserer Ankunft – durch keinerlei Nebelschwaden getrübt. Wir hielten mitten im Tal, am Rande eines ruhig dahinfließenden Gewässers und begannen, die Hänge an beiden Talseiten mit unseren Pirschgläsern nach Wild abzusuchen. Schon nach wenigen Augenblicken hatte Lois vier Steinböcke im Glas, die auf der linken Talseite, ziemlich weit oben im Hang unter einer steilen Felswand ästen. Das auf dem Reserverad des Geländewagens ruhig postierte Spektiv zeigte zwei alte Kämpen mit beeindruckend langen Hornsäbeln sowie zwei jüngere Böcke. Einer davon ließ zwar etwas enggestellte, dafür aber an der Basis ungemein starke und knuffige Schläuche erkennen, ein nahezu idealer Abschussbock der Klasse III, wie Lois begeistert feststellte. Wir waren uns sofort einig: Diesen und keinen anderen wollten wir erlegen. Nur – es würde schwierig werden, unbemerkt auf Schussweite heranzukommen.

Da der Wind in das Tal hinein und die Hänge hinauf wehte, mussten wir die Annäherung vom Talende her versuchen. Das war aber wegen der guten Einsichtmöglichkeit vom Standort der Steinböcke aus wenig ratsam. Außerdem lag zwischen uns und der bewussten Bergwand der zwar nicht tiefe, dafür aber fast fünf Meter breite Bach. So fuhren wir bis zum Taleingang zurück, wo eine Brücke über das Wasser führte, und auch ein zwar steiler aber gut befestigter Weg für den Viehauftrieb die Überwindung der ersten zweihundert Höhenmeter erleichterte. Dann wendeten wir uns in Richtung Talende, um – gut überriegelt – an den äsenden Böcken vorbei in den Windschatten der Herrengesellschaft zu gelangen. Da in dem steilen, grasbewachsenen Hang auch noch eine ziemliche Höhendifferenz überwunden werden musste, kamen wir bereits nach kurzer Zeit gehörig ins Schwitzen, zumal trotz Dauereinsatz der langen Bergstöcke häufiges Abrutschen und Ausgleiten kaum zu vermeiden war. Unglücklicherweise war der ursprüngliche Nieselregen inzwischen in einen kräftigen Landregen übergegangen, der durch den böigen Wind teilweise fast waagerecht durch die Luft getrieben wurde und dadurch immer wieder meine Brillengläser in Milchglasscheiben verwandelte. Es blieb mir deshalb kaum etwas anderes übrig, als die Brille von der Nase zu nehmen. Da mein Fernsichtvermögen noch nicht allzu sehr beeinträchtigt ist, war das zweifellos günstiger, als neben Pirschglas und Zielfernrohr auch noch ständig die Brille trockenzureiben.

Nachdem wir meinten, endlich weit genug in unserem überriegelten Hang an den Steinböcken vorbeigekommen zu sein, orientierten wir uns vorsichtig nach oben. Jetzt mussten wir uns eigentlich im Windschatten des Wildes befinden. Überrascht stellten wir fest, dass von ganz oben, beginnend unterhalb der bis zum Grat hinaufreichenden Felswand, einige Geländerippen bis zur Talsohle hinunterliefen. Das hatten wir unten gar nicht bemerkt. Die Böcke ästen in knapp dreihundert Meter Entfernung direkt hinter einer dieser Rippen, so dass wir gerade mal hin und wieder eine Hornspitze erkennen konnten. Jetzt hieß es warten. Wir krochen hinter einen etwas größeren Gesteinsbrocken, der uns zwar etwas Deckung aber keinerlei Schutz vor Regen und Wind bot. Wir hofften, dass der Säbelträgerclub bei seiner Mittagsmahlzeit über die Rippe herüber und in unsere Richtung ziehen würde. Auch wir inspizierten erst einmal unsere Rucksäcke. In meinem war nichts Trockenes mehr zu finden. Neben nassen Landjägern und losem Trockenobst – die Tüte hatte sich aufgelöst – kullerten einzelne Magnumpatronen herum, da auch die Munitionsschachtel auseinandergefallen war. Den teuren amerikanischen Energietrank, den mein radsportbegeisterter Nachbar mir zur Unterstützung zugesteckt hatte, konnte ich mir gerade noch einverleiben, bevor der Inhalt der bereits morschen Papptüte beim Trockenobst und den Landjägern landete. Wir saßen im strömenden Regen mit Plastikfetzen unter dem Hintern, froren – nass von innen und außen –

wie die Schneider und kauten missmutig an den aufgeweichten Würsten herum. Selbst Polly schien inzwischen der Spaß vergangen zu sein. Direkt am Stein hatte sie sich ein feuchtes Lager gekratzt, wo sie zusammengerollt und zitternd wohl auf bessere Zeiten wartete. Die Zeit verging, wir saßen bereits länger als eine Stunde, nur die Steinböcke ließen sich nicht blicken.

Allmählich musste etwas geschehen, das war uns allen dreien klar. Da wir annahmen, dass die vier Böcke gegen den Wind von uns weggezogen waren, schlichen wir geduckt im Gänsemarsch bis hinter die nächste Rippe, wo Lois vorsichtig auf allen Vieren auf den Wall kroch, um die dahinterliegende Fläche einzusehen. Enttäuscht krabbelte er zu uns zurück, die vier Hornträger hatten sich – wie erwartet – aus dem Staube gemacht. Da sie uns mit hoher Wahrscheinlichkeit nicht wahrgenommen hatten, konnten sie eigentlich nicht weit sein, da sie sich noch in der Äsungsphase befinden mussten. Wenige hundert Meter weiter fiel der Grat, der das Tal auf unserer Seite hoch oben im Fels begrenzte, ziemlich steil ab, da der Hang im rechten Winkel nach rechts abknickte, um einer steilen Schlucht, auf deren Grund ein Wildwasser dem großen Tal zustrebte, Raum zu geben. Lois zeigte auf eine markante Felsformation auf diesem Grat und stapfte zielstrebig darauf zu. Reinhard und ich sahen uns leidend an, noch mal gute hundertfünfzig Höhenmeter Aufstieg in diesem rutschigen Hang. Immerhin würde uns wieder richtig warm werden in unseren kaltnassen Klamotten.

Als wir keuchend oben anlangten, lugte Lois bereits vorsichtig über den Grat. Sofort zuckte er zurück; die gesuchten Böcke ästen nur etwa siebzig Schritt entfernt dicht unter der Kante! Während ich schon in mittlerer Erregung nach den Patronen kramte, um die Büchse schussfertig zu machen, dämpfte Lois meinen Eifer. »Wenn du hier schießt, können wir zweihundert Meter tiefer im Bachbett nach Steinbockgulasch suchen«, flüsterte er, »keine zwanzig Meter hinter dem Abschussbock geht es senkrecht über hundert Meter runter!« So ein verdammtes Pech, nach all den Anstrengungen nun das! Es half nichts, wir mussten warten und hoffen, dass die Böcke oberhalb von uns wieder über den Grat zögen. Als wir uns gerade wenige Meter seitwärts schoben, um beim Erscheinen des Wildes etwas Deckung zu haben, sahen wir nicht weit über uns am Grat einen starken Steinbock in Richtung der vier anderen hinüberwechseln. Da der Wind bergan ging, musste er uns nicht nur eräugt sondern mit Sicherheit auch gewindet haben. Lois kroch sofort zur Kante und konnte gerade noch erkennen, wie der Starke seine Artgenossen in beschleunigter Gangart in Richtung Schlucht mitnahm und mit ihnen hinter der nächsten Rippe verschwand. Aus und vorbei. Die Enttäuschung wirkte wie ein Tiefschlag und ließ nur noch Erschöpfung übrig.

Wir erhoben uns und nahmen fast mechanisch die Rucksäcke wieder auf. Es ging bereits auf halb zwei zu, der dunkle Himmel hätte aber auch zum Vorabend gepasst. Während Reinhard und ich schon mit gemischten Gefühlen die glitschigen, steilen Hänge musterten, die wir nun wieder hinunterstolpern mussten, schien Lois vor sich hin zu sinnieren. Dann meinte er zögernd, es bestehe vielleicht noch eine Möglichkeit. Die Steinböcke seien sicherlich in das schmale, steile Tal hineingezogen, um gegen Abend im Talende die Steilwände wieder zum Grat hinaufzuwechseln. Es gäbe an der rechten Talwand einen – allerdings nicht sehr ebenen – schmalen Steig, der tief in das Tal hineinführe. Wenn wir bereit seien, diesem einige hundert Meter zu folgen, bestehe eine gute Chance, das Wild hinten im Kessel noch zu sehen und gegebenenfalls anzugehen. Obgleich Reinhard und mir die Lust an der Jagd bei diesem Wetter schon fast vergangen war, und wir wohl beide mit dem »inneren Schweinehund« kämpfen mussten, stimmten wir ohne zu zögern zu. Nach der bisherigen Quälerei sollte es auf weitere ein oder zwei Stunden nun auch nicht mehr ankommen.

Den sogenannten Steig hätten wir allein wohl nicht gefunden. Ein kaum sichtbares Band von vielleicht zwanzig Zentimeter Breite schlängelte sich in Kurven an der steilen Wand entlang. Ab und zu mussten größere Brocken überklettert werden. Nach links ging es abwärts, über Geröllhalden bis hin zum schäumenden Bach in der Tiefe. Ich bemühte mich, gar nicht erst hinab zu sehen und konzentrierte mich lieber auf den Einsatz meines stabilen Bergstocks. Dabei war mir bewusst, dass auch meine nicht sehr griffigen Sohlen höchste Aufmerksamkeit erforderten. Unsere kleine Gruppe wurde schnell auseinandergezogen. Lois stieg zügig vorneweg, ich balancierte mühsam hinterher, und Reinhard fiel immer mehr zurück, da die Hündin an der Leine ihn immer wieder fast aus dem Gleichgewicht brachte. Im Geröll hinter der ersten Rippe war nichts zu erkennen, also weiter. Dann hatten wir endlich den ansteigenden Kessel am Talende vor uns. Dort lag eine geschlossene Schneedecke und – darauf zeichneten sich klar und deutlich acht Steinböcke ab! Unseren Gesuchten entdeckten wir nach kurzem Abglasen zusammen mit einem Kapitalen auf einem Felskogel vor der steil nach oben weisenden Felswand.

Wir schätzten die Entfernung zu den deutlich über uns stehenden Böcken auf gute sechshundert Schritt. Die nächsten zweihundert Schritt waren ohne Einsicht überwindbar. Dazu mussten wir allerdings im steilen Bachbett – mitten durch das schäumende Wasser – aufsteigen. Da die Füße schon seit Stunden nass waren, spielte das keine Rolle mehr. Obgleich ich zweimal ausrutschte, konnte ich glücklicherweise ein Vollbad vermeiden. Dann wurde die Situation komplizierter. Die restlichen knapp vierhundert Schritt bis zur begehrten Jagdbeute lagen als zwar ansteigende, aber ziemlich deckungslose Fläche vor uns. So kam der plötzlich einsetzende Schneeschauer eigentlich ganz gelegen. Wir waren uns einig, die Schussdistanz war noch zu groß, wir mussten unbedingt noch mindestens hundert Schritt näher an das Wild heran. Lois wies auf eine kleine Bodenwelle vor uns. Von dort aus war ein Schuss wohl zu riskieren. Wie aber dorthin kommen? Meine größte Sorge war, so kurz vor dem Ziel noch ein Abspringen der Böcke zu veranlassen. Doch Lois beruhigte mich. Er klärte uns auf, dass Steinwild gegen Abend hin – wohl nach der stundenlangen Äsung satt und träge – eine wesentlich geringere Fluchtdistanz hält als in frühen Tagesstunden. So stapften wir ruhig Schritt für Schritt hintereinander bis zu der etwa kniehohen Bodenwelle hinauf, während alle Böcke völlig bewegungslos unentwegt zu uns heräugten

In aller Ruhe stapelten wir zwei Rucksäcke als Auflage in den

Schnee, dann »passte« es. Relativ ruhig konnte ich das Duplex-Absehen auf den ausgewählten Bock bringen. Ich vergewisserte mich noch einmal, nicht versehentlich den Kapitalen anzuvisieren, als mir einfiel, dass ich ja eigentlich das Zielfernrohr neu scharfstellen müsste, da ich jetzt ohne Brille schießen würde. Doch als der ausgewählte Abschussbock einigermaßen deutlich im ohnehin nassen Zielfernrohr erkennbar war, entschloss ich mich zu schießen.

Der nach dem dritten Schuss in unsere Richtung heruntergerutschte Steinbock war wohl in einer Rinne liegen geblieben, jedenfalls war er nicht mehr zu sehen. Lois kramte aus seinem Rucksack stabile Gurte heraus und machte sich damit auf den Weg zu unserer Beute, um den Bock zum Aufbrechen herunterzuziehen. Als ich ihm die Büchse für einen eventuellen Fangschuss in die Hand drücken wollte, winkte er nur ab. So ließen Reinhard und ich ihn »unbewaffnet« losziehen, froh darüber, uns nicht selber diese letzte Steigung hoch quälen zu müssen. Doch schon nach noch nicht einmal fünfzig Schritt rief er nach der Waffe, da der Steinbock mit aufgestemmten Vorderläufen immer noch versuchte, nach der ihn bellend umtanzenden Polly zu stoßen. Reinhard, der noch mehr Kraft hatte als ich, griff sich die Büchse und stapfte hinter Lois her. Kurz darauf gab er dem Steinbock auf rund hundert Schritt Entfernung den Fangschuss auf den Träger. Ich freute mich darüber. Den ganzen langen Tag hatten wir uns gemeinsam geschunden, nun hatte auch er Anteil an der Beute, war nicht nur Begleiter sondern ebenfalls Jäger gewesen.

Nach den üblichen Fotos und dem Aufbrechen ließ sich die bislang verdrängte Frage nicht weiter aufschieben: Wie bringt man einen fast hirschgroßen, aufgebrochen über siebzig Kilo wiegenden Steinbock zum Auto hinunter? Reinhard und ich waren nahezu ratlos. Wir wussten, dass wir schon damit genug hatten, uns selber über den schmalen Steig wieder runter zu balancieren. Den Bock gemeinsam, beispielsweise an einem Bergstock hängend, hinunter zu schleppen, war völlig unmöglich, da der Bergstockeinsatz auf dem Steig unabdingbar schien. Lois allerdings machte sich augenscheinlich weniger Sorgen. Ruhig räumte er sein stabiles Tragegestell frei, reichte uns seinen Rucksack und begann, den Steinbock auf das Gestell zu schnallen. Reinhard und ich guckten uns entgeistert an. Dann gaben wir unserem immerhin schon in den späten Sechzigern stehenden Jagdführer zu verstehen, dass es doch wohl nicht sein Ernst sein könne, bei seiner Körpergröße von ungefähr einem Meter siebzig und knapp siebzig Kilo Körpergewicht diesen schweren Steinbock auf dem Rücken über den Steig zu wuchten. Doch Lois schien dieses Abenteuer nicht allzu sehr zu bedrücken. Er erzählte uns, dass er vor wenigen Jahren einen Kameraden mit fünfundneunzig Kilo Lebendgewicht, der sich hier oben den Fuß gebrochen hatte, über eben diesen Steig herausgeschleppt habe!

Den Abstieg werde ich kaum vergessen. Lois schwankte absolut trittsicher vor uns her, ab und an bei besonders schwierigen Passagen durch Reinhard etwas unterstützt, und ich bemühte mich mit zwei Rucksäcken auf dem Buckel, an meinen »Vorgängern« dranzubleiben. Nach Überwindung des Steigs ließen wir den Bock über weite Strecken die Grashänge einfach runtertrudeln. Ich wäre am liebsten auf gleiche Art gefolgt. Stattdessen musste ich mich auf inzwischen völlig kraftlosen Beinen weiterhin die steilen und rutschigen Grashänge hinunterquälen. Als ich endlich, schon fast in der Dämmerung, meine bereits beim Auto auf mich wartenden Begleiter erreichte, wusste ich, dass dieser fünfjährige Bock mit seinen rund sechzig Zentimeter langen Schläuchen, die an der Basis einen Umfang von über fünfundzwanzig cm aufweisen, den jahrelangen Traum von einer Steinbockjagd auf unübertreffliche Weise in Realität verwandelt hat. Dieser Traum ist vorbei, ausgeträumt. Dafür habe ich aber etwas anderes gewonnen, gleichsam für den zur Wirklichkeit gewordenen Traum eingetauscht: Die Erinnerung an erfülltes Jagen unter schwierigen, harten Bedingungen mit prächtigen Kameraden in herrlicher Hochgebirgslandschaft, weit über den zivilisationsgeschädigten Alltagsgefilden, wo die Jagd an immer neue Grenzen stößt.